高职高专新锐经典书系

国际贸易实务

（第三版）

牛慈康　主　编
符海菁　李宏伟　马朝阳　副主编

对外经济贸易大学出版社
中国·北京

图书在版编目（CIP）数据

国际贸易实务 / 牛慈康主编. —3 版. —北京：对外经济贸易大学出版社，2011(2016.8 重印)
（高职高专新锐经典书系）
ISBN 978-7-5663-0248-9

Ⅰ.①国… Ⅱ.①牛… Ⅲ.①国际贸易-贸易实务-高等职业教育-教材 Ⅳ.①F740.4

中国版本图书馆 CIP 数据核字（2011）第 232286 号

国际贸易实务(第三版)

牛慈康 主编

责任编辑：李晨光

对 外 经 济 贸 易 大 学 出 版 社
北京市朝阳区惠新东街 10 号 邮政编码：100029
邮购电话：010-64492338 发行部电话：010-64492342
网址：http://www.uibep.com E-mail：uibep@126.com

唐山市润丰印务有限公司印装 新华书店经销
成品尺寸：185mm ×260mm 16.25 印张 376 千字
2012 年 1 月北京第 3 版 2016 年 8 月第 3 次印刷

ISBN 978-7-5663-0248-9
印数：6 501-8 000 册 定价：31.00 元

前　言

《国际贸易实务》修订本是为了适应创新型及实践技能型人才培养的需要，推动高职高专人才培养模式的改革，培育有特色的高职高专教材的需要而重新修订的。

本书在编写过程中，按照教育部《关于加强高职高专教育教材建设的若干意见》的要求，针对高职高专的特点，教材内容的编写以就业为课程主要目标，重点突出职业能力的培养，不再单纯追求学科知识体系的逻辑严密性，强调教学内容的“实际、实用、实践”，理论以实际应用为目的，以“必需、够用”为度，突出实用性、可操作性，淡化理论，强化技能，体现最新的理论（如惯例、法律、习惯做法的修订和启用等），杜绝出现陈旧、过时、脱离实际业务的知识。同时，把职业资格标准引入课程体系，促进学校课程与职业资格证书在教学内涵上的统一。

本书以合同为中心，以合同条款、交易磋商和合同签订、合同履行为三大知识点，贯穿国际贸易惯例和有关的法律两个支点。

本书每篇之下均有一段概括性文字，简要地将本篇的主要内容及重点、难点加以阐述；每章之下分别列有学习目标、重点难点、学习内容；学习目标、重点难点、学习内容的编写与报关员、报检员、外销员、货代员、单证员等职业资格考试相衔接，每章结束，列有重点知识展示、经典案例分析、关键名词。

参加本书编写的人员有（按章节先后次序排列）：牛慈康、郝洁莹、符海菁、马朝阳、李宏伟、沈立晖、冯得智、李彦荣、王丰、韩荣仙、韩丽红、李萍。全书由牛慈康负责总纂、初审，并担任主编，符海菁、李宏伟、马朝阳担任副主编。

本教材在编写过程中，参考了吕红军主编的《国际货物贸易实务》；全国国际商务专业人员职业资格考试用书编委会编的《国际商务基础理论与实务》；姚大伟主编的《国际贸易运输实务》以及相关学者的研究成果，并得到了银行、商检机构、船运公司、保险公司及外贸公司的大力支持，在此深表谢意。

由于编写时间仓促，编者水平有限，书中错误或不当之处在所难免，敬请广大读者批评指正。

编　者

2011 年 6 月 16 日

目　录

第二篇　交易磋商与合同签订

第三篇 合同履行

导　　论

《国际贸易实务》是研究国际货物买卖过程中的交易程序、合同条款的订立及应注意的问题、有关的法律或国际惯例的一门学科，该课程以理论和实际操作为主要知识框架，是涉外经济贸易专业的一门专业基础课程。该课程涉及国际贸易政策与理论、国际贸易惯例与法律、国际结算与汇兑、国际运输与保险、国际市场营销等知识的运用，是一门理论知识和实际业务相结合的政策性和实践性很强的应用性课程。

《国际贸易实务》是在总结我国对外贸易实践经验和国际上一些通行的贸易惯例及做法的基础上形成和发展起来的一门学科。通过学习本课程使学生初步掌握从事国际货物买卖的基本概念、基本理论和基本技能；总结国内外国际商务工作的实践经验，分析研究商品交换的各种技巧和做法；在进出口业务活动中，既能正确贯彻国家的对外贸易方针政策和经营意图，确保最佳经济效益，又能按国际规则办事，使我们的基本做法能为国际社会所接受。在当前我国已经加入世界贸易组织的情况下，学习和掌握这门课程显得尤为重要。

一、《国际贸易实务》课程的主要内容

《国际贸易实务》课程的主要内容包括国际货物买卖合同条款、国际贸易买卖合同的签订、国际货物买卖合同的履行和国际贸易法规和惯例等。

（一）合同条款

国际贸易实务以买卖合同为中心，正确订立合同条款是合同履行的前提保障。国际货物买卖合同中的条款主要包括品名、品质、数量、包装、价格、运输、保险、支付、检验、索赔、不可抗力和仲裁等。

本书根据实际业务的做法，结合国际贸易惯例和有关法律的规定，对上述合同条款进行了详细的解释和说明。通过学习，要求学生掌握合同条款的基本内容、规定方法、条款之间的相互关系及其法律规定，能正确订立国际货物买卖合同条款。

（二）合同的商订

买卖双方通过当面谈判或函电洽商就各项交易条件达成一致后，交易即告达成，双方之间就成立了合同关系。国际货物买卖合同的签订不仅是一种经济行为，也是一种法律行为。国际贸易的任何一笔交易都首先从磋商合同开始，因此，了解商务谈判的程序及其法律效力是非常必要的。交易的磋商一般包括询盘、发盘、还盘和接受四个环节，其中发盘和接受是不可缺少的。

本书根据实际业务的做法，结合国际贸易惯例和有关法律的规定，对交易磋商的基

本环节进行了详细的解释和说明。通过学习，要求学生掌握询盘、发盘、还盘和接受环节的基本知识、各个交易环节之间的相互关系，掌握签订合同的基本途径。

（三）合同的履行

合同签订后，买卖双方在享有各自权利的同时必须承担各自的义务。国际货物买卖合同的履行不仅关系到买卖双方的权利和义务，而且关系到企业和国家的对外声誉。国际货物买卖合同的履行需要经过许多环节，以 CIF 合同、信用证支付方式为例，卖方履行合同的环节主要包括催证、审证、改证、备货、报验、租船订舱、投保、报关、装运和制单结汇、核销和退税等。

在合同履行过程中，卖方应本着诚信、公平的原则，切实做好合同的履行工作，以充分保障买方的利益；买方也应信守承诺，按合同规定收货和付款，以保障卖方的基本利益。此外，对外贸易从业人员还应了解如何处理履约过程中产生的争议，掌握违约的救济方法，以保障合同当事人的合法权益。

本书根据实际业务的做法，结合国际贸易惯例和有关法律的规定，对合同履行的各个环节进行了详细的解释和说明。通过学习，要求学生熟悉各个业务环节的基本知识，各个业务环节之间的相互关系，始终恪守“重合同、守信用”的原则，在获取经济利益的同时，保证企业和国家的声誉不受损害。

（四）国际贸易法规和惯例

国际贸易法规和惯例贯穿于国际贸易实务课程中，本课程涉及主要的国际贸易法规和惯例是《联合国国际货物销售合同公约》、《2010 年国际贸易术语解释通则》、《跟单信用证统一惯例》（国际商会第 600 号出版物）、《托收统一规则》（国际商会第 522 号出版物）等。本书对上述国际贸易法规和惯例进行了详细的解释和说明。

本书在买卖合同的条款、买卖合同的签订及买卖合同的履行过程中，对所涉及的国际贸易法规和惯例进行了详细的解释和说明。通过学习，要求学生理解并掌握上述国际贸易法规和惯例的规定。

二、国际贸易买卖合同适用的法律

国际货物买卖合同在体现双方当事人经济关系的同时，也体现了双方当事人的法律关系。由于双方当事人处在不同的国家和地区，常会出现国际买卖合同的法律适用问题。国际货物买卖合同适用的法律可以依据合同双方当事人自主选择来确定，也可以依据与合同联系最密切国家的法律来确定。国际货物买卖合同适用的法律概括起来主要有国内法、国际条约和国际贸易惯例。

（一）国内法

国内法是指由国家制定并在本国主权管辖范围内生效的法律。国际货物买卖合同必须符合国内法，即符合某个国家制定的法律。由于国际货物买卖双方的当事人所在国不同，各自都要遵守所在国法律，而各国法律对同一问题的规定又不可能一致，一旦发生纠纷，就会出现法律适用上的矛盾——即“法律冲突”，为了解决这一“法律冲突”，通常采用在国内法中规定的冲突法的办法，以方便国际交往。我国《合同法》规定：“涉外合同的当事人可以选择处理合同争议所适用的法律，但法律另有规定者除外。涉外合同的当事人没有选择的，适用与合同有密切联系的国家的法律”。

（二）国际条约

国际条约是指两个或两个以上主权国家为确定彼此的政治、经济、贸易、文化、军事等方面的权利和义务而缔结的诸如公约、协议、议定书等各种协议的总称。在国际货物买卖中，必须遵守我国对外缔结或参加的有关国际贸易、国际运输、商标、专利、工业产权和仲裁等方面的条约。其中与我国货物贸易联系最密切的是联合国国际贸易法制委员会于1980年4月制定、1988年1月1日正式生效的《联合国国际货物销售合同公约》，该公约共101条，分为四部分，第一部分为适用范围和总则；第二部分为合同的订立；第三部分为货物的销售；第四部分为最后条款。

（三）国际贸易惯例

国际贸易惯例是指在国际贸易的长期实践中形成的并被普遍接受和遵循的，规范国际商事活动当事人之间权利和义务关系的习惯做法。国际贸易惯例不是法律，不具有普遍的约束力、只有当事人在合同中明确规定采用某一惯例时，这一惯例才对当事人具有约束力。同时，合同当事人还可以根据双方意愿对这一惯例进行变更、修改和添加。各国法律和国际条约均承认和尊重国际贸易惯例的效力。我国法律明确规定：在我国法律和我国缔结或参加的国际条约没有规定时，可以适用国际惯例。目前主要的国际贸易惯例有《2010年国际贸易术语解释通则》、《跟单信用证统一惯例》、《托收统一规则》等。为了避免麻烦，应在国际买卖合同中明确规定合同适用的法律。

三、电子商务与国际贸易

当今世界是以数字化、网络化和信息化为特征的信息时代。经济的全球化与网络化正强有力地影响着国际经济贸易环境。电子商务不仅改变了人类的经济活动方式、生活方式和工作方式，同时也对商务的整体运作过程和模式产生了巨大的影响。根据2010年8月商务部发布的《中国电子商务报告（2008－2009）》指出，2009年中国电子商务交易额达到3.8万亿元，同比增长21.7%。

（一）电子商务概述

1. 电子商务的基本含义

对于电子商务这一新生事物，不同的国家和组织有不同的理解。简单来说，电子商务就是利用先进的电子技术进行商务活动的总称，它是通过网络，使用先进的信息处理工具，利用电子这种载体，将买卖双方的商务信息、产品信息、销售信息、服务信息，以及电子支付等商务活动，用相互认同的交易标准来实现，这就是人们所说的“在网上进行买卖活动”。

2. 电子商务的发展

20世纪70年代早期出现的“电子货币传输”（Electronic Fund Transfers，EFT）就是电子商务的雏形，主要应用在大公司和金融机构中，一些富于冒险的中小企业也参与了这场革命。紧随EFT出现的是电子数据交换（Electronic Data Interchange，EDI）。和EFT相比，EDI应用更广泛，不但金融机构大量使用，而且制造商、零售商等也广泛利用EDI开展商务活动，EDI的应用扩大到诸如旅游服务、股票交易等领域。20世纪90

年代初，随着互联网的发展，很多商务活动开始利用互联网进行，并迅速发展起来。1997 年，IBM 公司首创并迅速推广了“电子商务”这个名词。

虽然电子商务的初期应用早于互联网的普及，EDI 在互联网使用很早以前就已被应用到了商务领域，但 EDI 由于其建设费用相当高，不同 EDI 系统间缺乏互通性，各国的标准也不相同，所以其应用局限在一些大公司和金融机构中。只有互联网出现和发展之后，电子商务才真正找到了赖以生存的土壤并开始繁荣起来。电子商务在社会、经济、文化等领域已经得到了非常广泛的应用，特别是经济领域，其中又以国际贸易方面的应用最为广泛。

（二）电子商务的交易模式

经济活动的参与者可以分为政府（Government，G）、企业（Business，B）、消费者（Consumer，C）三种角色，相应地电子商务基本模式也有五种：企业——企业，企业——消费者，企业——政府，消费者——政府，消费者——消费者。其中企业——企业，企业——消费者，消费者——消费者是最具代表性的三种模式。

1. 企业对企业

企业对企业（Business to Business，B to B）的电子商务。是指企业与企业间依托网络等现代信息技术手段进行的商务活动。企业间的电子商务活动，提高了企业与银行、海关、保险、商检、运输等部门的集成度，使合作伙伴之间的协作更加协调、有序，缩短了交易活动的周期，因而可以降低成本。同时，企业的商务活动有助于企业之间的合作和共同发展。“阿里巴巴”（Alibaba. com）是全球企业间（B2B）电子商务的著名品牌，是全球国际贸易领域内最大、最活跃的网上交易市场和商人社区。良好的定位，稳固的结构，优秀的服务使阿里巴巴成为全球首家拥有超过 800 万网商的电子商务网站，遍布 220 个国家和地区，每日向全球各地企业及商家提供 810 万条商业供求信息，成为全球商人网络推广的首选网站，被商人们评为“最受欢迎的 B2B 网站”。

2. 企业对消费者

商业企业对消费者的电子商务（Business to Consumer，B to C)。是指企业以互联网为主要服务提供手段，实现公众消费和提供服务，并保证与其相关的付款方式的电子化的电子商务运营模式。企业与消费者之间的电子商务，主要表现为网上零售。“卓越”的统购统销模式就为典型的 B to C 模式。“卓越”出售的商品通过正规进货渠道采购，以保证商品的质量。对有质量保证书的商品按照保证书的承诺执行，其他商品按照国家有关规定执行。虽然从采购源头杜绝了假货的现象，但是受到公司有限资源的限制，在商品供应上就很难满足众多用户的需求。

3. 消费者对消费者

消费者对消费者（Consumer to Consumer，C to C）是指消费者开展的一些交易活动，买方是消费者，卖方也是消费者，典型的 C2C 类型是拍卖网站。C to C 的特点是消费者与消费者讨价还价进行交易。实践中较多的是进行网上个人拍卖。如易趣网（www. ebay. com. cn）是中国第一个真正的个人物品竞标站。易趣网提供一个虚拟的交易场所，就像一个大市场，每一个人都可以在市场上开出自己的“网上商店”，不用事先交付保证金，凭借独有的信用度评价系统，借助所有用户的监督力量来营造一个相对安全的交易环境，使买卖双方能找到可以信任的交易伙伴。在易趣网上可以交易许多物品，大到计算机和电视，小到邮票和电话卡。个人可以24小时自由地卖出、买入各种物品。

（三）电子商务在国际贸易中的基本功能

国际贸易业务中从建立贸易关系、商业谈判、电子合同签订到申请许可证、配额管理、租船订舱、报检、报关及货款结算整个过程都可以利用电子商务来完成。外贸企业利用电子商务开展国际贸易并不是某一个环节的虚拟化，或几个电子化、虚拟化的环节简单相加，常常要涉及外贸企业、生产企业、流通企业、海关、税务、银行等，是一个系统工程。传统的国际贸易活动，每一笔交易涉及的主体一般包括卖方、买方、银行、运输、税务、海关、商检等部门，环节众多，业务运作过程十分复杂，效率低，周期长，越来越不适应当今国际贸易业务快速发展的需要。电子商务通过因特网将交易涉及的各方连成一体，把其中部分或全部的业务处理过程转移到网上，与传统的国际贸易活动相对应，电子商务在国际贸易中具有以下基本功能：

1. 贸易伙伴的寻找

物色贸易伙伴是开展国际贸易的前提。在传统方式下，无论是买方还是卖方，为了寻找合适的贸易伙伴，必须付出极高的代价。而利用电子商务物色贸易伙伴，既可以节省大量的人力、物力的投入，而且还不受时间、地点的限制。一方面，企业可以通过建立自己的网站或借助有关国际贸易电子商务平台向全球范围内的潜在客户提供有关产品和服务的供求信息，吸引相关客户开展贸易；另一方面，企业可以主动上网搜索各种经贸信息，寻找到理想的贸易伙伴。

2. 网上业务的咨询洽谈

咨询、洽谈是每一笔国际贸易业务的必经程序，也是交易能否成功的关键环节。在传统方式下，由于时间和空间的限制，咨询、洽谈的过程既漫长，又不经济。电子商务可借助实时的电子邮件、新闻组和实时的讨论组来了解市场和商品信息，洽谈交易事务，如有进一步的需求，可用网上会议来进行互动交流。网上业务的咨询洽谈能降低交易成本，而且往往能突破人们面对面洽谈所受的一些局限，网络能提供多种方便的异地交谈形式，如三地、四地参加的多方洽谈。

3. 网上订购

电子商务可从Web中的邮件或表单交互传送来实现网上的订购。企业可以在产品介绍的页面上提供友好的订购提示信息和订购交互格式框，当客户填完订购单后，通常系统会回复来保证订购信息收悉和处理。订购信息也可采用加密的方式使客户和商家信息不会泄露。

4. 网上支付

网上支付是电子商务的重要环节。客户和商家之间可采用多种支付方式，保证交易的可靠性，节省费用，加快资金周转。

5. 整体交易的管理

国际贸易的业务活动牵涉政府的多个职能部门以及金融、保险、运输等众多配套服务部门，对国际贸易交易的管理包括有关市场法规、税务征管、报关、交易纠纷仲裁等多个环节。在传统的运作过程中，企业必须单独与各相关单位打交道，要花费大量的人力、物力，并且要占用大量的时间。电子商务使国际贸易的交易管理做到无纸化、网络化，使从事进出口业务的企业可直接通过因特网办理与银行、保险、税务、运输各方有关的电子票据和电子单证，完成部分或全部的结算以及索赔等工作，大大节省了交易过程的时间和费用。

（四）电子商务在国际贸易中的优势

1. 弱化地理限制，合理配置社会资源

计算机互联网络把企业间距离似乎突然缩短了，与外地的伙伴开展生产协作和发展贸易关系变得较为容易，信息传递方便快捷，通信费用大为降低。此时企业选择合作伙伴将更重视技术的匹配、经济资源的互补，而不是距离的远近。许多原来由于地理限制或市场信息限制而不能出现的合作，现在成为可能，可以更合理地利用全部社会资源。

2. 提高国际贸易的交易效率

利用电子商务开展国际贸易，买卖双方可采用标准化、电子化的格式合同、提单、保险凭证、发票、汇票、信用证等，使各种相关单证在网上即可实现瞬间传递，大大节省了单证的传输时间，而且还能有效地减少因纸面单证中数据重复录入导致的各种错误，大大提高了交易的效率。通过网上办理相关业务，可以最大限度地减少人工参与，并且不受时间限制，提高了业务处理的灵活性，为客户带来了更多的便利。

3. 降低国际贸易成本

电子商务使企业的经营活动更为经济、简便、高效、可靠，尤其是节约信息成本，从而大大增加了企业的利润。与国内贸易相比，国际贸易的单证数量繁多，处理费用高昂。通过电子商务进行国际贸易，既可节省大约90%左右的文件处理费用，又可缩短交单、结算、汇款的时间，加快资金周转，还可节省利息开支，成本优势十分显著。交易成本的降低还表现在由于减少了大量的中间环节，使买卖双方可以通过网络直接进行商务活动，交易费用明显下降。在传统的国际贸易业务中，因为大量的中间商的参与，国外进口商的进货价往往是国内生产企业交货价的5~10倍。现在有不少国际贸易电子商务平台直接把中国的生产企业和国外的进口商的供求信息整合在网上，让他们在网上直接交易，减少了中间环节，使中国的出口企业和国外的进口商都得到了实惠。

4. 减少贸易壁垒，扩大贸易机会

因特网作为一个全球性的网络，彻底消除了地域的界限，对减少国际贸易中的有形和无形壁垒有着积极的意义。在网上做生意，没有了宗教信仰的限制，也没有了种族的歧视，甚至公司的规模和经济实力的差别都显得不再重要。以美国为主的发达国家极力主张电子商务达成的国际贸易免征关税，这一方面有力地推动了国际贸易的发展，促进国际贸易业务量的迅速提高；另一方面，也有力地促进了世界范围内的电子商务的发展，使全球经济一体化的进程更快地向前推进。

5. 提升客户满意度

由于世界各地存在时差，进行国际商务的谈判就相当不便，对企业来讲，在传统的条件下，提供每周7天、每天24小时的客户服务往往感到力不从心。而利用电子商务可以做到7×24的全天候服务，任何客户都可在全球任何地方、任何时间从网上得到相关企业的各种商务信息。如果得不到理想的答案，还可以通过电子邮件的形式进行询问，只要企业及时回复，便可使访问者得到满意的答复。电子商务全天候、不间断运作可使全球范围内的客户随时得到所需的信息，为出口企业带来了更多的订单，并且大大提高交易的成功率。

6. 减轻对实物基础设施的依赖

传统的企业开展国际贸易业务都必须拥有相应的基础设施，如办公用房、仓储设施、产品展示厅、销售店铺等。与开展国内贸易相比，进行国际贸易对实物基础设施的依赖程度要高得多。如果利用电子商务开展国际贸易业务，则在这方面的投入显然要小很多，如美国亚马逊网上书店与传统的实物书店相比，几乎找不到豪华的办公楼、宽敞的营业大厅，它的库存图书很少，维持库存的只有200种最受欢迎的畅销书，其他绝大多数的图书品种都是在接到顾客的订单后再向各出版社订购的，几乎不占库存。购书者以信用卡向亚马逊公司支付书款，而亚马逊却在图书售出46天后才向出版商付款，这就使得它的资金周转比传统书店要顺畅得多。因此，利用电子商务开展国际贸易可以显著减少在实物基础设施方面的投入。对于信息产品而言，如报纸杂志的电子版、视听娱乐和电脑软件及信息咨询提供等，如果产品本身可以在线成交和在线交付的话，则销售柜台、仓储设施等完全是多余的。整个销售环节，从研制开发、订货、付款到产品的交付都可以在网上实现。由于减轻或消除了对实物基础设施的依赖，企业可以将节省的开支大部分让渡给客户。

（五）电子商务对国际贸易的影响

电子商务带来了一场经济革命，将对社会的生产和管理、人们的生活和就业、政府职能、法律制度以及文化教育的各个领域带来巨大的影响，并且从多方面改变着人类的观念、思维和相互交往的方式，同时给国际贸易也带来很多新变化。

1. 虚拟市场带来国际贸易交易市场的变化

电子商务通过网上“虚拟”的信息交换，开辟了一个崭新的开放、多维、立体的市场空间，突破了传统市场必须以一定的地域存在为前提的条件，全球以信息网络为纽带连成一个统一的“大市场”，促进了世界经济全球市场化的形成。信息流动带来的资本商品、技术等生产要素的全球加速流动，促进了全球“网络经济”的迅速发展。在这种网络贸易的环境下各国间的经贸联系与合作得以大大加强。

2. 电子商务改变了国际贸易的运行环境

电子商务时代的到来，使得服务于国际贸易的一些交易手段在不知不觉间变得更便利、更快捷了。电子商务将订单、发票、提货单、海关申报单、进出口许可证等日常往来的经济信息，按一定的数据格式通过网络进行传送；网上定向信息发布部分代替了电视、报刊等日常新闻媒介中广告宣传；网上市场、虚拟洽谈进行着促销活动：电子传输的显著增加，减少了传真、信函等工具的使用，在某些领域甚至完全取代了这些传统的信息交换工具；电子货币代替纸质货币，网上信用证结算、转账高速运行，引发国际贸易付款方式的巨大变革；电脑软件、电子书刊、电子音像制品等无形产品的直接贸易通过计算机网络完成，成为全新的国际贸易交货方式。

3. 电子商务帮助中小企业更好地进入国际贸易市场

信息革命把生产企业和消费者带入了一个网络经济、数字化生存的世界，在这个世界里，人类的生产、交换、分配、消费等经济活动都与信息网络密切相关。交互式网络模式为国际贸易提供了一种信息完备的市场环境，在解除了传统贸易活动中物质、时间、空间对交易双方限制的条件下，实现了资源的跨国传递和信息共享，一些公司在传统国际贸易运行环境下难以克服的区位劣势和竞争劣势得以克服。例如，通过互联网，企业可以构筑覆盖全球的商业营销体系，实施全球性经营战略，加强全球范围内行业间合作，从而增强全球性竞争能力，这对于中小企业尤其适用。因为在传统的贸易方式下相对于实力雄厚的大企业，中小企业受资金、人力等资源条件的限制，开拓海外市场的难度很大，许多中小企业，在产品上虽有优势，但苦于无实力开拓市场，只能维持小规模经营。而通过互联网络的信息资源共享，中小企业不仅能获得自身以常规方式无力收集的市场信息，还可以像大企业一样上网拓销，促进与遍布全球的公司间的合作，从而形成一种更大、更有效的经济规模，使自己更具竞争力，为开拓国际市场创造了机会。总之，由于信息在互联网中充分、便捷地流动，减少了国际贸易中交易的不确定性和市场发展的盲目性，进一步削弱了因不完全信息或信息的不对称而产生的国际市场垄断行为，较好地实现了国际市场资源的有效配置和全球范围内动态的资源优化配置。电子商务为中小企业跻身国际市场创造了一个与大企业平等竞争的环境，有利于中小企业的发展壮大。因特网使国内市场与国际市场的界限日益模糊，中小企业应充分利用电子商务带来的机遇，勇敢地走向国际市场。

4. 电子商务的发展催生出一种新型的贸易形式——国际信息贸易

作为国民经济先导产业的信息产业将成为未来产业结构中的基础产业，电子商务在提高国际贸易效率的同时，也促进那些支持其运行的产品和服务纳入国际贸易范畴而成为国际贸易对象。随着信息网络技术和电子商务的发展，国际信息贸易正从国际服务贸易中分离出来，以一种独立的新的贸易形式出现，国际贸易将出现商品贸易、服务贸易和信息贸易三分天下的局面。

四、《国际贸易实务》课程的学习方法

《国际贸易实务》课程是一门应用性、实践性及操作性都很强的课程，了解并掌握一定的学习方法十分必要。

（一）以我国对外方针政策和国际贸易的基本理论为指导

在学习本课程时要以我国对外方针政策和国际贸易的基本理论为指导，将“中国对外贸易概论”、“国际贸易”等先行课中所学到的基本政策和基础理论在本课程中加以具体运用，以便使政策和业务、理论和实践有机地结合起来，不断提高分析和解决问题的能力。

（二）密切关注国际政治和经济形势的变化

在学习本课程时要随时结合国际市场的变化和我国对外贸易的实际情况，不断地扩充和更新知识，真正使理论和实际业务有机地结合起来。

（三）贯穿有关的法律、条约和惯例

为了促进国际贸易的发展，国际商会等组织相继制订了有关国际贸易方面的各种规则，如《国际贸易术语解释通则》、《跟单信用证统一惯例》和《联合国国际货物销售合同公约》等，这些已成为国际贸易中公认的惯例和法律，被人们普遍推行和接受，并成为国际贸易界从业人员遵守的行为准则。因此，在学习本课程时，要很好地掌握和使用上述法律、条约和惯例。

（四）贯彻学用结合

本课程是一门实践性很强的学科，在学习的过程中，要重视案例教学、业务流程和技能训练，增强分析问题和解决实际问题的能力，真正做到学以致用。

1

第一篇 合同条款

合同条款是交易磋商、合同签订及履行的基础。本篇主要根据国际贸易惯例和相关法律，详细阐述了合同主要条款的法律地位和作用，以及订立合同条款的方法、要求及注意事项。其中，“进出口商品的价格”和“货款的支付”两章，不仅是本篇的核心，也是全书的重点和难点。“进出口商品的价格”一章主要介绍了《2010年国际贸易术语解释通则》中的十一种贸易术语，重点阐述了FOB、CIF、CFR三种贸易术语有关买卖双方的责任、风险和费用划分以及进出口商品价格的掌握和核算等问题；“货款的支付”一章主要介绍了国际贸易中几种常用的支付方式，尤其是信用证方式的程序、内容、特点、种类及《UCP600》的有关规定等问题。本篇最后一章还有针对性地通过合同十二个条款的订立，信用证的审核、出口商品成本核算与报价及大量的案例供学生进行模拟操作。通过本篇知识的学习，使学生对合同条款有全面的认识，以便在未来的实际工作中加以运用。

第一章

商品的品名、品质、数量及包装

学习目标

通过本章的学习，了解国际货物买卖合同中品名、品质、数量及包装条款的基本内容及其在订立合同时应该注意的问题，学会灵活运用商品品名、品质和数量的表示方法，熟悉包装的种类及各种包装标志的实际运用。

重点难点

1. 表示商品品质的方法及应注意的问题；
2. 重量的表示方法及数量的机动幅度；
3. 运输标志及合同中的包装条款。

第一节　商品的品名

一、商品品名的含义

在国际货物买卖合同中，商品名称是构成商品说明的一个重要组成部分，是买卖双方交接货物的一项基本依据，它关系到买卖双方的权利和义务，若卖方交付的货物不符合约定的品名和说明，买方有权提出损害赔偿，甚至拒收货物或撤销合同。因此，在合同中列明商品的具体名称，就成为必不可少的内容。

二、合同中品名条款

按照国际上习惯的作法，合同中的品名条款通常都是在“商品名称”或“品名”的标题下，列明交易双方成交商品的名称，或在合同中直接写明双方交易的具体商品名称，也有的合同将品名条款和品质条款合并在一起。

第二节 商品的品质

一、商品品质的含义

商品的品质是指商品的内在素质和外观形态的综合。前者是指商品的物质性能、机械性能、化学成分和生物特征等自然属性；后者包括商品外形、色泽、款式。作为合同的主要条件之一，品质条款一旦订立便成为交易双方交接货物的品质依据。因此，在交易磋商及合同订立过程中，双方应正确把握和订明品质条款。

二、表示商品品质的方法

在国际贸易中，表示商品品质的方法主要有实物表示和凭说明约定表示两大类。现分别介绍如下：

（一）实物表示商品的品质

以实物表示商品的品质，通常有两种方法：看货买卖和凭样品买卖。

1. 看货买卖（Sales by Actual Quality）

看货买卖又称看货成交，即卖方向买方展示双方拟成交的商品，经买方检验满意后成交，交货品质的标准是买方检验货物时的品质状态，只要卖方所交付的货物是经买方所检视的货物，买方不得以任何理由或借口对其品质提出异议。

看货买卖一般用于现货交易，而且要求买方亲临货物存放地点查看货物。在国际贸易中，由于双方相距遥远，所以这种交易方式主要用于寄售、拍卖、展卖等业务中。

2. 凭样品买卖（Sales by Samples）

所谓样品是指从一批商品中随机抽取出来，或是由生产部门设计、加工出来的可以代表整批货物品质的少量实物。凭样品买卖就是以样品表示商品品质并以此作为交货依据。在国际贸易中，该方法主要适用于服装、轻工业品等一些难以用科学的方法表示商品品质的买卖。根据样品提供者的不同，凭样品买卖可分为以下几种具体做法：

（1）凭卖方样品买卖（Sales by Seller's Sample）

由卖方提供的样品称为“卖方样品”。凭卖方样品买卖就是交易双方约定以卖方样品为交货的品质依据。

值得注意的是：① 在凭卖方样品买卖时，提供的样品要有代表性，避免由于样品与日后所交货物品质不一致，引起纠纷，造成经济损失；② 应留存一份或数份同样的样品，作为复样（Duplicate Sample），以备日后交货或处理争议时核对之用；③ 寄发样品和留存复样，且要注意编号和注明日期，以便日后查找；④ 要留有一定余地，如在合同中加列“品质与样品大致相同（Quality to be about equal to the sample）”的条款，以利于卖方日后交货。

（2）凭买方样品买卖（Sales by Buyer's Sample）

由买方提供的样品称为“买方样品”。凭买方样品买卖就是交易双方约定以买方提供的样品为交货的品质依据。习惯上称为“来样成交”、“来样制作”。

值得注意的是：在决定是否接受买方来样时，卖方要充分考虑原材料、加工生产技术、设备和生产安排的可能性。为了争取主动，防止日后交货困难，卖方也可按买方来样复制或选择品质相近的卖方样品，即“回样”（Return Sample）或“对等样品”（Counter Sample）提交买方，在得到其确认后就等于把来样成交转变为凭卖方样品买卖。其次，在凭来样成交时，还应声明或在合同中明确规定，如果发生由于来样引起的工业产权等第三者权利问题与卖方无关，概由买方负责。

凭样品买卖的基本要求就是卖方交货品质必须与样品完全一致，为了避免履行合同时发生不必要的纠纷，必要时可使用“封样”（Sealed Sample），具体做法：出证机构在一批商品中抽取同样品质的样品若干份，在每份样品上烫上火漆或铅封，交易双方在封口上签名或盖章，供交易当事人使用，同时留一份交公证机关存查。封样可以由发样人自封，或买卖双方会同加封。

（二）凭说明约定表示商品的品质

凡以文字、图表、相片等方式来说明商品品质的方法，均属于凭说明约定商品品质的范畴。

在国际贸易中，大部分商品适用以文字说明来表示品质。具体可分为下列几种：

1. 凭规格（Sales by Specification）买卖

规格是指一些足以反映商品品质的主要指标，如商品的化学成分、含量、纯度、性能、容量、长短、粗细等。交易时以规格来确定商品品质的方法称为凭规格买卖。由于该方法简单易行，明确具体，因而在国际贸易中被广泛应用。

[例 1－1]

中国大米：水分不超过 14%；
碎粒不超过 7%；
杂质不超过 2%；

2. 凭等级买卖（Sales by Grand）

等级是指同一类商品就其规格上的差异所进行的分级，凭等级买卖（Sales by Grade）即以商品的级别来说明商品的品质。

[例 1－2]

	三氧化钨	锡	砷	硫
	最低	最高	最高	最高
特级	70%	0.2%	0.2%	0.8%
一级	65%	0.2%	0.2%	0.8%
二级	65%	1.5%	0.2%	0.8%

3. 凭标准买卖（Sales by Standard）

商品的标准是指将商品的规格和等级给以标准化。在我国，商品的标准是由国家或有关政府部门规定的。在国外，商品的标准由国家政府机构和国际标准化组织规定，也有由有关的行业公会、贸易协会或商品交易所制定。值得注意的是，商品的标准常随生产技术的发展和情况的变化而进行修改和变动，所以，同一国家颁布的某类商品的标准往往就有不同年份的版本，版本不同，品质标准的内容也不相同，因此，在援引标准时，应标明援引标准的版本年份，以免发生品质标准争议。凭标准买卖，就是以标准来表示商品的品质。

在凭标准买卖方面，国际上有两个经常使用的标准，一个是“良好平均品质标准”（Fair Average Quality，简称 F. A. Q. 标准），另一个是“上好可销品质标准”（Good Merchantable Quality，简称 G. M. Q. 标准）。

（1） F. A. Q. 标准

F. A. Q. 标准是指一定时期内某地出口商品的平均品质水平。这是在国际市场上买卖农副产品时常见的一种“标准”。我国出口某些农副产品也采用 F. A. Q. 标准，习惯上称为“大路货”。需要说明的是，采用 F. A. Q. 标准表示商品的品质，除在合同中注明 F. A. Q. 字样外，一般还订明该商品的主要规格指标。

[例 1 – 3]

花生仁　　良好平均品质　　含油量最低 44%

（2） G. M. Q. 标准

G. M. Q. 标准是指卖方须保证其交付的货物品质良好，适合商品销售，而在成交时无须以其他方式去说明商品的具体品质。在国际贸易中，这种方法适用于木材、冷冻鱼虾等水产品的买卖。由于该标准含义笼统，很容易引起争议，因此，我国基本上不采用。在国外，如引用此标准，交货后发生品质争议，通常由同业公会聘请专家以仲裁方式解决。

4. 凭商标或牌名买卖（Sales by Trade Mark or Brand Name）

商标是企业为了使生产或销售的商品与其他企业生产和销售的商品相区别而制作的标志（Mark）。牌名是指工商企业为了使其产品与其他企业的同类产品相区别，给其制造或销售的产品冠以的名称。由此可见，用牌名和商标能够固定地表示商品的品质。这种方法适用于信誉良好、品质稳定，在国际市场上行销已久的商品买卖。

[例 1 – 4]

“白猫牌洗洁剂”、“椰树牌椰汁”

5. 凭产地名称买卖（Sales by Name of Origin）

某些商品由于受产地自然条件和传统的生产技术、加工工艺的影响，在品质上具有其他地区产品所不具备的独特风格或特色，因而其产地名称成为代表该项产品的品质标志。这种方式多用于农、副、土特产品。

[例 1 – 5]

“东北大豆”、“徽墨”、“宣纸”、“金华火腿”

6. 凭说明书、图样买卖（Sales by Description of Illustration）

在国际贸易中，有些机器、电器和仪表电子等技术密集型产品，因其结构复杂，加工精细，难以用几个简单的指标说明商品的品质，只能用说明书和图样来说明其构造、用途、性能及使用方法等。因此，在进行这类商品的交易时，可凭说明书和图样买卖。

三、合同中的品质条款及举例

（一）品质条款的基本内容

表示商品品质的方法不同，合同中的品质条款也各不相同。在凭样品买卖时，合同中除了要列明商品的品名外，还应列明样品的编号，必要时还要列出寄送的日期。在凭文字说明买卖时，应针对不同交易的具体情况在买卖合同中明确规定商品的品名、规格、等级、标准、品牌或产地等内容。在凭说明书表示商品品质时，还应在合同中列出说明书、图样的名称、份数等内容。

[例1-6]

凭样品买卖品质的规定：质量应严格符合卖方于2008.6.16提供的样品，样品号NE612布娃娃。

[例1-7]

凭商标或牌名买卖品质的规定：货号T101，美加净牙膏。

（二）品质机动幅度和品质公差

在国际货物买卖中，卖方交货品质必须严格与买卖合同规定的品质条款相符。但是，某项商品由于生产过程中存在自然损耗，以及受生产工艺、商品本身特点等诸多因素的影响，难以保证交货品质与合同规定的内容完全一致，对于这些商品，如果条款规定过于死板或把品质指标订得绝对化，必然会给卖方的顺利交货带来困难。为此，订立合同时可在品质条款中作一些变通规定，卖方所交商品品质只要在这规定的灵活范围内，就可以认为交货品质与合同相符，买方无权拒收。常见做法是规定品质机动幅度和品质公差。

1. 品质机动幅度

品质机动幅度是指允许卖方所交商品的品质指标可在一定幅度内机动掌握。尤其是适用于一些农、副、土、特等初级产品，规定品质机动幅度的方法有以下三种：

（1）规定范围。是指对某项货物的品质指标规定允许有一定的差异范围。

[例1-8]

纱管重量，每只33~35克。

（2）规定极限。是指对某些货物的品质规格，规定上下限，常用词有：最小、最低（Minimum或Min）；最高，最大（Maximum或Max）。

[例1-9]

东北大豆：含油量18%（最低），水分14%（最高），杂质2%（最高）。

（3）规定上下差异。是指对某些货物的品质规定上下差异。

[例1-10]

灰鸭毛：含绒量18%，上下1%。

2. 品质公差（Quality Tolerance）

品质公差是指工业制成品在加工过程中所产生的误差。这种误差的存在是绝对的，它的大小反映着商品品质的高低，是由科学技术发展所决定的。在品质公差范围内买方无权拒收货物，也不得要求调整价格，这一规定方式主要用于工业制成品。

[例 1－11]

出口棉布，每匹可有 0.1 米的误差；出口手表，允许 48 小时误差 1 秒。

（三）订立品质条款时应注意的问题

在订立品质条款时，应注意以下一些问题：

第一，根据商品特性确定表示品质的方法。原则上，可用文字说明表示品质的，就不再同时用样品表示品质，否则，一旦成交，买方必须承担交货品质既符合文字说明又符合样品的责任；

第二，要准确具体地描述品质要求，忌笼统含糊，如大约、左右；也忌绝对化，如“棉无疵点”等；

第三，重视品质机动幅度和品质公差在表示品质方面的作用，凡是能采用和应该采用品质机动幅度和品质公差表示的商品，一般都要订明具体的机动幅度或公差的允许值，以免日后产生争议。

第三节　商品的数量

在国际贸易中，交易双方必须约定成交数量，这就要求在合同中规定数量条款，数量条款是买卖合同中不可缺少的主要条件之一，它是评定卖方交货数量和处理数量争议的主要依据。

一、数量的确定

（一）度量衡制度和计量单位

现在国际上常用的度量衡制度有四种：国际单位制（International System of Unites，简称国际制）、公制（The Metric System）、英制（The British System）和美制（The U. S. System）。

《中华人民共和国计量法》第三条规定：“国家采用国际单位制。国际单位制计量单位和国家选定的其他计量单位，为国家法定计量单位”。在国际贸易中，应采用法定计量单位，合同另有约定者除外，如需采用非法定计量单位，须经主管部门批准。

从国际贸易的实际情况来看，经常被采用的计量单位有 6 种。

1. 按重量（Weight）计算

这是当前国际贸易中使用最多的一种计量方法，常见的重量单位有：公吨（Metric Ton，M/T.）、长吨（Long Ton，L/T.）、短吨（Short Ton，S/T.）、磅（Pound，LB.）、盎司（Ounce，OZ.）、千克（Kilogram，KG.）、克（Gram，G.）等，主要适用于大宗农副产品，矿产品及某些工业制成品的交易。

2. 按个数（Number）计算

常用的计量单位有：件（Package，PKG.）、只（Piece，PC.）、套（Set）、打（Dozen，DOZ.）、罗（Gross，GR.）、令（Ream，RM.）、箱（Case）、捆（Bale）、听（Tin）、卷（Roll，Coil）等，主要适用于有一定规格，尺寸成形、成件的生活日用品、轻工业产品、机械产品及一部分土特产品的交易。

3. 按长度（Length）计算

常用的计量单位有：米（Meter，M.）、英尺（Foot，FT.）、码（Yard，YD.）等，主要适用于绳索、纺织品等交易。

4. 按面积（Area）计算

常用的计量单位有：平方米（Square Meter，M^2）、平方英尺（Square Foot，FT^2.）、平方码（Square Yard，YD^2.）等，主要适用于地毯、皮革、玻璃板等交易。

5. 按体积（Volume）计算

常用的计量单位有：立方米（Cubic Meter，M^3），立方英尺（Cubic Foot，FT^3.）、立方码（Cubic yard，YD^3）等，主要适用于木材及化学气体之类的交易。

6. 按容积（Capacity）计算

常用的计量单位有：升（Litre，L.）、加仑（Gallon，GAL.）、蒲式耳（Bushel，BU.）等，主要适用于谷物、液体商品的交易。

（二）重量的表示方法

常见的计算重量的方法有四种：

1. 毛重（Gross Weight）

它是指商品本身的重量加包装物的重量。按毛重为准，也就是以毛重作为计算价格的基础。有的单位价值不高的商品，如散装的大宗低价商品，一般没有包装，或有简单包装，但同货物重量相比很少，价值很低，因此，在计价时，可以将毛重当作净重计，这种方法称为“以毛作净”（Gross for Net）。

在实际业务中，以毛重计重通常也适用于运输计重。

2. 净重（Net Weight）

它是指商品本身的重量。计算净重首先去除皮重（Tare），即包装物的重量，常见的皮重计算方法有以下4种：

（1）按实际皮重（Actual Tare）计算：即按包装材料的实际重量计算。

（2）按平均皮重（Average Tare）计算：即按商品的实际皮重的平均值计算，适用于包装材料和规格比较划一的商品。

（3）按习惯皮重（Customary Tare）计算：按商品包装公认的重量计算，不必过秤，如：“每只麻袋习惯皮重为2.5磅”。

（4）按约定皮重（Computed Weight）计算：按双方约定的包装物的重量计算。

3. 公量（Conditioned Weight）

它是指用科学的方法将商品的实际水分抽出，再加标准含水量所得的重量，这种方法适用于羊毛、生丝等经济值较高但含水量又极不稳定的商品。

计算公式：

$$公量 = \frac{实际重量 \times (1 + 标准回潮率)}{1 + 实际回潮率}$$

4. 理论公量（Theoretical Weight）

它是根据每件商品的重量推出整批商品的总重量，适用于规格、尺寸固定，重量大致相等的商品，如“马口铁”、“钢板”等。

另外，有些国家为了便于海关征税，还用法定重量（Legal Weight）和实物净重（Net Net Weight）表示重量。

二、合同中的数量条款

（一）数量条款的基本内容

国际货物买卖合同的数量条款主要由成交数量和计量单位组成。按重量成交的商品，一般还应规定计算重量的方法。

（二）数量的机动幅度

合同中数量条款是买卖双方交接货物量的依据，卖方必须严格按合同规定的数量交货。但是，有些出口商品，如矿砂、化肥、食糖等，由于其本身特性或因自然条件的影响或受包装和运输工具的限制，实际交货数量往往难以符合合同规定的交货数量，为避免争议，可以订立数量机动幅度条款。只要卖方交货数量在约定的增减幅度范围内，就算按照合同规定数量交货，买方不得以交货数量不符为由而拒收货物或提出索赔。常见做法是规定“约”量和溢短装条款。

1. 采用“约”量

即在数量前加“约”、“大约”或“近似”（about、circa、approximate）等类似字样，由于“约”量的含义在国际上没有统一的标准，容易引起纠纷，所以，买卖双方只有采用信用证支付方式时才可使用。按照《UCP 600》的解释，凡“约”或“大约”或类似意义的词语用于信用证金额或信用证所列的数量或单价时，应理解为对有关金额或数量或单价有不超过10%的增减幅度。

2. 溢短装条款

即在买卖合同的数量条款中明确规定可以增减的百分比。即卖方交货时有权根据具体情况多交或少交一定数量的货物，但以不超过规定数量的百分比为限。

［例1－12］

中国大米100公吨，卖方可溢装或短装3%（Chinese rice 100 metric tons，3% more or less at sellers’option.）

值得注意的是：合同中未明确规定数量机动幅度，卖方应按合同规定交货，但采用信用证支付且货物不以包或个数单位计量的，按照《UCP 600》规定，在不超过信用证金额的前提下，卖方交货的数量允许有5%的增减，数量机动幅度范围内的计价方法一般按合同价计算。

在实际业务中，数量机动幅度范围内的计价方法一般按合同价计算。有时也可按装运时或货到时的市场价格计算。

（三）订立数量条款时应注意的问题

在订立数量条款时，应注意以下一些问题：

第一，应明确写明商品的数量；

第二，应明确计量单位；

第三，重视数量机动幅度在表示数量方面的作用，凡是能采用和应该采用数量机动幅度表示的商品，一般都要订明具体的机动幅度，以免日后产生争议。

第四节　商品的包装

一、包装的意义和要求

在国际货物买卖中，包装条款是买卖合同的主要条件之一。按某些国家的规定，如卖方所交货物未按约定的方式包装，或者货物包装与行业习惯不符，买方有权拒收货物；或者货物虽按约定的方式包装但却与其他货物混淆在一起，买方可以拒收违反约定包装的那部分货物，甚至可以拒收整批货物。包装又是商品流通的重要条件，良好的包装不仅可以吸引顾客、扩大销路，而且可以起到宣传、美化和提高商品档次，增加售价的作用。

二、包装的种类

根据包装在流通过程中所起的作用不同，可分为运输包装和销售包装两种类型。

(一）运输包装

运输包装又称外包装，主要作用在于保护商品，方便运输、减少运费、节省仓储、便于计算。

1. 对运输包装的要求

国际贸易商品运输包装应体现下列要求：（1）适应商品的特性；（2）适应各种不同运输方式的要求；（3）考虑有关国家的法律和客户要求；（4）便于有关人员操作；（5）在保证包装牢固的前提下节省费用。

2. 运输包装的种类

（1）按包装方式不同，分为单件运输包装和集合运输包装。

单件运输包装是指在运输过程中作为一个计件单位的包装，常见的有：箱（Case）、桶（Drum）、袋（Bag）、包（Bale）、篓（Basket）等。集合运输包装是指将若干单件运输包装组合成一件包装，如托盘（Pallet）、集装袋（Flexible Container）、集装箱（Container）等，其中，集装箱的使用更为广泛，它是一种规格化的巨型箱，材料多为金属，有的还配有空气或温度调节。

（2）按包装造型不同，可分为箱（Case）、桶（Drum）、袋（Bag）、包（Bale）、篓（Basket）等不同形状的包装。

（3）按包装材料不同，可分为纸质包装、金属包装、木制包装、塑料包装、竹、柳、草制品包装和陶瓷包装等。

（4）按包装质地不同，可分为软性包装、半软性包装和硬性包装。

（5）按包装程度不同，可分为全部包装和局部包装。

在实际业务中，以上包装一般要根据商品的特点及买卖双方的约定选择使用。

3. 运输包装的标志

为了便于识别货物，以利于运输、仓储、检验、报关和交接货物的安全、顺利进行，避免错交错运，货物在交付运输之前，应买方要求或由卖方决定，在商品外包装上按合同规定刷上一定的标志，这些简单的文字、图形或数字统称为包装标志，包装标志分为运输标志（Shipping Mark）、指示性标志（Indicative Mark）、警告性标志（Warning Mark）、尺码、重量标志（Measurement Weight Mark）等。

（1）运输标志，俗称"唛头"，是指由一个简单的几何图形和一些字母、数字及简单的文字组成，其作用在于使有关人员在运输过程中易于辨认货物，便于核对单证，避免错发错运。主要包括：① 发货人或收货人名称的缩写或代号。② 目的地名称。一般应写全称，不能用简称或缩写。如有重名，则须列明国别或地区名称。③ 货物件数。该项内容既要列明该件货物的序号，又要列明该批货物的总件数，例"NOS1 - 10"表示该件货物是该批 10 件货物的第一件。④ 参考号。如运单号、订单号或发票号等。

联合国欧洲经济委员会简化国际贸易程序工作组在国际标准化组织（ISO）和国际货物装卸协调协会的支持下，制定了标准唛头向各国推荐使用。该标准唛头标志包括：① 收货人或买方名称的英文缩写字母或简称；② 参考号，如提单号、订单号或发票号；③ 目的地；④ 件号。该标准唛头由 4 行组成，每行不得超过 17 个英文字母。现列举标准唛头实例如下：

［例 1 - 13］

ABC ——————————收货人代号
LONDON ————————目的港
NOS1 - 10 ———————件数代码
91553 —————————参考号

（2）指示性标志，是指根据商品的性能和特点，用简单醒目的图形和文字在商品的运输标志上标示仓储、装卸和运输过程中需注意的事项和要求。

［例 1 - 14］

"小心轻放"（Handle With Care）、此端向上（This Side Up）、不得用吊钩（Use No Hook）

（3）警告性标志，又称危险性标志，是指为了保障货物和操作人员的安全，在易燃、易爆、有毒等危险品的运输包装上标明危险性质的图形和文字说明以示警告。

［例 1 - 15］

有毒品（Poison）、爆炸物（Explosive）、腐蚀性物品（Corrosives）

在实际业务中，我国出口危险品时应刷制我国和国际海运所规定的两套标志，以防到目的港时，不准靠岸卸货。关于制作危险品的标志，我国颁布有《包装储运标志》和《危险货物包装标志》，其对危险品标志的制作均有详细的规定。

（4）尺码、重量标志，是指在运输包装上刷上包装的毛重和净重以及它的尺码（长 × 宽 × 高）。尺码、重量标志一般与运输标志结合使用。

（二）销售包装

销售包装又称内包装，它是直接接触商品并随商品进入零售网点与消费者直接见面的包装，它除了具有保护商品的功能外，还应有美化、宣传商品的作用。

1. 销售包装的要求

国际贸易商品销售包装应体现下列要求：（1）便于陈列、经销；（2）便于识别；（3）便于携带和使用；（4）有艺术吸引力。

2. 销售包装的种类

根据商品的不同特性和形状，常见的销售包装有下列几种：（1）挂式包装；（2）堆叠式包装；（3）携带式包装；（4）易开包装；（5）喷雾包装；（6）配套包装；（7）礼品包装；（8）复用包装。

3. 销售包装的标识和说明

（1）包装的装潢画面。销售包装上的装潢画面要美观大方，富于艺术吸引力，并突出商品的特点，其图案和色彩应适应有关国家、民族的习惯和爱好。

（2）文字说明。销售包装应有必要的文字说明，如商标、品牌、品名、产地、数量、规格、成分、用途和使用方法等。文字说明应与装潢画面紧密结合，以到达宣传与促销的目的。另外，还须注意有关国家标签管理条例规定，这些条例主要针对食品、药品、服装等商品，被用作限制进口的手段。

（3）条形码。就是由一组带有数字的黑白及粗细间隔不等的平行条纹所组成，它表示特定的信息，是利用光电扫描阅读设备为计算机输入数据的特殊的代码语言，只要将条形码对准光电扫描器，计算机就能自动地识别条形码的信息，确定品名、品种、数量、生产日期，制造厂商、产地等，并据此在数据库中查询单价，进行货款结算，打出购货清单，既方便了顾客又提高了结算效率，并能使用国际贸易双方及时了解双方商品的有关资料和本国商品在对方国家的销售情况。

目前国际上通用的条形码主要有两种：一种是由美国、加拿大组成的统一编码委员会编制的，其物品标识符号是 UPC 码；另一种由欧盟成立的欧洲编码协会（后改名为“国际物品编码协会”）编制的，其物品标识符号为 EAN 码。

为了与国际市场接轨，我国于 1988 年 12 月建立了“中国物品编码中心”。1991 年 4 月 18 日“中国物品编码中心”代表我国正式加入“国际物品编码协会”（EAN），该中心在我国部分省市设立分中心。生产和经营出口商品的企业需要使用条形码，可向物品编码机构申请，由其统一向国际条形码组织申请办理注册手续。“国际物品编码协会”分给我国的国别号为“690”、“691”和“692”（不包括港、澳、台地区）。此外，我国的书籍代码为“978”，杂志代码为“977”。

三、中性包装和定牌生产

（一）中性包装

我国出口商品，在商品的包装上一般都须注明“中华人民共和国制造”（Made in the People's Republic of China）或“中国制造”（Made in China）。但有时，在国外买方的要求下，商品的内外包装上不注明生产国别、地点、厂名，这就是中性包装（Neutral Packing）。中性包装有定牌中性和无牌中性之分。定牌中性是指在商品的内外包装上不注明生产国别，但需注明买方指定的商标或牌名；无牌中性是指在商品内外包装上均不使用任何商标或牌名，也不注明生产国别。

采用中性包装，通常是为了适应交易的特殊需要（如转口销售等），是出口商扩大出口的一种手段。但近年来，中性包装的做法在国际上屡遭非议。因此，如果外商要求对其所购货物采用中性包装，我方必须谨慎从事。

（二）定牌生产

除中性包装外，我国在实际业务中还接受定牌、无牌的做法。定牌是指在买方的要求下，使用买方指定的商标或牌号，但需注明生产国别或产地；无牌是指在商品和包装上均不使用任何商标或牌名，但需注明生产国别或产地。

许多国家的超级市场、大百货公司和专业商店，都要求在其经营出售的商品上或包装上标注本企业使用的商标或品牌，以扩大企业知名度和显示该商品的身价。许多国家的出口厂商，为了利用买主的经营能力及其商业信誉和品牌声誉以提高商品售价和扩大销路，也愿意接受定牌生产。

在我国出口贸易中，如外商订货量较大，且要求比较稳定，为了适应买方销售的需要和扩大出口销路，可酌情接受定牌生产。

四、合同中的包装条款

（一）包装条款的基本内容

国际货物买卖合同中的包装条款主要包括包装材料、包装方式、包装规格、包装标志和包装费用的负担等内容。

（二）订立包装条款应注意的问题

1. 明确规定包装材料、包装方式和包装规格

约定包装材料、方式和规格时要明确、具体、不宜笼统地规定，不宜采用“适合海运包装”（Sea-worthy Packing）、“习惯包装”（Customary Packing）之类的术语。因为这些术语含义模糊，易引起争议。

[例 1－16]

纸箱装，每箱 24 公斤。

In cartons of 24kg each.

麻袋装，每袋净重 60 公斤。

In gunny bags of 60kg net each.

2. 包装费用的负担问题

包装费用一般包括在货价之内，不另计价，但如果买方需要特殊包装，额外的包装费用应由买方负担。另外，即使由买方承担包装费用，如果卖方包装技术达不到，也不能轻易接受，以免引起纠纷。

3. 关于运输标志（唛头）

按照国际贸易习惯，唛头一般由卖方决定，而不必在合同中作具体规定，但如买方要求使用由其指定的唛头，则应在合同中明确规定唛头的具体式样和内容，或规定买方提交唛头式样和内容的时限，以免延误卖方交货。

重点知识展示

《UCP600》对数量机动幅度条款的规定

（1）在数量前加“约”、“大约”或“近似”等类似字样，在信用证支付方式下，按照《UCP 600》规定：凡“约”、“大约”或类似意义的词语用于信用证金额或信用证所列的数量或单价时，应理解为对有关金额或数量或单价有不超过10%的增减幅度。

（2）合同中未明确规定数量机动幅度，卖方应按合同规定交货，但采用信用证支付且货物不以包或个数单位计量的，按照《UCP 600》规定，在不超过信用证金额的前提下，卖方交货的数量允许有5%的增减，数量机动幅度范围内的计价方法一般按合同价计算。

经典案例分析

案情：

我某公司对英出口中国花生仁一批，合同规定水分最高不超过13%，不完善粒最高不超过5%，含油量最低不低于44%。成交前我方也曾向买方寄送过样品，订约后我方又电告对方成交货物与样品一致。货到英国后，买方经过检验提出，货物的质量与合同相符，但其中一项指标比样品低6%，并据此要求我方赔偿，而我方拒赔。理由是：该批物是凭规格买卖而不是凭样品买卖。你认为我方拒赔的理由充分吗？

分析：

本案的焦点是，该批货物是凭规格买卖还是凭样品买卖。如是凭规格买卖，卖方交货的品质与合同规定的规格的各项指标相符。而本案中，对方并没有对各项指标提出异议。如果是凭样品买卖，根据英国《货物买卖法》第15条第2款规定，凡凭样买卖，样品即成为履行合同时交接货物的质量依据，卖方承担交付的货物质量与凭以达成交易的样品完全一致的责任。否则，买方有权提出索赔甚至拒收货物，这是凭样买卖的基本特点。

从合同规定来看，该交易本身不是凭样品买卖。但是约前卖方向买方寄送过样品，并没有声明此样品仅为参考样品，约后又通知对方货物与样品一致，这就使人产生该交易既可以凭样品买卖，又可以凭规格买卖。因此在这种情况下，卖方很难以这笔业务仅凭规格买卖为理由推脱责任。

关键名词

品质　样品　对等样品　F. A. Q　品质公差　定牌　以毛作净　公量　溢短装条款　运输标志　条形码　中性包装

第二章

进出口商品的价格

学习目标

使学生了解贸易术语的知识和相关的国际贸易惯例，掌握常用贸易术语的具体内容及使用中应注意的问题、进出口商品价格的基本原则和计价货币的选用；学会佣金和折扣的表示及计算方法，核算盈亏率和换汇成本；正确订立合同中的价格条款。

重点难点

1. 《2010 通则》中对常用贸易术语的解释；
2. 进、出口报价；
3. 盈亏率和换汇成本的计算 ；
4. 合同中的价格条款。

第一节 贸易术语

一、贸易术语的含义

贸易术语（Trade Terms）是指用一个简短的概念或英文字母缩写来表示商品价格的构成和买卖双方在货物交接过程中有关手续、费用和风险责任划分的专门性术语。它是国际贸易中单价的一个重要组成部分。

在国际贸易中使用贸易术语，可简化交易磋商的程序、节省交易磋商的时间和费用，有利于国际贸易的发展。

二、有关贸易术语的国际贸易惯例

国际贸易惯例是指在国际贸易长期实践中逐渐形成的一些明确、有固定内容的贸易习惯和一般做法，其中主要是指由国际商业组织制定的有关国际贸易的准则和规则。国际贸易惯例不是法律，对当事人没有强制性，当事人可以选择是否按照惯例来做，也可以根据业务的需要对惯例加以改变。国际贸易惯例还是法院和仲裁机构解决问题的依据。关于贸易术语方面的国际贸易惯例主要有《1932 年华沙—牛津规则》、《1990 年美国对外贸易定义修正本》、《2010 年国际贸易术语解释通则》。

（一）《1932 年华沙—牛津规则》（Warsaw-Oxford Rules 1932）

《1932 年华沙—牛津规则》是由国际法协会制定的。该规则对 CIF 的性质、买卖双方承担的风险、责任和费用的划分以及货物所有权的转移等问题作了详细的解释。

（二）《1990 年美国对外贸易定义修正本》（Revised American Foreign Trade Definitions 1990）

《1990 年美国对外贸易定义修正本》是由美国九大商业团体制定。最早于 1919 年制定，称为《美国出口报价及缩写条例》，后因贸易习惯发生了很多变化，在 1940 年举行的美国第 27 届全国对外贸易会议上对其进行了修订，并于 1941 年经美国商会、美国进口商协会和美国全国对外贸易协会所组成的联合委员会通过，定名为《1941 年美国对外贸易定义修正本》，1990 年该惯例再次进行了修订，称为《1990 年美国对外贸易定义修订本》。该修正本对 EXW（Named Place）工厂交货、FOB（Free On Board）运输工具上交货、FAS（Free Along Side）运输工具旁边交货、CFR（Cost and Freight）成本加运费、CIF（Cost. Insurance and Freight）成本加运费保险费、DEQ（Delivered Ex Quay）目的港码头交货等贸易术语作了解释。

（三）《国际贸易术语解释通则》

国际商会自 20 世纪 20 年代初期即开始对重要的贸易术语做统一解释的研究，1936 年提出了一套解释贸易术语的具有国际性的统一规则，定名为《INCOTERMS 1936》，其副标题为 International Rules for the Interpretation of Trade Terms，故译作《国际贸易术语解释通则》。随后，国际商会为适应国际贸易实践的不断发展，先后于 1953 年、1967 年、1976 年、1980 年、1990 年和 2000 年做了六次修改和补充，最新一次修订于 2010 年 9 月完成，《国际贸易术语解释通则 2010》《INCOTERMS 2010》，即国际商会第 715E 号出版物（ICC Publication No. 715E）于 2011 年 1 月 1 日起生效。

1. INCOTERMS 的历次修订

（1）INCOTERMS 1953

它包括 9 种贸易术语：Ex Works、FOR/FOT、FAS、FOB、C&F、CIF、DCP、Ex Ship、Ex Quay。

（2）INCOTERMS 1967

它包括 11 种贸易术语，即在 1953 年版的基础上为适应边境贸易的发展，增加了 DAF 和 DDP。

（3）INCOTERMS 1976

它包括 12 种贸易术语，即在 1967 年版的基础上为适应航空货运业务的发展，增加了起运地机场交货术语 FOA。

（4）INCOTERMS 1980

它包括 14 种贸易术语，即在 1976 年版的基础上为了适应集装箱多式联运业务的要求，增加了 FRC 和 CIP。

（5）INCOTERMS 1990

它包括 13 种贸易术语，即删掉只适用单一运输方式的 FOR/FOT、FOA，新增 DDU；首次将贸易术语的名称规范为三字母代码，变 FRC 为 FCA、变 C&F 为 CFR、变 DCP 为 CPT、变 Ex Ship 为 DES、变 Ex Quay 为 DEQ；首次将 13 种贸易术语按英文缩写字头分为 E、F、C、D 四个组；首次列出买卖双方各自对应的 10 项义务；首次确立电子单证与纸质单证具有同等效力。

（6）INCOTERMS 2000

它包括 13 种贸易术语，与 1990 年版相比，只有 FAS 和 DEQ 术语项下关于清关和支付关税的义务以及在 FCA 术语项下关于装货和卸货的义务涉及内容上的实质性变更。

（7）沿用了 INCOTERMS 1990 的分组方式

E 组：启运术语，只包括 EXW 一种术语。按此术语，卖方在他自己的处所将货物提供给买方。

F 组：主运费未付术语，包括 FCA、FAS 和 FOB 三种术语。使用 F 组术语时，卖方必须按买方的指示交运货物，因为是由买方订立运输合同和指定承运人。

C 组：主运费已付术语，包括 CFR、CIF、CPT 和 CIP 四种术语。使用 C 组术语时，卖方必须按通常条件自费订立运输合同，在 CIF 和 CIP 术语下，卖方还必须办理保险并支付保险费。

D 组：到达术语，包括 DAF、DES、DEQ、DDU 和 DDP 五种术语。使用 D 组术语时，卖方必须负责将货物运送到约定目的地或目的港，并负担货物交至该处为止的一切风险和费用。因此，按 D 组术语订立的买卖合同属于“到达合同”。在 D 组术语下，除 DDP 外，卖方在边境或进口国交货时无需办理进口清关手续。

（8）INCOTERMS 2010

它包括 11 种贸易术语，即删掉 2000 年版中内容交叉重合的 DAF 、DES、DEQ 和 DDU 四种贸易术语，经过整合后增加了 DAT 和 DAP 两个贸易术语。

将 11 个贸易术语按照适用范围分为两类，一类是适用于任何单一运输方式或多种运输方式的术语，包括 EXW、FCA、CPT、CIP、DAT、DAP、DDP；另一类为适用于海运和内河水运的术语，包括 FAS、FOB、CFR、CIF。参见表 2－1。

表 2－1　　贸易术语分类表（一）

适用范围	国际代码	中英文全称
任何单一运输方式或多种运输方式	EXW	Ex Works（insert named place of delivery）INCOTERMS® 2010 工厂交货（插入指定交货地点）
	FCA	Free Carrier（insert named place of delivery）INCOTERMS® 2010 货交承运人（插入指定交货地点）

续表

适用范围	国际代码	中英文全称
任何单一运输方式或多种运输方式	CPT	Carriage Paid To（insert named place of destination） INCOTERMS® 2010 运费付至（插入指定目的地）
	CIP	Carriage and Insurance Paid to （insert named place of destination） INCOTERMS® 2010 运费和保险费付至（插入指定目的地）
	DAT	Delivered At Terminal （insert named terminal at port of destination） INCOTERMS® 2010 运输终端交货（插入指定港口或目的地的运输终端）
	DAP	Delivered At Place（insert named place of destination） INCOTERMS® 2010 目的地交货（插入指定目的地）
	DDP	Delivered Duty Paid（insert named place of destination） INCOTERMS® 2010 完税后交货（插入指定目的地）
海运或内河运输	FAS	Free Alongside Ship（insert named place of shipment） INCOTERMS® 2010 装运港船边交货（插入指定装运港）
	FOB	Free on Board（insert named place of shipment） INCOTERMS® 2010 装运港船上交货（插入指定装运港）
	CFR	Cost and Freight（insert named place of destination） INCOTERMS® 2010 成本加保险费、运费（插入指定目的港）
	CIF	Cost Insurance and Freight(insert named place of destination)INCOTERMS® 2010 成本、保险费加保运费（插入指定目的港）

备注：贸易术语的规范表述应包括术语、地点或地址、适用的 INCOTERMS 版本。

例如：FOB Dalian INCOTERMS® 2010

2. INCOTERMS® 2010 的主要变化

（1）新增了 DAT 和 DAP

INCOTERMS® 2010 以 DAT 和 DAP 取代了 DAF、DES、DEQ 和 DDU，术语的总数由原来的 13 个减少为 11 个。使用 DAT 时，货物从到达指定目的港或目的地的运输工具卸下后，交由买方处置（与 DEQ 相同）；使用 DAP 时，货物同样在指定目的港或目的地交由买方处置，但需由买方安排卸货（与 DAF、DES 和 DDU 相同）。这两个新增术语可适用于任何运输方式，均由卖方承担将货物交至指定目的地的所有费用和风险，但不包括可能涉及的与进口清关相关的费用。

（2）简化了分类方式

INCOTERMS® 2010 未沿用以往将术语按交货地点分类，按英文字头分组的方式，而是简单地将术语按适用范围分为两类：一类是适用于任何单一运输方式或多种运输方式的术语，包括EXW、FCA、CPT、CIP、DAT、DAP、DDP，不论使用何种运输方式，不论使用一种还是多种运输方式，也不论运输过程根本没有海运还是船舶用于部分运输均可使用。另一类为适用于海运和内河水运的术语，包括FAS、FOB、CFR、CIF，交货地点和货物交至买方的地点都是港口。

（3）放弃了以船舷为交货点的说法

在INCOTERMS® 2010之前的版本中，关于FOB、CFR和CIF三个术语的“交货”均表述为当货物在指定装运港越过船舷时，卖方完成交货。INCOTERMS® 2010在FOB、CFR和CIF三个术语中改变了以“船舷”作为交货点的表述，代之以货物置于“船上”时构成交货，并在专用词解释中明确指出，INCOTERMS® 2010中的“交货”用来指明是在这里货物灭失或损坏的风险从卖方转移至买方。

（4）确认了相关术语可以用于国内货物买卖

国际贸易术语传统上用于国际货物买卖，但随着区域经济一体化的发展，像欧盟一样的贸易同盟已使不同成员国之间的国界在货物贸易中显得不再重要，成员国之间国际货物买卖的做法越来越接近于国内货物买卖的做法，因此INCOTERMS® 2010正式确认相关术语既可以用于国际货物买卖，也可以用于国内货物买卖，只有在需要时才产生遵守进出口手续要求的义务。

（5）扩大了对电子信息效力的确认

INCOTERMS 1990和INCOTERMS 2000确认了电子单证与纸质单证具有同等效力，INCOTERMS® 2010在双方约定或符合惯例的情况下，赋予任何电子记录或程序与纸质信息具有同等效力，并在专用词解释中明确指出，“电子记录或程序”是指由一条或多条电子信息组成的整套信息。

（6）考虑了《伦敦保险协会货物险条款》的最新修订

INCOTERMS® 2010考虑了《伦敦保险协会货物险条款》的最新修订，将与保险相关的信息义务从INCOTERMS® 2000的A10和B10泛泛的条款中抽出，纳入涉及运输合同和保险合同的A3和B3条款。

（7）丰富了海关手续的内涵

INCOTERMS® 2010专用词解释中明确指出，海关手续指为了遵守任何适用的海关规定所需满足的要求，并可包括各类单证、安全、信息或实物检验的义务。由于人们对货物移动时的安全问题日益关注，INCOTERMS® 2010在A2/B2和A10/B10条款中，明确了买卖各方之间完成或协助完成安检通关的义务。

（8）明确了THC的分摊

THC（Terminal Handling Charge）是指集装箱码头装卸作业费，在使用CPT、CIP、CFR CIF、DAT、DAP和DDP术语时，卖方支付的运费实际包含在买方支付的价款中，但其中是否包括在港口或集装箱码头设施内处理和移动货物的费用一直未予明确，而承运人往往向接收货物的买方索要，导致买方为同一服务支付了两次费用，为避免此类问题发生，INCOTERMS® 2010在A6/B6条款中明确了THC的分摊。

（9）澄清了链式销售中卖方的业务

在商品销售过程中，货物在运至销售链终端的过程中常常被多次转卖，而处于销售链始端和销售链中端的卖方义务并非完全相同，处在销售链中端的卖方实际上不需要运送货物，而是以“取得”货物的方式履行其对买方的业务，只有处在销售链始端的卖方才需要以运送货物的方式履行其对买方的义务，INCOTERMS® 2010 对此进行了细分与澄清。

（10）解释了相关专用词

除上面提到的“交货”、“电子记录或程序”、“海关手续”等专用词，INCOTERMS® 2010 还解释了以下专用词：“承运人”指与其签订运输合同的一方；“交货凭证”指证明已经交货的凭证。它可以是运输凭证或对应的电子记录，也可能仅仅是一张收据。交货凭证除证明交货外，还可以有其他作用，如作为支付机构的构成部分；“包装”指为满足买卖合同的要求或为适应运输需要对货物进行包装，不涉及在集装箱或其他运输工具中装载包装好的货物。

三、INCOTERMS® 2010 概述

尽管 INCOTERMS® 2010 于 2011 年 1 月 1 日正式生效，但这并不意味着 INCOTERMS 之前各版本的失效，从理论上说，买卖双方在实际业务中经过协商一致，完全可以适用 INCOTERMS 2000 或更早的版本。因为国际贸易惯例本身不是法律，对国际贸易当事人不产生必然的强制性约束力。如果想在合同中适用 INCOTERMS® 2010，则应在合同中做出明确表示，如 FOB Dalian INCOTERMS® 2010。

尽管 INCOTERMS® 2010 没有沿用 INCOTERMS 2000 的分类方式，只是简单地将 11 个贸易术语按照使用范围分为两类（参见表 2－2），但 INCOTERMS 2000 的分类与分组仍有重要意义。

表 2－2 贸易术语分类表（二）

按交货地点分类	组别	性质	国际代码	交货地点	适应范围
出口国境内	E 组	启运术语	EXW	商品所在地	全能
	F 组	主运费未付术语	FCA	出口国指定地点	全能
			FAS	装运港船边	水运
			FOB	装运港船上	水运
	C 组	主运费已付术语	CFR	装运港船上	水运
			CIF	装运港船上	水运
			CPT	出口国指定地点	全能
			CIP	出口国指定地点	全能
进口国境内	D 组	到达术语	DAT	进口国指定地点	全能
			DAP	进口国指定地点	全能
			DDP	进口国指定地点	全能

（一）卖方/买方一般义务（A1/B1 General Obligations）

卖方一般义务包括交货和交单，即提供买卖合同约定的货物和商业发票，如需提供其他单据，买卖双方需要在合同中做出明确约定。

买方一般义务是按照买卖合同约定支付价款。

买卖双方一般义务中所指的任何单证在双方约定或符合惯例的情况下，可以是同等作用的电子记录或程序。

（二）许可证、授权、安检通关和其他手续（A2/B2 Licences, Authorizations, Security Clearances and Other Formaslities）

在涉及该项义务的情况下，除 EXW 术语外，卖方必须自付风险和费用，取得所需的出口许可或其他官方授权，办理货物出口所需的一切海关手续。

在涉及该项义务的情况下，除 DDP 术语外，买方必须自付风险和费用，取得所需的进口许可或其他官方授权，办理货物进口所需的一切海关手续。

（三）运输合同和保险合同（A3/B3 Contracts of Carriage and Insurance）

在 EXW 术语下，卖方对买方无订立运输合同的义务，买方对卖方无订立运输合同的义务。

在 FCA、FAS 和 FOB 术语下，买方必须自付费用订立运输合同。卖方对买方无订立运输合同的义务，但若买方提出要求或按商业习惯，卖方可以按照通常条件签订运输合同，但由买方承担风险和费用。卖方可以拒绝签订运输合同，如果拒绝，卖方应立即通知买方。

在 CFR、CIF、CPT、CIP、DAT、DAP 和 DDP 术语下，卖方必须自付费用签订运输合同，买方对卖方无订立运输合同的义务。

在 CIF 和 CIP 术语下，卖方必须自付费用取得货物保险，买方对卖方无订立保险合同的义务。

在 EXW、FCA、FAS、FOB、CFR、CPT、DAT、DAP 和 DDP 术语下，买方对卖方无订立保险合同的义务，但应买方要求，卖方必须向买方提供取得保险所需信息；买方对卖方无订立保险合同的义务，但应卖方要求，买方必须向卖方提供取得保险所需信息。

买卖双方运输合同和保险合同参见表 2－3。

表 2－3　　买卖双方运输合同和保险合同对照表

	运输合同	保险合同
EXW		
FCA	买方	
FAS	买方	
FOB	买方	
CFR	卖方	
CIF	卖方	卖方

续表

	运输合同	保险合同
CPT	卖方	
CIP	卖方	卖方
DAT	卖方	
DAP	卖方	
DDP	卖方	

（四）交货/收取货物（A4/B4 Delivery/Taking Delivery）

在 EXW、FCA、CPT 和 CIP 术语下，卖方可在合同约定日期或期限内，在出口国境内任何约定地点交货。

在 FAS、FOB、CFR 和 CIF 术语下，卖方可在任何合同约定日期或期限内，在出口国境内指定装运港交货。

在 DAT、DAP 和 DDP 术语下，卖方可在任何合同约定日期或期限内，在进口国境内指定目的港或目的地交货。

当卖方完成交货义务时，买方必须取得货物。

（五）风险划分（A5/B5 Transfer of Risks）

通常情况下，卖方承担完成交货义务之前货物灭失或损坏的一切风险，买方承担卖方完成交货义务之后货物灭失或损坏的一切风险。

（六）费用划分（A6/B6 Allocation of Costs）

通常情况下，买卖双方关于出口清关、货物装卸、运费、保险费的划分参见表 2－4。

表 2－4　买卖双方费用划分对照表

	出口清关	装货费	运费	保险费	进口清关	卸货费
EXW	买方	买方	买方	买方	买方	买方
FCA	卖方	买方	买方	买方	买方	买方
FAS	卖方	卖方/买方	买方	买方	买方	买方
FOB	卖方	卖方	买方	买方	买方	买方
CFR	卖方	卖方	卖方	买方	买方	买方
CIF	卖方	卖方	卖方	买方	买方	买方
CPT	卖方	卖方	卖方	卖方	买方	买方
CIP	卖方	卖方	卖方	卖方	买方	买方
DAT	卖方	卖方	卖方	卖方	买方	卖方
DAP	卖方	卖方	卖方	卖方	买方	买方
DDP	卖方	卖方	卖方	卖方	卖方	买方

（七）通知买方/通知卖方（A7/B7 Notices to the Buyer/Seller）

卖方必须就已完成或无法完成交货给予买方充分的通知，以便买方采取收取货物通常所需要的措施。

买方必须就相关事项给予卖方充分的通知，如买方有权决定的在约定期限内的交货时间或指定地点的收取货物点、买方指定的承运人或船名等。

（八）交货凭证/交货证据（A8/B8 Delivery Document/Proof of Delivery）

在 EXW 术语下，卖方对买方无义务提供交货凭证，买方有义务向卖方提供其已收取货物的相关凭证。

在 FAS、FOB 和 FCA 术语下，卖方必须自付费用向买方提供完成交货的通常凭证，应买方要求并由其承担风险和费用，卖方必须协助买方取得运输凭证。

在 CFR、CPT、CIF 和 CIP 术语下，卖方自付费用向买方提供运输凭证，该运输凭证必须载明合同中的货物，且其签发日期应在约定运输期限内，并能使买方在指定目的地向承运人索取货物，或能使买方在货物运输途中以向下家买方转让或通知承运人方式出售货物。当运输凭证以可转让形式签发且有数份正本时，卖方必须将整套正本提交给买方。当该运输凭证与合同相符时，买方必须接受。

在 DAT、DAP 和 DDP 术语下，卖方必须自付费用向买方提供凭证，以确保买方能够收取货物，买方必须接受卖方提供的符合合同的交货凭证。

（九）查对—包装—标志/货物检验（A9/B9 Checking—Packaging—Marking/Inspection of Goods）

卖方必须支付交货所需的查对费用，如查对质量、丈量、过磅、点数的费用，以及出口国有关机构强制进行的装运前检验费用。在需要时自付费用以适合货物运输的方式对货物进行包装，并作适当标志。

买方必须支付任何装运前必需的检验费用，但出口国有关机构强制进行的检验除外（不包括 EXW 和 DDP 术语）。

（十）协助提供信息及相关费用（A10/B10 Assistance with Information and Related Costs）

买卖双方必须及时提供或协助对方取得其清关、过境所需要的任何单证和信息，包括安全信息，相关费用由对方承担。

以上对应的十项买卖双方义务参见表 2－5。

表 2－5　　买卖双方十项义务对照表

A 卖方义务	B 买方义务
A1 卖方一般义务	B1 买方一般义务
A2 许可证、授权、安检通关和其他手续	B2 许可证、授权、安检通关和其他手续
A3 运输合同与保险合同	B3 运输合同与保险合同
A4 交货	B4 收取货物
A5 风险转移	B5 风险转移

续表

A 卖方义务	B 买方义务
A6 费用划分	B6 费用划分
A7 通知买方	B7 通知卖方
A8 交货凭证	B8 交货证据
A9 查对—包装—标志	B9 货物检验
A10 协助提供信息及相关费用	B10 协助提供信息及相关费用

第二节　主要贸易术语的解释

一、FOB

FOB 的全文是 Free on Board（insert named port of shipment），即船上交货（插入指定装运港）。该术语适用于海运和内河水运。

（一）买卖双方的义务

卖方在指定装运港按合同规定日期或在规定期限内，将货物装到买方指定的船上或通过“取得”已交付至船上货物的方式交货，并及时通知买方。负担货物在指定装运港交到船上之前的一切风险和费用。自付费用取得出口许可或其他官方授权，办理货物出口所需的一切海关手续；提交商业发票以及证明已按本规则履行交货义务的交货凭证或相等的电子信息，协助买方取得运输凭证。

买方负责订立从指定装运港到目的港的运输合同，并将船名、装船点和在需要时其在约定期限内选择的交货时间向卖方发出充分通知。负担货物在指定装运港交到船上之后的一起风险和费用。自付费用取得进口许可或其他官方授权，办理货物进口和从他国过境运输所需的一切海关手续；按合同约定收取货物，接受交货凭证，支付价款。

（二）采用 FOB 术语时应注意的问题

1. 关于船货衔接

按 FOB 术语成交，由卖方交货，买方办理运输手续。由于买卖双方分处于不同的国家或地区，船、货不容易衔接好，一旦船、货衔接不好，会产生额外费用。如果卖方按时将货物备好，买方没有按时派船接货产生的仓储费和滞期费应由买方负责；反之，由于卖方没有按时将货物备好产生的空舱费和滞期费应由卖方负责。

为了避免发生买方船到而卖方货未备妥或卖方备妥货物而不见买方载货船舶的情况，买卖双方必须相互给予充分的通知。如卖方及时将备货进度告知买方，以便买方适时租船订舱。买方租船订舱后也应及时将船名、航次、预计到达装运港的时间通知卖方，以便卖方做好交货准备。

2.《2010 通则》和《1990 年美国对外贸易定义修正本》对 FOB 的不同解释

具体可参见表 2－6。

表 2-6 《2010 通则》和《1990 年美国对外贸易定义修正本》对 FOB 的解释对照表

	装运港船上交货的表示	出口手续
《1990 年美国对外贸易定义修正本》	FOB Vessel（第五种）	原则上是买方负责，或卖方办理，买方支付费用
《2010 通则》	FOB	卖方

二、CFR

CFR 的全文是 Cost and Freight (insert named port of destination))，即成本加运费（插入指定目的港）。该术语适用于海运和内河水运。

（一）买卖双方的义务

卖方必须签订或取得运输合同，支付将货物运至指定目的港的运费；在指定装运港按合同规定日期或在规定期限内，将货物装上船或通过“取得”已交付至船上货物的方式交货，并及时通知买方。负担货物在指定装运港交到船上之前的一切风险和费用。自付费用取得出口许可或其他官方授权，办理货物出口所需的一切海关手续；提交商业发票以及证明已按本规则履行交货义务的交货凭证或相等的电子信息。

买方负担货物在装运港交到船上之后的一起风险和费用。自付费用取得进口许可或其他官方授权，办理货物进口和从他国过境运输所需的一切海关手续；按合同约定收取货物，接受交货凭证，支付价款。

（二）采用 CFR 术语时应注意的问题

1. 关于发装船通知

在 CFR 合同中，卖方及时发出装船通知尤为重要，因为这关系到买方能否为进口货物及时办理保险的问题。《英国货物买卖法》（1973 年修订本）规定：如卖方未向买方发出装船通知，致使买方未对货物办理保险，那么，货物在海运途中的风险应被视为由卖方负担。所以，在出口贸易中，作为 CFR 合同的卖方，一旦了解配载船名后，应该立即向买方发出装船通知。

2. 关于代办运输

在 CFR 合同中，虽然卖方必须签订运输合同，并支付将货物运至指定目的港的运费，但卖方完成交货是在装运港船上，风险也随着交货转移，所以，卖方办理运输手续属于代办性质。一旦运输方面出现问题，应由买方与运输公司进行交涉。

三、CIF

CIF 的全文是 Cost Insurance and Freight (insert named port of destination)，即成本、保险费加运费（插入指定目的港）。该术语适用于海运和内河水运。

（一）买卖双方的义务

卖方必须签订或取得运输合同，支付将货物运至指定目的港的运费；在指定装运港按合同规定日期或在规定期限内，将货物装上船或通过“取得”已交付至船上货物的方式交货，并及时通知买方。负担货物在指定装运港交到船上之前的一切风险和费用。自付费用办理货物运输保险。自付费用取得出口许可或其他官方授权，办理货物出口所需的一切海关手续；提交商业发票、保险单以及证明已按本规则履行交货义务的交货凭证或相等的电子信息。

买方负担货物在装运港交到船上之后的一起风险和费用。自付费用取得进口许可或其他官方授权，办理货物进口和从他国过境运输所需的一切海关手续；按合同约定收取货物，接受交货凭证，支付价款。

（二）采用 CIF 术语时应注意的问题

1. CIF 合同是象征性交货

象征性交货是针对实际交货而言。象征性交货是指卖方只要按期在约定地点完成装运，并向买方提交合同规定的，包括物权凭证在内的有关单据，就算完成了交货义务，而无须保证到货。实际交货是指卖方要在规定的时间和地点将符合合同规定的货物提交给买方或其指定人。

CIF 是一个典型的象征性交货术语。在这种交货方式下，卖方凭单交货，买方凭单付款。只要卖方如期向买方提交了合同规定的全套单据，即使货物在运输途中损坏或灭失，买方也必须履行付款义务。反之，如果卖方提交的单据不符合要求，即使货物完好无损地到达目的港，买方仍有权拒付货款。

CIF 术语的性质使得 CIF 合同成为一种“单据买卖”合同。卖方必须保证所提交的单据完全符合合同的要求，否则，将无法顺利收回货款。但是，只提交了符合合同的单据并不意味着就可以顺利地得到货款，卖方的基本义务是交付与合同相符的货物，在此基础上，再向买方交付规定的单据，才算完成交货义务。如果卖方提交的货物不符合要求，即使买方已经付款，仍然可以根据合同的规定向卖方提出索赔。

2. 把 CIF 称为“到岸价”不妥

《2010 通则》规定：在 CIF 术语条件下，卖方在装运港履行交货义务，无需到目的港交货；买卖双方风险划分的界限是在装运港船上，所以，将 CIF 称为“到岸价”是不妥的。

3. 关于代办运输

在 CIF 合同中，虽然卖方必须签订运输合同，并支付将货物运至指定目的港的运费，但卖方完成交货是在装运港船上，风险也随着交货转移，所以，卖方办理运输手续属于代办性质。一旦运输方面出现问题，应由买方与运输公司进行交涉。

4. 关于代办保险

按照 CIF 贸易术语，卖方虽然负责投保并付保险费，但自货物在装运港上船起，风险就由卖方转移到买方承担，卖方对运输途中的货物已经不再拥有可保权益，卖方实际上是为了买方的利益而投保。所以，卖方办理保险手续属于代办性质。一旦保险方面出现问题，应由买方与保险公司进行交涉。

CIF 合同卖方的保险属于代办性质的保险，因此，投保什么险别和如何确定保险金额，应事先在合同中约定，否则容易在货物遭受损失时因得不到应有的赔偿而引起纠纷。在实际业务中，买卖双方如无特别约定，卖方按 CIF 货值的 110% 投保最低险别即可。根据《2010 通则》规定，最低险别需要至少符合《协会货物运输保险条款》（ICC“条款”C）或类似条款的最低险别（如我国海运货物保险条款中的平安险）。如买方需要更高的保险险别，则需要与卖方明确地达成协议，或者自行做出额外的保险安排。

FOB、CFR、CIF 术语是国际贸易中普遍使用的三种贸易术语。按照《2010 通则》的解释，上述三种术语均是“装运港交货术语”。这三种术语的主要异同点参见表 2－7。

表 2－7　　FOB、CFR、CIF 异同点对照表

<table>
<tr><td rowspan="6">相同点</td><td colspan="3">1. 都适用于海运和内河水运</td></tr>
<tr><td colspan="3">2. 交货地点都在装运港</td></tr>
<tr><td colspan="3">3. 买卖双方风险和费用划分的界限都在装运港船上</td></tr>
<tr><td colspan="3">4. 都属于象征性交货，即“凭单交货、凭单付款”</td></tr>
<tr><td colspan="3">5. 卖方都有交货、交单的义务；买方都有付款、接受单据的义务</td></tr>
<tr><td colspan="3">6. 卖方都有办理出口手续的义务，买方都有办理进口手续的义务</td></tr>
<tr><td rowspan="4">不同点</td><td></td><td>卖　　方</td><td>买　　方</td></tr>
<tr><td>FOB</td><td></td><td>租船订舱，支付运费；投保，支付保险费</td></tr>
<tr><td>CFR</td><td>租船订舱，支付运费</td><td>投保，支付保险费</td></tr>
<tr><td>CIF</td><td>租船订舱，支付运费；投保，支付保险费</td><td></td></tr>
</table>

为了适应国际多式联运的发展，在 FOB、CFR、CIF 三种术语的基础上，发展了三种贸易术语，即 FCA、CPT、CIP。

四、FCA

FCA 的全文是 Free Carrier（insert named place of delivery），即货交承运人（插入指定交货地点）。该术语可适用于任何运输方式。

（一）买卖双方的义务

卖方在其所在地或其他指定地点将符合合同约定的货物交给买方指定的承运人或其他人处置时即完成交货；卖方完成交货后必须及时通知买方；承担货交承运人之前的一切风险和费用。自负风险费用取得出口所需的许可或其他官方授权，办理货物出口所需的一切海关手续；提供商业发票和通常的交货凭证或相等的电子信息，协助买方取得运输凭证。

买方必须自付费用签订自指定交货地点起运货物的运输合同，并给予卖方充分通知；承担货交承运人之后的一切风险和费用；自负风险和费用取得进口所需的许可或其他官方授权，办理货物进口和从他国过境运输所需的一切海关手续；按合同约定收取货物，接受交货凭证，支付价款。

（二）采用 FCA 术语时应注意的问题

（1）在 FCA 术语后面要尽可能清楚地写明交货地点内的交付点。如果在指定交货地点没有约定特定的交付点，且有不止一个交付点可供使用时，卖方可以选择对其来说最方便的交付点。

（2）根据《2010通则》，在卖方所在地交货时，卖方要负责将货物装上买方提供的运输工具；在其他指定地点交货时，当货物在卖方的运输工具上可供卸货，并可由承运人或买方指定的其他人处置时，卖方完成交货，即卖方不负责卸货。

（3）根据《2010通则》，"承运人"是指与其签订运输合同的人。若买方指定承运人以外的其他人收取货物，则当卖方将货物交给此人时，即视为已履行了交货义务。

（4）当买方提出要求并承担风险和费用时，卖方可以按通常条件签订运输合同，如果拒绝代为租用运输工具，卖方应立即通知买方。

（5）为解决运输工具与货物的妥善衔接，买卖双方必须加强信息沟通，如买方必须通知卖方所指定的承运人或其他人的姓名、运输方式、约定交付期限内所选择的具体收货时间（如有）、指定交货地点内的交付点（如有），如果买方未能给予卖方相应通知，或其指定的承运人或其他人未在约定时间接管货物，则风险自约定的交货日期或交货期限届满之日起转移给买方，但以该项货物已清楚地确定为合同项下之货物为限；卖方完成交货后必须及时通知买方，向其提供取得保险所需的信息，买方指定承运人或其他人未在约定时间内收到货物时，卖方也应通知买方。

五、CPT

CPT的全文是Carriage Paid To（insert named place of destination），即运费付至（插入指定目的地）。该术语可适用于任何运输方式。

（一）买卖双方的义务

卖方必须签订或取得运输合同，支付将货物运至指定目的地所需的运费；在双方约定日期或期限内，将符合合同约定的货物交给卖方指定的承运人或其他人处置时即完成交货；卖方完成交货后及时通知买方；承担货交承运人之前的一切风险和费用。自负风险费用取得出口所需的许可或其他官方授权，办理货物出口所需的一切海关手续；提供商业发票和通常的交货凭证或相等的电子信息，协助买方取得运输凭证。

买方承担货交承运人之后的一切风险和费用；自负风险和费用取得进口所需的许可或其他官方授权，办理货物进口和从他国过境运输所需的一切海关手续；按合同约定收取货物，接受交货凭证，支付价款。

（二）采用CPT术语时应注意的问题

（1）买卖双方在合同中要尽可能清楚地写明交货地点，交货地点也是风险转移点。如果运输到约定目的地涉及多个承运人，且双方不能就交货地点达成一致时，当卖方在某个完全由其选择且买方不能控制的点将货物交付给第一承运人时，风险转移至买方。

（2）根据《2010通则》，卸货费由买方支付，但卖方要注意运输合同与买卖合同的协调，如果卖方按照运输合同在指定目的地发生了卸货费用，除非另有约定，卖方无权向买方要求偿付。

（3）在CPT术语后面要尽可能写明确切的目的地点，便于卖方签订将货物运至该目的地的运输合同，准确核算并支付运费。

六、CIP

CIP 的全文是 Carriage and Insurance Paid To (insert named place of destination)，即运费和保险费付至（插入指定目的地）。该术语可适用于任何运输方式。

（一）买卖双方的义务

卖方必须签订或取得运输合同，支付将货物运至指定目的地所需的运费；自付费用取得货物保险；在双方约定日期或期限内，将符合合同约定的货物交给卖方指定的承运人或其他人处置时即完成交货；卖方完成交货后及时通知买方；承担货交承运人之前的一切风险和费用。自负风险费用取得出口所需的许可或其他官方授权，办理货物出口所需的一切海关手续；提供商业发票、运输凭证、保险单或相等的电子信息。

买方承担货交承运人之后的一切风险和费用；自负风险和费用取得进口所需的许可或其他官方授权，办理货物进口和从他国过境运输所需的一切海关手续；按合同约定收取货物，接受交货凭证，支付价款。

（二）采用 CIP 术语时应注意的问题

（1）买卖在合同中要尽可能清楚地写明交货地点，交货地点也是风险转移点。如果运输到约定目的地涉及多个承运人，且双方不能就交货地点达成一致时，当卖方在某个完全由其选择且买方不能控制的点将货物交付给第一承运人时，风险转移至买方。

（2）根据《2010 通则》，卸货费由买方支付，但卖方要注意运输合同与买卖合同的协调，如果卖方按照运输合同在指定目的地发生了卸货费用，除非另有约定，卖方无权向买方要求偿付。

（3）在 CIP 术语后面要尽可能写明确切的目的地点，便于卖方签订将货物运至该目的地的运输合同，准确核算并支付运费。

（4）根据《2010 通则》，CIP 只要求卖方投保最低险别，即该保险需至少符合《协会货物运输保险条款》（ICC“条款”C）或类似条款的最低险别（如我国海运货物保险条款中的平安险）；保险应与信誉良好的保险公司订立；应使买方或其他对货物具有可保利益者有权直接向保险人索赔；如果买方需要更多保护的话，则需与卖方明确就此达成协议，或者自行做出额外的保险安排；保险金额最低为合同规定价格另加 10%，并采用合同货币；保险期间为自规定的交货点起至少到指定目的地止。

值得注意的是，FCA 由 FOB 发展而来，CPT 由 CFR 发展而来，CIP 由 CIF 发展而来。

下面总结 FCA 与 FOB，CPT 与 CFR，CIP 与 CIF 的相同点和不同点。

1. 相同点

FCA 和 FOB 的相同点：价格的构成上都不含有运费和保险费，即运输和保险的手续都由买方办理，运费和保险费都由买方支付。

CPT 和 CFR 的共同点：价格的构成上都含有运费，都不含有保险费，即运输手续都由卖方办理，运费都由卖方支付，保险手续都由买方办理，保险费都由买方支付。

CIP 和 CIF 的共同点：价格的构成上都含有运费和保险费，即运输和保险手续都由卖方办理，运费和保险费都由卖方支付。

2. 不同点

具体可参见表 2－8。

表 2－8 FCA 与 FOB，CPT 与 CFR，CIP 与 CIF 的区别一览表

比较项目	FCA、CPT、CIP	FOB、CFR、CIF
适用的运输方式	各种运输方式及其组合	海运和内河运输
承运人	船公司、铁路局、航空公司或多式联运经营人	船公司
交货地点	视不同运输方式而定	装运港船上
风险划分的界限	货交承运人监管后	装运港船上
使用的运输单据	视具体使用的运输方式而定	海运提单
后注地名	FCA 后加注装运地名称 CPT、CIP 后加注目的地名称	FOB 后加注装运港名称 CFR、CIF 后加注目的港名称

第三节 其他贸易术语的解释

一、EXW

EXW 的全文是 Ex Works（insert named place of delivery），即工厂交货（插入指定交货地点）。EXW 是买方承担责任最小的术语，该术语可适用于任何运输方式。

（一）买卖双方的义务

卖方在其所在地或其他指定地点将符合合同约定的货物交给买方处置时即完成交货；卖方必须给予买方收取货物所需的任何通知；卖方承担货物在交货地点交给买方处置之前的所有费用和风险；货物需要包装时，卖方必须自付费用包装货物，使之适合运输并作适当标志；提供商业发票或相等的电子信息。

买方承担自交货地点收取货物之后的所有费用和风险。当有权决定在约定期限内的时间和/或在指定地点内的接收点时，买方必须向卖方发出充分通知，否则买方有权从约定的交货日期或交货期限届满之日起，承担货物灭火或损坏的一切风险，但该项货物必须已清楚地确定为合同项下货物。如适用时，买方自付费用取得进出口许可或其他官方授权，办理货物进出口海关手续；买方按合同约定收取货物，提供已收取货物的相关凭证，支付价款。

（二）采用 EXW 术语时应注意的问题

（1）需要清关时，卖方无需办理出口清关手续。卖方只有在买方提出要求并承担风险和费用时才有义务协助买方办理出口手续。因此，在买方不能直接或间接地办理出口手续时，不应使用这一术语，而应使用 FCA。

（2）在 EXW 术语后面要尽可能清楚地写明交货地点内的交付点。如果在指定交货地点没有约定特定的交付点，且有不止一个交付点可供使用时，卖方可以选择对其来说

最方便的交付点。

二、FAS

FAS 的全文是 Free Alongside Ship（insert named port of shipment），即船边交货（插入指定装运港）。该术语适用于海运和内河水运。

（一）买卖双方的义务

卖方在约定的日期或期限内，将符合合同规定的货物在指定装运港交到买方指定的船边或“取得”已经这样交运的货物即为完成交货，并及时通知买方；承担货交装运港船边之前的一切风险和费用；自付风险和费用取得出口所需的许可或其他官方授权，办理货物出口所需的一切海关手续；提供商业发票和通常的证明其完成交货义务的凭证或相等的电子信息。

买方自付费用订立从指定装运港到目的港的运输合同，并将船名、装船点和在需要时其在约定期限内选择的交货时间向卖方发出充分通知。负担货物在指定装运港交到船边之后的一起风险和费用。自付费用取得进口许可或其他官方授权，办理货物进口和从他国过境运输所需的一切海关手续；按合同约定收取货物，接受交货凭证，支付价款。

（二）采用 FAS 术语时应注意的问题

（1）在实际业务中，当买方指定的载货船舶能够直接靠岸时，“船边”指码头装卸工具所及的范围，如果买方所派的船只不能靠岸，卖方则要负责用驳船把货物运至船边，完成船边交货。

（2）当使用集装箱运输货物时，卖方通常将货物在集装箱码头移交承运人，而非交到船边，这时不宜使用 FAS 术语，而应使用 FCA 术语。

三、DAT

DAT 的全文是 Delivered At Terminal（insert named terminal at port of destination），即运输终端交货（插入指定港口或目的地的运输终端）。DAT 是《2010 通则》新增的术语，该术语可适用于任何运输方式。

（一）买卖双方的义务

卖方必须签订运输合同，支付将货物运至指定港口或目的地的运输终端所发生的运费；在指定港口或目的地的运输终端将符合合同约定的货物从抵达的运输工具上卸下交给买方处置时即完成交货；卖方必须向买方发出所需通知，以便买方采取收取货物通常所需的措施；承担在运输终端交货之前的一切风险和费用；自负风险和费用取得出口所需的许可或其他官方授权，办理货物出口和交货前从他国过境运输所需的一切海关手续；提供商业发票及买方能够收取货物的凭证或相等的电子信息。

买方承担在运输终端交货之后的一切风险和费用；自负风险和费用取得进口所需的许可或其他官方授权，办理货物进口所需的一切海关手续；按合同约定收取货物，接受交货凭证，支付价款。

（二）采用 DAT 术语时应注意的问题

（1）DAT 是《2010 通则》新增术语，卖方在指定港口或目的地的运输终端交货，但卖方要负责将货物从到达的运输工具上卸下，这一点与《2000通则》中的DEQ类似。卖方在签订运输合同时应注意运输合同与买卖合同相关交货地点的协调，如果卖方按照运输合同在指定目的地发生了卸货费用，除非双方另有规定，卖方无权向买方要求偿付。

（2）“运输终端”意味着进口国境内任何地点，而不论地点是否有遮盖，例如码头、仓库、集装箱堆场或公路、铁路、空运货站。

（3）由于卖方承担在特定交货地点交货前的风险，买卖双方应尽可能确切地约定运输终端的地址，最好能具体到约定港口或目的地运输终端内特定的点。如果没有约定特定的交货点或该交货点不能确定，卖方可以在指定港口或目的地的运输终端选择最适合其目的的交货点。

（4）卖方对买方没有订立保险合同的义务，但由于整个运输过程的风险要卖方承担，卖方通常会通过投保规避运输保险风险。如果双方希望由卖方承担将货物由运输终端运输或搬运至另一地点的风险和费用，则应使用DAP或DDP术语。

四、DAP

DAP的全文是Delivered At Place（insert named place of destination），即目的地交货（插入指定目的地）。DAP是《2010通则》新增的术语，该术语可适用于任何运输方式。

（一）买卖双方的义务

卖方必须签订运输合同，支付将货物运至指定目的地或指定目的地内的约定的点所发生的运费；在指定目的地将符合合同约定的货物放在已抵达的运输工具上交给买方处置时即完成交货；卖方必须向买方发出所需通知，以便买方采取收取货物通常所需的措施；承担在指定目的地运输工具上交货之前的一切风险和费用；自负风险和费用取得出口所需的许可或其他官方授权，办理货物出口和交货前从他国过境运输所需的一切海关手续；提供商业发票及买方能够收取货物的凭证或相等的电子信息。

买方承担在指定目的地运输工具上交货之后的一切风险和费用；自负风险和费用取得进口所需的许可或其他官方授权，办理货物进口所需的一切海关手续；按合同约定收取货物，接受交货凭证，支付价款。

（二）采用DAP术语时应注意的问题

（1）DAP是《2010通则》新增术语，卖方在指定目的地交货，但卖方不负责将货物从到达的运输工具上卸下，这一点与《2000通则》中的DAF、DES和DDU类似。买方负责在指定目的地将货物从到达的运输工具上卸下，但卖方要保证货物可供卸载。卖方在签订运输合同时应注意运输合同与买卖合同相关交货地点的协调，如果卖方按照运输合同在指定目的地发生了卸货费用，除非双方另有规定，卖方无权向买方要求偿付。

（2）由于卖方承担在特定交货地点交货前的风险，买卖双方应尽可能清楚地订明指定目的地的交货地址，最好能具体到指定目的地内特定的点。如果没有约定特定的交货点或该交货点不能确定，卖方可以在指定目的地选择最适合其目的的交货点。

（3）卖方对买方没有订立保险合同的义务，但由于整个运输过程的风险要卖方承担，卖方通常会通过投保规避运输保险风险。

（4）如果买卖双方希望由卖方办理进口所需的许可或其他官方授权，以及货物进口所需的一切海关手续，包括支付所有进口关税，则应使用 DDP 术语。

五、DDP

DDP 的全文是 Delivered Duty Paid（insert named place of destination），即完税后交货（插入指定目的地），DDP 是卖方承担责任最大的术语，该术语可适用于任何运输方式。

（一）买卖双方的义务

卖方必须签订运输合同，支付将货物运至指定目的地或指定目的地内的约定的点所发生的运费；在指定目的地将符合合同约定的、已完成进口清关且可供卸载的货物交给买方处置时即完成交货；卖方必须向买方发出所需通知，以便买方采取收取货物通常所需的措施；承担在指定目的地运输工具上交货之前的一切风险和费用；包括出口和进口的关税；自负风险和费用取得出口和进口所需的许可或其他官方授权，办理货物出口、从他国过境运输和进口所需的一切海关手续；提供商业发票及买方能够收取货物的凭证或相等的电子信息。

买方承担在指定目的地运输工具上交货之后的一切风险和费用；按合同约定收取货物，接受交货凭证，支付价款。

（二）采用 DDP 术语时应注意的问题

（1）在 DDP 交货条件下，卖方是在办理了进口结关手续后在指定目的地交货的，这实际上是卖方已将货物运进了进口方的国内市场。如果卖方直接办理进口手续有困难，也可要求买方协助办理。如果卖方不能直接或间接地取得进口许可或办理进口手续，则不应使用 DDP 术语。

（2）如果双方当事人愿从卖方的义务中排除货物进口时需支付的某些费用，如增值税，则应就此意思加注字句，如“完税后交货，增值税未付（插入指定目的地）”，以使之明确。

（3）买方负责在指定目的地将货物从到达的运输工具上卸下，但卖方要保证货物可供卸载。卖方在签订运输合同时应注意运输合同与买卖合同相关交货地点的协调，如果卖方按照运输合同在指定目的地发生了卸货费用，除非双方另有规定，卖方无权向买方要求偿付。

（4）由于卖方承担在特定交货地点交货前的风险，买卖双方应尽可能清楚地订明指定目的地的交货地址，最好能具体到指定目的地内特定的点。如果没有约定特定的交货点或该交货点不能确定，卖方可以在指定目的地选择最适合其目的的交货点。

（5）卖方对买方没有订立保险合同的义务，但由于整个运输过程的风险要卖方承担，卖方通常会通过投保规避运输保险风险。

第四节　进出口价格的掌握

一、作价原则

我国进出口商品的作价原则是，在贯彻平等互利的原则基础上，根据国际市场价格水平，结合国别（地区）政策，并按照我们的经营意图确定适当的价格。

二、作价方法

国际货物买卖合同中的作价方法分为固定价格和非固定价格。

在交易中一般采用固定价格，即在磋商交易中，把价格确定下来，并明确在合同中，事后不论价格发生什么变化，买卖双方的成交价格不再变化，即按双方约定的价格结算应付货款。

但在实际业务中，在大型货物或敏感性商品的交易中有时也采用非固定价格，即一般业务上所说的“活价”，它大体上可分为以下几种：

1. 暂定价格

在合同中先订立一个初步价格，作为买方开立信用证和初步付款的依据，待双方确定具体的价格后再进行最后清算，多退少补。在我出口业务中，有时在与信用可靠、业务关系密切的客户洽商大宗货物的远期交易时，也有采用这种暂定价格的做法的。例如在合同中规定：每公吨 18 000 美元 CIF 纽约，备注：上列价格为暂定价格，于装运月份前 15 天由买卖双方另行协商确定价格。

2. 部分固定价格，部分非固定价格

为了照顾双方的利益，可采用部分固定价格，部分非固定价格的作法，或者分批作价的办法，交货期近的价格在订约时将价格固定下来，余者在交货前一定期限内再进行作价。

3. 具体价格待定

这种定价方法又可分为两种做法：一是在价格条款中明确规定定价时间和定价方法；二是只规定作价时间，因此，这种方式一般只应用于双方有长期交往，已形成比较固定的交易习惯的合同。

三、进出口商品的成本核算

（一）出口商品盈亏率

出口商品盈亏率是指出口商品盈亏额与出口总成本的比率。出口盈亏额是指出口销售人民币净收入与出口总成本的差额，前者大于后者为盈利，反之为亏损。

计算公式为：

$$\text{出口商品盈亏率}=\frac{\text{出口销售人民币净收入}-\text{出口总成本}}{\text{出口总成本}}\times 100\%$$

其中：

（1）出口总成本（退税后）= 出口商品采购价格（含增值税）+ 国内定额费用 − 出口商品增值税退税收入

（2）国内定额费用 = 出口商品采购成本 × 费用定额率

定额费用一般包括银行利息、工资支出、邮电通信费用、交通费用、仓储费用、码头费用、企业管理费用等。

（3）出口退税收入 = 出口商品采购成本（含增值税）÷（1 + 增值税税率）× 退税率

（4）出口销售人民币净收入是指出口外汇净收入按当时外汇牌价折算的人民币数额。

（5）出口销售外汇净收入是指出口外汇总收入中扣除劳务费用如运费、保险费、佣金等非贸易外汇后的外汇收入，即以 FOB 价成交所得的外汇收入。如以 CFR 或 CIF 术语成交，价格中去除国外运费、保险费后，为出口外汇净收入。以含佣价成交的，还要去除佣金。

［例 2－1］

某公司出口电冰箱 500 台，出口总价为 150 000 美元 CIF 旧金山，其中国外运费 3 600 美元，保险费 600 美元。国内进货价 780 000 元人民币，国内费用为进货价的 10%，出口退税共 60 000 元人民币。当时人民币市场汇价银行美元买入价为 6.78 元。试求该批商品的盈亏率。

解：

1. 出口销售外汇净收入（FOB）= CIF − I − F = 150 000 − 600 − 3 600 = 145 800（美元）
2. 出口总成本 = 780 000 + 780 000 × 10% − 60 000 = 798 000（人民币元）
3. 出口盈亏额 = 145 800 × 6.78 − 798 000 = 190 524（人民币元）
4. 盈亏率 = 盈亏额 ÷ 出口总成本 × 100% = 190 524 ÷ 798 000 × 100% = 23.88%

由于结果大于零，所以盈利。

答：该批出口商品的盈利率为 23.88%。

（二）出口商品换汇成本

出口换汇成本是指出口商品净收入 1 单位外汇所需的人民币成本，在我国，一般是指出口商品每净收入 1 美元所耗费的人民币成本，即用多少人民币换回 1 美元。出口商品换汇成本如高于银行的外汇牌价，则出口为亏损；反之，则说明出口盈利。

其计算公式为：

$$\text{出口商品换汇成本} = \frac{\text{出口总成本（人民币元）}}{\text{出口销售外汇净收入（美元）}}$$

［例 2－2］

某公司出口电冰箱 500 台，出口总价为 150 000 美元 CIF 旧金山，其中国外运费 3 600 美元，保险费 600 美元。国内进货价 780 000 元人民币，国内费用为进货价的 10%，出口退税共 60 000 元人民币。试计算出口换汇成本。

解：

$$\text{出口商品换汇成本} = \frac{\text{出口总成本（人民币元）}}{\text{出口销售外汇净收入（美元）}}$$

$$= 798\ 000 \div 145\ 800 = 5.47 \text{ 人民币元/美元}$$

答：出口换汇成本为 5.47 人民币元/美元，由于小于外汇牌价，所以盈利。

（三）外汇增值率

外汇增值率又称出口创汇率，用于考核进料加工贸易的经济效益。

计算公式为：

$$外汇增值率=\frac{成品出口外汇净收入-原料外汇成本}{原料外汇成本}\times 100\%$$

通过对外汇增值额（成品出口外汇净收入－原料外汇成本）的计算，可以看出成品出口创汇的情况，若计算结果为正数，则表示外汇增值；若结果为负，则表示外汇没有增值。然后再用外汇增值额乘以100%，则表示外汇增值额在原料所付出的成本中占多大的百分比，即外汇增值率。

[例2－3]

某公司以每公吨300美元CIF天津价进口一批原料1 000公吨，可加工成成品100万罗出口，每罗出口价格为0.38美元CFR塞得，运费总计9 800美元，试计算外汇增值率。

解：

$$\begin{aligned}外汇增值率&=\frac{成品出口外汇净收入-原料外汇成本}{原料外汇成本}\times 100\%\\&=\frac{(0.38\times 1\,000\,000-9\,800)-300\times 1\,000}{300\times 1\,000}\times 100\%\\&=23.4\%\end{aligned}$$

答： 该笔业务的外汇增值率为23.4%。

第五节　进出口商品价格核算

一、出口价格核算

在国际货物买卖中，出口报价关系着买卖双方的切身利益，而出口报价是一项综合性很强的工作，所以，在报价前要进行认真细致的核算。出口报价的步骤和方法如下。

（一）明确商品的价格构成

各种贸易术语所代表的价格构成都包括三部分：实际成本、费用和净利润。

实际成本是出口商品购货成本扣除出口退税收入。

费用是价格构成中最复杂的部分，通常包括国内费用和国际费用两部分。国内费用有加工整理费用、包装费用、保管费用、国内运输费用、装船费、证件费、银行费用、预计损耗邮电费等。国外费用主要有国外运费、国外保险费、佣金（如以含佣价成交）。

净利润是进出口价格的三要素之一。利润作为企业自己的收入，其核算的方法由企业自行决定，同常采用百分比作为经营的利润来核算。计算利润的基数一般是出口成本，也有采用成交价格计算的，由企业自定。

FOB、CFR、CIF三种术语的价格构成：

（1）FOB＝实际成本＋国内费用＋出口利润

（2）FOBC＝实际成本＋国内费用＋佣金＋出口利润

（3）CFR = 实际成本 + 国内费用 + 国外运费 + 出口利润
（4）CFRC = 实际成本 + 国内费用 + 国外运费 + 佣金 + 出口利润
（5）CIF = 实际成本 + 国内费用 + 国外运费 + 国外保险费 + 出口利润
（6）CIFC = 实际成本 + 国内费用 + 国外运费 + 国外保险费 + 佣金 + 出口利润

（二）核算实际成本

实际成本 = 采购成本 − 出口退税额
　　　　 = 采购成本 − 采购成本 ÷（1 + 增值税率）× 出口退税率

（三）核算出口费用

1. 国内费用

（1）国内运费

（2）业务定额费

业务定额费 = 采购成本 × 业务定额费率

（3）银行费用

银行费用 = 出口价格 × 银行费用率

（4）垫款利息

垫款利息 = 采购成本 × 贷款年利率 × 垫款天数 ÷ 360

（5）认证费

各个国家或地区的认证费不尽相同，具体需查表。

（6）商检费

根据报验的商品不同而不同。

2. 国外费用

（1）国外运费

国外运费 = 基本运费 + 附加费

（2）国外保险费

国外保险费 = CIF 总价 ×（1 + 投保加成率）× 保险费率

（3）佣金

佣金 = 含佣价 × 佣金率

（四）核算出口利润

由出口方按市场情况和自己的销售意图来定，比如：10%、15%、20%。

（五）核算出口报价

CIFC = 实际成本 + 国内费用 + 国外运费 + 国外保险费 + 佣金 + 出口利润

[例 2 − 4]

我国某进出口公司与印度一公司进行 PVC Sheet 的交易磋商，印度客户请我方公司报 CIFC3% 孟买价。已知我公司的采购成本（含税价）为￥64/卷，增值税率 17%，国内运费￥1 600，业务定额费率 5%（以采购成本为基础），该笔交易的认证费用为￥4 800，银行费用为货价的 0.3%，商检费用为货价的 0.15%，其他国内费用￥500，银行贷款年利率 5.58%，预计垫款时间为 1 个月，出口退税率 13%。已知该商品从上海到塞得一个集装箱的基本运费为 500 美元，附加费率 20%，运输保险加成率 10%，投保一切险加保战争险，费率合计为 0.1%，试计算我公司应报价多少？

假设按 5 000 卷的交易量进行核算，正好装一个 20 英尺的集装箱。设该商品出口报价为 X 美元/件。计算中数值要保留到小数点后 4 位，最后报价保留到小数点后 2 位。假设预期销售利润率为 10%，为了有讨价还价的余地，预期销售利润率设为 12%，已查得 2008 年 12 月 1 日美元的现汇买入价为 1 美元兑换 6.819 8 人民币元。

解：

（一）明确商品的价格构成

由上述已知条件得知，客户要我方报 CIFC3% 孟买价

CIFC3% = 实际成本 + 国内费用 + 国外运费 + 国外保险费 + 佣金 + 出口利润

设 CIFC3% 孟买价为 X

（二）核算出口成本

实际成本 = 采购成本 - 出口退税额

$= [64 - 64 \div (1 + 17\%) \times 13\%] \div 6.8198$

$= 8.3417$

（三）核算出口费用

1. 国内费用

国内费用 = 国内运费 + 业务定额费 + 银行费用 + 垫款利息 + 认证费 + 商检费 + 其他国内费

$= 1600 \div 5000 \div 6.8198 + 64 \times 5\% \div 6.8198 + 0.3\% X + 64 \times 5.58\% \times 30 \div 360 \div 6.8198 + 4800 \div 5000 \div 6.8198 + 0.15\% X + 500 \div 5000 \div 6.8198$

$= 0.7152 + 0.45\% X$

2. 国外费用

（1）国外运费 = 基本运费 + 附加运费

$= (500 + 500 \times 20\%) \div 5000$

$= 0.12$

（2）国外保费 = CIF 总值 ×（1 + 投保加成率）× 保险费率

$= X(1 - 3\%) \times (1 + 10\%) \times 0.1\%$

$= 0.1067\% X$

（3）佣金 = 含佣价 × 佣金率

$= 3\% X$

（四）核算出口预期利润

出口预期利润 = 出口价格 × 预期销售利润率
　　　　　　 = 12% X

（五）核算出口报价

则等式可写成：

CIFC = 实际成本 + 国内费用 + 国外运费 + 国外保险费 + 佣金 + 出口利润

X = 8.341 7 + 0.715 2 + 0.45% X + 0.12 + 0.106 7% X + 3% X + 12% X

(1 − 15.556 7%) X = 9.176 9

X = 10.87 美元/卷

答：我公司出口报价为每卷 10.87 美元 CIFC3% 孟买。

二、进口价格核算

（一）确定进口价格

进口业务中，经常按 FOB 术语成交。

进口价格（FOB）= 国内销售价格 − 进口费用 − 进口利润

（二）国内销售价格

此条件为已知。

（三）进口费用

进口费用 = 国外运费 + 国外保险费 + 进口关税 + 进口增值税 + 实缴增值税 + 银行费用 + 垫款利息 + 其他进口费用

1. 国外运费 =（基本运费 + 附加费）× 运费吨
2. 国外保险费 = CIF 价 ×（1 + 投保加成率）× 保险费率
3. 进口关税 = 进口关税的完税价格（CIF）× 进口关税率
4. 进口增值税 = 进口增值税的完税价格 × 进口增值税率
5. 实缴增值税 = 国内销售价格 ÷（1 + 增值税率）× 增值税率 − 进口增值税
6. 银行费用 = 进口价格 × 银行费率
7. 垫款利息 = 进口价格 × 垫款时间 × 垫款利率
8. 其他进口费用

包括领证费、报关费、报检费、业务定额费、国内运杂费等。

（四）进口利润

由进口方按市场情况和自己的经营意图来定，比如：10%、15%、20%。

（五）核算进口价格

进口价格（FOB）= 国内销售价格 − 进口费用 − 进口利润

[例 2 − 5]

我国某公司从德国进口机床 20 台，国内销售价为 8 000 元人民币/台，纸箱包装，每箱装 1 台，每箱毛重 400 公斤，每箱尺码 100cm × 120cm × 80cm，海运费按尺码吨计。每运费吨货物自装运港至目的港基本运费为 100 美元，保险按 CIF 总值加成 10% 投保，保险费率为 1%，银行贷款年利率为 5.58%，预计垫款时间为 2 个月，银行费用为进口成交金额的 0.5%，进口关税税率为 20%，增值税率为 17%，其他进口费用包括领证费、报关费、检验费、业务定额费、国内运杂费等共 4 200 元人民币，美元卖出价：1 美元 =6.883 7 元人民币，如果进口方预期利润率不低于 20%，则进口该机床的 FOB 汉堡价应为多少？

解：设所求价格为 X 美元（不包括消费税），计算中数值要保留到小数点后 4 位，最后报价保留到小数点后 2 位。

（一）确定进口价格

进口价格(FOB 汉堡) = 国内销售价格 − 进口费用 − 进口预期利润

（二）国内销售价格

国内销售价格 =8 000 ÷ 6.883 7
=1 162.165 7（美元）

（三）进口费用

进口费用 = 国外运费 + 国外保险费 + 进口关税 + 进口增值税 + 实缴增值税 + 银行费用 + 垫款利息 + 其他进口费用

1. 国外运费 = 海运运费 × 运费吨
=100 ×(100 ×120 ×80 ÷1 000 000)
=96（美元）

2. 国外保险费 = CIF 价 ×(1 + 投保加成率) × 保险费率

(1) CIF 价 =(FOB 价 + 国外运费) ÷(1 − 保险加成 × 保险费率)
= (X +96) ÷(1 −110% ×1%)

(2) 国外保险费 = CIF 价 ×(1 + 投保加成率) × 保险费率
=(X +96) ÷(1 −110% ×1%) ×(1 +10%) ×1%
=0.011 1X +1.067 7

3. 进口关税 = 进口关税的完税价格(CIF) × 进口关税率
=(FOB 价 + 国外运费) ÷(1 − 投保加成率 × 保险费率) × 进口关税率
= (X +96) ÷(1 −110% ×1%) ×20%
=0.202 2X +19.413 5

4. 进口增值税 = 进口增值税的完税价格 × 进口增值税率
= (进口关税的完税价格 + 进口关税) × 进口增值税率
= [(X +96) ÷(1 −110% ×1%) +0.202 2X +19.413 5] ×17%
=0.206 3X +19.801 8

5. 实缴增值税 = 国内销售价格 ÷(1 + 增值税率) × 增值税率 − 进口增值税
=8 000 ÷6.883 7 ÷(1 +17%) ×17% −(0.206 3X +19.801 8)
=149.059 9 −0.206 3X

6. 银行费用 = 进口价格 × 银行费率

= 0.5% X

7. 垫款利息 = 进口价格 × 垫款时间 × 垫款利率

= 60 ÷ 360 × 5.58% X

= 0.93% X

8. 其他进口费用 = 4 200 ÷ 6.883 7 ÷ 20

进口费用 = 国外运费 + 国外保险费 + 进口关税 + 进口增值税 + 实缴增值税 + 银行费用 + 垫款利息 + 其他进口费用

= 96 + 0.011 1X + 1.067 7 + 0.202 2X + 19.413 5 + 0.206 3X + 19.801 8 + 149.059 9 − 0.206 3X + 0.5% X + 0.93% X + 4 200 ÷ 6.883 7 ÷ 20

= 0.227 6X + 315.849 7

X = 国内销售价格 − 进口费用 − 进口预期利润

X = 1 162.165 7 − (0.227 6X + 315.849 7) − 20% X

X = 592.82 美元/台

答： 进口该机床价格为每台 592.82 美元 FOB 汉堡。

第六节 佣金和折扣

在国际贸易中，适当运用佣金和折扣，可起到调动国外商人经营我商品积极性的作用，可利用其销售渠道和影响力帮助我们开拓、巩固和扩大国际市场。

一、佣金

（一）佣金的含义

佣金（Commission）是中间商为买卖双方介绍交易而取得的报酬。

货价中是否包括佣金和佣金比例的大小，都会影响商品的价格。佣金的规定应合理，其比率一般掌握在 1% 至 5% 之间，不宜偏高。

（二）佣金的表示

成交价格中含有需支付给中间商佣金的，称为含佣价。不含佣金的价格，叫净价（Net Price）。佣金可以明确表示在价格条款中，称之为明佣；也可以不在合同中表示出来，由当事人按约定另行私下交付，称之为暗佣。国外的一些中间商或买主，为了赚取“双头佣”，或为了达到逃汇或逃税的目的，往往提出使用“暗佣”。

合同当中常见的佣金的规定方法有以下几种：

1. 以文字来说明

例如：每公吨 800 美元 CIF 旧金山包括 3% 佣金

USD800 PER M/T CIF San Francisco including 3% Commission

2. 在贸易术语后加注佣金的英文字母缩写“C”和佣金的百分比来表示

例如：每公吨 800 美元 CIFC 3% 旧金山

USD800 PER M/T CIFC3% San Francisco

3. 商品价格中所包含的佣金除用百分比表示外，也可以用绝对数来表示

例如：每公吨付佣金 24 美元

PER M/T including USD24 Commission

（三）佣金的计算

含有佣金的价格称为含佣价。不包含佣金和折扣的价格被称为净价。佣金的相关计算公式如下：

佣金 = 含佣价 × 佣金率

净价 = 含佣价 - 佣金 = 含佣价 ×（1 - 佣金率）

含佣价 = 净价/（1 - 佣金率）

[例 2 - 6]

某商品 CFR 净价每台 2 000 美元，试改报 CFRC4% 价，并保持卖方的净收入不变。

解： 含佣价 = 净价/（1 - 佣金率）

CFRC4% = 2 000/（1 - 4%）

= 2 083.33（美元）

答： 改报后的 CFRC4% 价为每台 2 083.33 美元。

二、折扣

（一）折扣的含义

折扣（Discount）是卖方在原价格的基础上给予买方的一定比例的价格减让。使用折扣方式减让价格，而不直接降低报价，使卖方既保持了商品的价位，又明确表明了给予买方的某种优惠，是一种促销手段。折扣直接关系到商品的价格，货价中是否包括折扣和折扣率的大小都影响商品价格，折扣率越高，则价格越低。常见的折扣有：数量折扣，品质折扣，季节折扣，特别折扣等。

（二）折扣的规定方法

凡在价格条款中明确规定折扣率的，叫做“明扣”。在国际贸易中，明扣通常规定价格条款时，用文字明确表示出来，所以明扣一般是在买方支付货款时预先予以扣除。而买卖双方在私下就折扣问题达成协议不在合同中表示出来的，称为“暗扣”。而暗扣通常需要卖方另行支付给买方，所以有时又把暗扣称作“回扣”。明扣的表示方法有：

1. 用百分比表示折扣比例

例如：每公吨 200 美元 CIF 伦敦减折扣 3%

USD200 per metric ton CIF London less 3% discount

2. 在贸易术语后加注折扣的英文字母缩写“D”和折扣的百分比来表示

例如：每公吨 800 美元 CIFD3% 旧金山

USD800 PER M/T CIFD3% San Francisco

3. 折扣也可以用绝对数来表示

例如：每公吨折扣 6 美元

PER METRIC TON USD6 DISCOUNT

（三）折扣的计算与支付方法

折扣通常是以成交额或发票金额为基础计算出来的。

折扣额 = 原价（或含折扣价）× 折扣率

卖方实际净收入 = 原价 − 折扣额

第七节 合同中的价格条款

一、合同中价格条款的组成

合同中的价格条款包括单价（Unit Price）和总值（Total Value）。其中单价由计价货币、单位价格金额、计量单位和贸易术语构成，总值是合同数量和单价的乘积。例如：每打 500 欧元 CIF 汉堡（EUR500 per dozen CIF Hamburg），总值 50 万欧元（SAY EURO DOLLARS FIVE HUNDRED THOUSAND ONLY.）。

二、订立合同中的价格条款应注意的问题

（1）选用适当的计价货币，出口尽量选用硬币，进口用软币，以避免汇率变动的风险。

（2）选用适当的贸易术语，一般来讲，出口业务中选用 CIF 或 CIP 术语，进口选 FOB 或 FCA 术语，在出口业务中，不好核算运、保费的情况下，也可以使用 FOB、FCA 术语。

（3）根据成交商品的质量、数量、交货地点、交货条件、季节性、支付条件等，掌握适当的差价。

（4）适当运用不同的作价方法，以避免价格变动的风险。

（5）合理运用佣金和折扣，以调动国外商人经营我国商品的积极性。

重点知识展示

选用 FOB 合同时风险的规避

（1）针对 FOB 合同船货衔接的问题：解决的方法：① 买方应按期租船，卖方应按期装船；② 双方应加强沟通与联系；③ 买方可指定卖方代为租船订舱。

（2）针对 FOB 合同在《1990 年美国对外贸易定义修订本》和《2010 通则》中解释的分歧：应在买卖合同中明确表示本合同受《2010 通则》的管辖。

选用 CFR 合同时风险的规避

（1）针对 CFR 合同卖方装船，买方投保的问题：货物在装船之后，应及时向买方发出通知，以便买方及时办理保险。

（2）针对 CFR 合同属于代办运输：卖方办理运输手续属于代办性质，一旦运输方面出现问题，应由买方与运输公司进行交涉。

（3）针对贸易和运输欺诈：在进口业务中一定要慎重采用 CFR 术语。要注意防止卖方和船方相互勾结，卖方交假货、船方出假提单，使买方蒙受损失。在交易前，应仔细调查卖方的资信情况、经营作风，选择信誉良好的客户成交；必要时可对船龄、船籍、船公司加以限制。

（4）针对 CFR 合同是装运合同：在签订合同时切忌订立“卖方保证货物某年某月某日到达某目的港”等类似的条款。

（5）针对 CFR 合同卖方租船订舱的问题：在实际业务中买方提出的关于限制船舶的国籍、船型、船龄、船级以及指定装载某班轮公司的船只等项要求，原则上拒绝接受；也可放弃这一权利，或根据要求给予买方一定的通融。但一旦在合同中做出明确规定，就必须严格履行合同规定。

选用 CIF 合同时风险的规避

（1）针对 CIF 合同是象征性交货：在出口业务中一定要高质量地缮制单据。

（2）针对 CIF 合同是装运合同：在签订合同时切忌订立“卖方保证货物某年某月某日到达目的港”等类似的条款。

（3）针对 CIF 合同属于代办运输：卖方办理运输手续属于代办性质，一旦运输方面出现问题，应由买方与运输公司进行交涉。

（4）针对 CIF 合同属于代办保险：在实际业务中只有买方有权向保险公司进行索赔，且索赔结果与卖方无关。

（5）针对 CIF 合同卖方租船订舱：在实际业务中买方提出的关于限制船舶的国籍、船型、船龄、船级以及指定装载某班轮公司的船只等项要求，原则上应拒绝接受；也可放弃这一权利，或根据要求给予买方一定的通融。但一旦在合同中做出明确规定，就必须严格履行合同规定。

（6）针对 CIF 术语在《1932 年华沙—牛津规则》、《1990 年美国对外贸易定义修订本》和《2010 通则》中解释的分歧：应在买卖合同中明确表示本合同受《2010 通则》的管辖。

经典案例分析

案情：

买卖双方按 CIF 术语成交，合同规定：装运期为 2008 年 10 月，卖方于 2008 年 10 月 20 日将货物装船并取得提单，于 2008 年 10 月 25 日将全套单据通过银行交给买方，单据无误，卖方取得货款。10月28日买方来电称货物在海上全部灭失，要求卖方退回全部货款，卖方认为既然买方未收到货物，卖方退款是应该的，保险是卖方办理的，所以，应由卖方向保险公司要求赔偿。试分析卖方的想法是否正确？为什么？

分析：

卖方想法不对。理由如下：(1) 按CIF术语成交，货物在装运港装上船后，风险即由卖方转移到买方，本案中货物是在海上全部灭失，风险应由买方承担；(2) CIF术语是象征性交货，即“卖方凭单交货，买方凭单付款”，本案中既然卖方所交单据无误，卖方得到货款是应该的，不应该退款；(3) CIF术语中尽管保险手续是卖方办理的，但纯属代办性质，被保货物在运输途中出险，应由买方找保险公司交涉赔偿。

关键名词

贸易术语　国际贸易惯例　象征性交货　佣金　折扣　《2010通则》

第三章

国际货物运输

学习目标

通过本章的学习，了解国际货物运输的基本形式，熟悉海洋运输的相关知识，掌握合同装运条款的内容及主要运输单据的含义和作用，学会订立装运条款。

重点难点

1. 正确理解装运条款的相关内容，特别是分批装运和转运条款；
2. 海运提单的种类及作用。

国际货物运输是一门比较复杂的学科。它具有面广、线长、中间环节多、空间距离大、涉及部门多、情况复杂等特点。作为国际贸易的从业人员，只有掌握国际货物运输的基本知识，才能在交易磋商及签订合同时充分考虑有关情况，使合同的运输条款制订得更加明确、具体、合理，为合同的顺利履行奠定基础。

国际货物运输方式包括海洋运输、铁路运输、航空运输、邮包运输、集装箱运输、大陆桥运输以及由各种运输方式组合而成的国际多式联运等。

第一节　海洋运输方式

一、海洋运输概述

海洋运输是利用海轮在国内外港口之间，通过一定的航区和航线进行货物运输的一种方式。它是国际货物运输中最主要的运输方式。目前，国际贸易总运量中2/3以上，我国进出口货运总量的90%以上都是利用海上运输。海洋运输之所以被广泛采用，是因为它与其他国际货物运输方式相比，具有以下明显的特点：

(1) 运输量大：世界石油运输中已经出现50万吨~70万吨的巨型油轮。最大的散装船已经达到16万吨～17万吨。第五代集装箱船的载箱能力已经超过5 000TEU。

（2）通过能力大：海上运输利用四通八达的天然航道，不受道路或轨道的限制。

（3）运费低廉：航道天然构成，船舶运量大、运程远、经久耐用、省燃料，加之港口设备一般均为政府修建，所以，货物的单位运输成本就较低，运价也就比较低廉。据统计，海上货物运价约相当于铁路运价的1/5，公路运价的1/10，航空运价的1/30。这就为低值大宗货物的运输提供了有利的条件。

（4）对货物的适应性强：船舶由于运输量大，基本上适合各种货物的运输，如火车头等超重货物。其他运输方式无法装运的，轮船一般都可以装运。

但海洋运输也存在不足之处，如速度慢、风险大、易受自然条件影响、航期不易掌握等。

根据海洋运输船舶的经营方式不同，海洋运输可分为班轮运输（Liner Transport）和租船运输（Shipping By Chartering）。

二、班轮运输

（一）班轮运输的含义和特点

班轮运输，又称“定期船运输”（Regular Shipping Liner），是指船舶按照固定的港口、航线和事先公布的船期表从事运输业务，并按固定的费率收取运费。班轮运输主要具有以下几个特点：

（1）具有“四固定”的特点，即固定船期、固定航线、固定停靠港口和相对固定的运费率。

（2）班轮运费包括装卸费，货物由承运人装卸配载。

（3）承托双方的权利义务和责任豁免以签发的提单条款为依据并受统一的国际公约制约。

（4）班轮承运货物比较灵活，不论数量多少，只要有舱位都可接受装运班轮运输，一般适用于件杂货物的运输。大宗货物之外的货物称为件杂货物。

（二）班轮运费

1. 班轮运费的计收标准

通常按不同商品分为以下几种：

（1）按货物的毛重（或重量吨）计收，在运价表内用“W”字母表示。

（2）按货物的体积（或尺码吨）计收，在运价表内用“M”字母表示。

（3）按商品的FOB价值的百分比计收，即按从价运费收取，在运价表内用“A. V.”表示。

（4）按货物的毛重或体积计收，由船公司选择其中收费较高的一种计收运费，在运价表中用“W/M”表示。

（5）按货物的重量、体积或价值三者中较高的一种计收运费，在运价表中用“W/M or. A. V.”表示。

（6）按货物的件数计收。

（7）对大宗低值货物，采用承托双方临时议定运价的办法。

2. 班轮运费的计算

班轮运费包括基本运费和附加费两部分。

班轮运费中的附加费名目繁多，其中包括：燃油附加费、货币贬值附加费、转船附加费、直航附加费、超重、超长和超大附加费、港口附加费、港口拥挤附加费、选港附加费、变更卸货港附加费、绕航附加费等等。

班轮运费的计算公式为：

运费 = 基本运费 + 附加运费 = 运费吨 × 基本运费 ×（1 + 附加费率）

［例 3－1］

某公司出口货物一批共 200 箱，总毛重为 16.2 公吨，总体积为 23.316 立方米。由大连到欧洲某港口。试计算某企业应付船公司运费多少？

首先按货物英文名称从货物分级表中查出该货属于 10 级货，计费标准是“M”，然后再按航线查出 10 级货每运费吨基本运费为 USMYM40，另加燃油附加费 10%，该批货物的运费为：

运费 = 基本运费 + 附加运费 = 运费吨 × 基本运费 ×（1 + 附加费率）
= 23.316 × 40 ×（1 + 10%）= 1 025.904 美元

值得注意的是：目前在实际业务中关于班轮运输的运费通常由承运人及其代理报价而得，该运费属于动态状态。

三、租船运输

（一）租船运输的方式与特点

租船运输是指租船人在租船市场上通过洽租、签约，向船东或二船东包租整船装运货物。租船方式主要包括定程租船（Voyage Charter）、定期租船（Time Charter）两种。租船运输主要是用来运输国际贸易中的大宗货，例如：工业原料、燃料、各种矿石、石油、煤炭、硫黄、磷灰石、各种谷物、饲料及各种工业产品，如化肥、水泥等。

1. 定程租船

按航程租赁船舶，其特点如下：

（1）在定程租船方式下，船方必须按租船合同规定的航程完成货物运输任务，并负责船舶的经营管理及其在航行中的各项费用开支；

（2）租船人应支付双方约定的运费；

（3）货物在港口的装卸费用，应在租船合同中明确规定由船方或租方负担。

2. 定期租船

按期限租赁船舶，其特点如下：

（1）船货双方的权利与义务在期租船合同中订明；

（2）船方提供适航的船舶，船员薪金、伙食等费用以及保持船舶具有适航价值而产生的有关费用，均由船方负担；

（3）船舶经营过程中产生的燃料费、港口费、装卸费和垫舱物料费等项开支，均应由租船人负担；

（4）期租船的租金，一般是按租期每月每一夏季载重吨若干金额计算。

除定程租船或定期租船外，在实际业务中，近年来出现了一种新的租船方式，即航次期租（Time Charter on Voyage Charter，TCV）。这是一种以完成一个航次运输为目的，按完成航次的日数和约定的日租金率计算租金的租船方式。其租船期限以一个航次为限，但租金计算的方法和费用分担关系却类似于定期租船。

（二）租船运输合同及其主要内容

租船合同（Charter Party）是指租船人按一定的条件向船东租用船舶或船舶的部分舱位，双方就相互间的权利和义务达成的合同。租船合同都是事先印好的现成格式，在签订时可加以增删。期租合同格式有数种，程租合同则有数十种之多，使用较广的有“标准杂货租船合同”（Uniform General Charter Party，GENCON），简称金康合同。

程租合同的主要条款包括：合同当事人、船名和船旗、货物、装卸港、受载日和解约日、运费、装卸费用的划分、许可装卸时间、滞期费和速遣费等内容。除上述条款外，程租合同中还会规定有佣金条款、留置权条款、共同海损条款、罢工条款、冰冻条款等。使用时可选用合适的规范合同，根据具体需要增删一些内容。

第二节 其他运输方式

一、铁路运输方式

铁路运输是仅次于海洋运输的一种运输方式，其特点是运行速度较快，载运量大，风险较小，一般不受气候条件影响，可终年正常运行，具有高度的连续性。

我国对外贸易铁路运输包括国内铁路运输和国际铁路联运两种方式。

（一）国内铁路运输

我国进口货物由港口经铁路转到各地，出口货物由产地经铁路集中到港口装船，以及各省、市、自治区之间产品的流通，均属于国内铁路运输的范畴。由产地经铁路运往港澳地区的货物也属于国内铁路运输。但又与一般的国内铁路运输不一样。

1. 内地对香港铁路运输

对香港的铁路运输是由大陆段和港九段两部分铁路运输组成，其特点是“两票运输，租车过轨。”即出口企业在发送地车站将货物运到深圳北站，收货人是深圳外运公司，货车到达深圳北站后，由深圳外运作为各地出口企业的代理向铁路租车过轨，交付租车费，并办理出口报关等手续。经海关放行过轨后，由香港的“中国旅行社有限公司”（简称“中旅”）作为深圳外运在港代理，由其在港段罗湖车站向港九铁路另行起票托运至九龙，货到九龙站后由“中旅”负责卸货并交收货人。

2. 内地对澳门铁路运输

出口企业或货运代理在发送地车站将货物托运到广州，整车到广州南站新风码头42道专用线。零担到广州南站，危险品零担到广州吉山站，集装箱和快件到广州车站，收货人均为广东省外运公司，货到广州后由广东省外运公司办理水路中转将货物运往澳门，货到澳门南广集团运输部负责接货并交付收货人。

（二）国际铁路联运

国际铁路联运，是指在两个或两个以上国家之间进行的铁路货物运输，只需在始发站办妥托运手续，使用一份运送单据，由一国铁路向另一国移交货物时，无需发货人、收货人参加，铁路当局对全程运输负连带责任，这种运输方式称“国际铁路联运”。

国际铁路联运是铁路运输的重要方式，许多国家非常重视并参加了协约组织，订立了各种协定。参加国际联运的国家主要分两个集团：一个是以英、法、德等 32 个国家组成并签订有《国际铁路货物运送公约》的“货约”集团。另一个是以前苏联为首的 12 个国家组成并签订的《国际铁路货物联运协定》的“货协”集团。

尽管“货协”中的苏联、东欧各国政体在 20 世纪 80 年代末解体了，但铁路联运业务并未终止，原“货协”的运作制度仍被沿用。

国际铁路联运的范围：（1）适用于国际货协国家之间的货物运送，发货人只需在发货站办理铁路托运，使用一张运单，即可办理货物的全程运输；（2）适用于未参加国际货协铁路间的顺向或反向货物运输，在转换的最后一个或第一个参加国的国境站改换适当的联运票据。

（三）铁路运输票据

国际贸易铁路运输分国内铁路运输和国际铁路联运，其使用的单据分别为“承运货物收据”（Cargo Receipt）和“铁路运单”（Railway Bill）承运货物收据是铁路部门承运货物的收据，亦构成收货人或外运公司与铁路部门的运输契约，是发货人办理对外结汇的凭证。

铁路运单正本和副本是国际铁路联运的主要运输单据，铁路运单共有一式五联，第一联为“正本运单”，它随货至目的地；第二联为“运行报单”，亦随货走，由铁路部门留存；第三联为“运单副本”，在始发站盖章后交发货人办理对外结汇，也可凭此联办理索赔；第四联为货物交付单，随货走，由终点站铁路部门留存；第五联为“到达通知单”，在终点站交收货人。

二、航空运输方式

（一）航空运输的方式

航空运输（Air Transport）是一种现代化的运输方式，主要特点是速度快、安全准确、手续简便、节省包装、保险、利息和储存等费用。但运量较小，运价较高。航空运输特别有利于鲜活、易腐烂、季节性强、紧急需要的商品运输。

航空运输的方式主要有：班机运输（Scheduled Air-line）、包机运输（Chartered Carrier）、集中托运（Consolidation）、航空快递（Air Express）、陆空陆联运（TAT Combined Transport）、送交业务（Delivery Business）等方式。

（二）航空货运单（Air Waybill）

航空货运单是发货人与承运人之间的运输合同，是货物收据，可凭以办理结汇，但它不是物权凭证，不能凭以提货，不能背书转让。收货人只能凭“到货通知”办理提货手续。航空货运单一、二、三联为正本，并具有同等法律效力，第一联注有“Original for the shipper”字样，交发货人；第二联注有“Original for the issuing carrier”

字样，交承运人留作记账；第三联注有“Original for the consignee”字样，随货走，作为收货人核收货物的依据。

三、邮包运输

邮包运输（Parcel Post Transport）也称邮政运输，是一种较简便的运输方式。各国邮政部门之间订有协定和合约，通过这些协定和合约，各国的邮件包裹可以互相传递，从而形成国际邮包运输网。由于国际邮包运输具有国际多式联运和“门到门”运输的性质，加之手续简便，费用也不高，故其成为国际贸易中普遍采用的运输方式之一。

根据我国邮电部规定：国际邮件按性质分为函件和包裹。包裹按运输方式分为航空包裹、SAL包裹和水陆路包裹。函件分为国际及港澳特快专递（通往国家主要有日本、韩国、美国 、澳大利亚、新西兰等国）和中速特快专递（通往国家主要有加拿大、法国、德国、西班牙、荷兰、瑞典、瑞士等国）。

四、集装箱运输

集装箱（Container）是用钢、铝、胶合板、玻璃钢或这些材料混合制成的容器，是货物运输的一种辅助设备，又称为“货柜”或“货箱”。集装箱运输是指将一定数量的单件货物装入集装箱内，作为一个运送单位所进行的运输。集装箱运输具有许多优点：如可露天存放，节省仓库，节省商品的包装费用，减少货损货差，提高装卸效率，缩短运输时间，节约运费，降低成本等。它是一种现代化的先进的运输方式，适用于海洋运输、铁路运输，更适用于国际多式联运。集装箱运输已成为国际货物运输中占主导地位的运输方式，我国海上集装箱运输已成为普遍采用的一种重要的运输方式。

国际标准化组织为了统一集装箱规格，推荐13种规格的集装箱，其中20英尺、40英尺和HC（High Cube）集装箱使用最普遍，20英尺的集装箱为标准集装箱。集装箱货物装箱方式有整箱（Full Container Load，FCL）和拼箱（Less Than Container Load，LCL）两种。

集装箱运输货物的交接方式主要有四种：

整箱交/整箱收（FCL/FCL）；拼箱交/拆箱收（LCL/LCL）；

整箱交/拆箱收（FCL/LCL）；拼箱交/整箱收（LCL/FCL）。

目前，在实际业务中，在海上集装箱运输方式下，由承运人或其代理人签发“海运提单（Bill of Lading）”或“联合运输提单（Combined Transport Bill of Lading，简称CT B/L）”，作为向银行结汇的单据。

五、国际多式联运

国际多式联运（International Multimodal Transport）是在集装箱运输的基础上产生和发展起来的，也就是说，它是以集装箱为媒介，把海、陆、空等各种单一的运输方式有机地结合起来，组成一种国际间的货物运输。

根据《联合国国际货物多式联运公约》，进行国际多式联运必须具备以下条件：

（1）多式联运经营人和托运人之间须订立一份多式联运合同，明确双方的权利和义务、责任和豁免；

（2）必须是两种或两种以上不同运输的方式的连贯运输；

（3）必须使用全程多式联运单据，并由多式联运经营人负总责任。该单据是物权凭证，目前，在实际业务中通常使用的是“联合运输提单（Combined Transport Bill of Lading，简称 CT B/L）”；

（4）必须是全程单一的运费费率；

（5）必须是国际间的货物运输。

国际多式联运具有显著的优越性：手续简便，中间环节少，责任统一，运输时间短，货运质量高，运输成本低，货运周转快，实现“门到门”运输。

由于国际多式联运具有其他运输组织形式无可比拟的优越性，因而这种国际运输新技术已在世界各主要国家和地区得到广泛的推广和应用。目前，有代表性的国家多式联运主要有远东/欧洲，远东/北美等海陆空联运，其组织形式包括：海陆联运、陆桥运输、海空联运。

值得注意的是，国际多式联运现在都以成组化和集装化运输为主。为了实现多式联运的快速中转，避免短少、污染、丢失、混杂、包装不良、标识不清、捆扎固定不牢等问题的发生，使用成组化捆扎固定的件杂货物和使用集装箱的一般货物，可大大提高周转和装卸效率。

六、大陆桥运输

大陆桥运输（Land Bridge Transport），是指利用铁路、公路为中间桥梁把大陆两端的海洋运输连接起来的连贯运输方式。从形式上看，是海—陆—海的连贯运输，但实际上是将集装箱运输和多式联运有机地结合起来。这种运输缩短了营运时间，降低了营运成本。

当今世界上有四条大陆桥运输线：（1）美国大陆桥运输线，即利用美国贯穿东西的三条铁路干线：西雅图—芝加哥—波士顿、旧金山—芝加哥—纽约、洛杉矶—堪萨斯城—巴尔的摩，将远东地区的货物运往欧洲。（2）加拿大大陆桥运输线，即利用两条铁路干线：温哥华—温尼伯—哈利法克斯和鲁珀特港—温尼伯—魁北克，将远东地区的货物运入欧洲。（3）前苏联西伯利亚大陆桥运输线，该铁路东起纳霍德卡和东方港，西至莫斯科。东端可与平壤、北京、乌兰巴托相连接，西端可与赫尔辛基、斯德哥尔摩、奥斯陆、华沙、柏林、科隆、布鲁塞尔、巴黎、德黑兰相连接。通过该铁路可将远东地区的货物运往北欧、西欧、中欧、南欧及西亚各国。（4）中荷大陆桥运输线。东起我国连云港西至荷兰鹿特丹，全长 10 800 公里，沿途经莫斯科、华沙、柏林等地，也称欧亚大陆桥或新亚欧大陆桥。

第三节　合同中的装运条款

国际货物买卖合同中的装运条款一般包括装运时间、装货港和目的港、分批装运和转船等条款。明确、合理地规定合同中的装运条款，是保证合同履行的重要条件。

一、装运时间

装运时间，又称装运期，是指货物在装运港装运的时间。交货时间是指交付货物的时间。履行 FOB、CIF、CFR 合同时，卖方只需在装运港将货物装上船，取得代表货物所有权的单据，就完成交货任务。因此，装运时间（Time of Shipment）和交货时间（Time of Delivery）是同一概念，在采用其他价格术语成交时，“装运”与“交货”是两个完全不同的概念。

（一）装运时间的规定方法

在合同中通常只对装运时间规定一个期限，而不是某个具体日期。目前常用的有以下几种规定方法：

1. 明确规定具体的装运时间

（1）规定在某月内装运，如：Shipment during Jan.，按此规定，可在 1 月 1 日到 1 月 31 日这一期限内装运。

（2）跨月装运，如：Shipment during Jan/Feb.，按此规定，可在 1 月 1 日到 2 月 28 日这一期限内的任何一天装运。

（3）规定在某月底前装运，如：Shipment at or before the end of Jan.，即自订立合同之日起，最迟不超过 1 月 31 日装运。

（4）规定在某月某日以前装运，如：Shipment on or before t July 15th. 或 Shipment not later than July 15th.，即 7 月 15 日或之前装运。

以上四种方法的特点是：期限具体，含义明确，双方不易发生纠纷，在实际业务中采用比较普遍。

2. 规定收到信用证后若干天装运

对某些外汇管制较严的国家和地区，或专为买方制造的特定商品，为了防止买方不按时开证而造成的损失，可采用在收到信用证后一定时间内装运的规定方法。如：Shipment within 30 days after receipt of L/C.。

值得注意的是：采用这种方式，应在合同中明确规定买方开立信用证的时间，否则，可能会因为买方拖延开证或拒绝开证使卖方陷于被动的局面。

3. 收到电汇后若干天装运

采用汇付方式收款时可使用这种方法。

4. 笼统规定近期装运

在买方急需而卖方又备有现货的情况下，也可采用近期交货术语。如“立即装运”（Immediate Shipment）、“尽快装运”（Shipment as soon as Possible）、“即刻装运”（Prompt Shipment）等。

由于对近期交货术语含义的解释在各国、各地和各行业中并不完全相同，因此，除买卖双方对它们的解释已有一致的理解者外，应避免使用。

（二）规定装运时间应注意的问题

（1）应考虑货源和船源的实际情况。卖方签订合同时，要了解货源、船源情况，避免船、货脱节。

（2）应考虑市场的实际情况。装运时间应与国外市场需求的季节性相适应，特别是节假日供应商品和临时特殊需要的商品。

（3）应考虑商品的实际情况。装运时间应与商品本身的性质和特点相适应。如：易受潮发霉的商品，不宜在雨季装运；易受热熔化的商品，应避开在夏季装运。

二、装运港、目的港

（一）装运港

一般说来，装运港是由卖方根据便利货物运输装运出口的条件提出，经买方同意后确定的。

在国际货物买卖中通常只规定一个装运港，但在货物数量较大而货源又分散在几处的情况下，可以规定几个装运港。如："天津/上海/大连"。

如成交时具体装运港不能确定，也可规定："中国口岸"（China Ports）。

（二）目的港

在实践中，目的港通常由买方提出，经卖方同意后确定。

在国际货物买卖合同中一般规定一个目的港；有时根据实际业务的需要，也可规定两个或两个以上供选定，由买方从中确定后通知卖方。如："伦敦/利物浦/曼彻斯特"。

（三）确定装运港和目的港应注意的问题

1. 规定国外装运港和目的港应注意的问题

（1）应明确规定国外装运港或目的港，避免采用例如"欧洲主要港口"等笼统规定。在实际业务中，有时可以允许买方在几个港口中任选其中一个港口为目的港，但选择的目的港必须规定在同一航区，而且不宜过多。同时，在合同中应明确规定：所选目的港增加运费由买方负担。

（2）原则上不接受内陆城市为装运港或目的港，否则我方要承担从港口到内陆城市的运费和风险。

（3）应考虑装卸港口特殊具体的条件。如有无直达班轮航线，有无冰封期，对船舶国籍有无限制等因素。

（4）应注意国外港口有无重名，如有重名，应在合同中明确港口所在国家或地区的名称。

2. 规定国内装运港和目的港应注意的问题

（1）采取就近的原则。装运港尽量在货源地，卸货港尽量就近在用货部门。

（2）考虑港口设施条件和费用水平。如有的港口太拥挤，可分散在附近港口。

三、分批装运和转运

分批装运（Partial Shipment），是指将同一合同项下的货物分若干批次装运。转运（Transshipment），是指货物在装运港装船后，在中途将货物卸下装上其他的运输工具，以完成运输任务。

《UCP600》对分批装运和转运的规定：

（1）运输单据表面上注明货物是使用同一运输工具装运并经同一路线运输的，即使每套运输单据注明的装运日期不同或装运港、接受监管地不同，只要运输单据注明的目的地相同，也不视为分批装运。

（2）只要信用证没有相反规定则视为分批装运和转船。

（3）对于限批、限时、限量的条件，卖方应严格履行约定的分批装运条款，否则本批及以后各批均告失效。

四、其他条款

在国际货物买卖合同中，除了规定上述装运条款外，还规定装船通知条款、装卸时间、装卸率、滞期速遣条款，对美国贸易时还规定 OCP 条款等。现分别介绍如下：

（一）装船通知

装船通知（Advice of Shipment）是装运条款中不可缺少的一项重要内容。规定装船通知，可以明确买卖双方的责任，共同做好车、船、货的衔接，并按时办理货运保险。尤其是按 CFR 条件成交时，装船通知具有特殊意义。总之，规定好装船通知，有利于合同的履行。

（二）装卸时间、装卸率、滞期和速遣条款

在定程租船的大宗商品买卖合同中，常常规定装卸时间、装卸率、滞期和速遣条款。

1. 装卸时间

装卸时间（Lay Time），是指允许完成装卸任务所约定的时间，一般以天数或小时来表示，装卸时间的规定方法很多，其中主要有：按连续日计算、按工作日计算、按好天气工作日计算及按连续 24 小时好天气工作日计算。在实际业务中常采用连续 24 小时好天气工作日计算，即连续 24 小时为一个工作日，但星期日、节假日和不能装卸的坏天气都一律扣除。

2. 装卸率

装卸率（Loading Rate），是指每日装卸货物的数量。装卸率一般应按照港口习惯的正常装卸速度，本着实事求是的原则，具体确定装卸率。

3. 滞期费和速遣费

所谓滞期费（Demurrage），是指负责装卸货物的一方，未能按合同约定的装卸期限完成货物的装卸，则需向船方交纳延误船期的罚款。所谓速遣费（Despatch Money），是指负责装卸货物的一方在合同约定的装卸期限内提前完成货物装卸作业，可以从船方取得奖金。按惯例，速遣费通常是滞期费的一半。

（三）OCP 条款

同美国进行贸易时，为了取得运费的优惠，可采用 OCP 条款，OCP 是 Overland Common Points 的缩写，意为“内陆公共点地区”，简称“内陆地区”。其含义是：根据美国费率规定，以美国西部九个州为界，也就是以洛杉矶山脉为界，其以东地区，均为内陆地区范围，这个范围很广，约占美国全国三分之二的地区。按 OCP 运输条款规定，凡是经过美国西海岸港口转运上述内陆地区的货物，如按 OCP 条款运输，就可享受比一般直达西海岸港口较低的优惠内陆运输费率，一般约低 3% ~5% 左右。相反方向，凡从美国内陆地区启运经西海岸港口装船出口的货物同样可按 OCP 运输条款办理。同时，按 OCP 运输条款，还可享受比一般正常运输低的优惠海洋运费，每吨约低 3 美元 ~5 美元。

采用 OCP 运输条款必须满足以下条件：

（1）货物最终目的地必须属于 OCP 地区范围内，这是签订运输条款的前提；

（2）货物必须经美国西海岸港口中转，因此，在签订贸易合同时，有关货物的目的港应规定为美国西海岸港口，即为 CFR/CIF 美国西海岸港口条件；

（3）在提单备注栏内及货物唛头上须注明最终目的地为 OCPXX 城市。

例如：我国出口至美国一批货物，卸货港为美国西雅图，最终目的地是芝加哥。西雅图是美国西海岸港口之一，芝加哥属于美国内陆地区城市，这笔交易就符合 OCP 规定。经双方同意，就可采用 OCP 运输条款。在贸易合同和信用证内的目的港可填写“西雅图”括号内陆地区，即“CIF Seattle（OCP）”。除在提单上填写目的港西雅图外，还必须在备注栏内注明“内陆地区芝加哥”字样，即“OCP Chicago”。

第四节 海运提单

海运提单（Ocean Bill of Lading）简称提单（Bill of Lading，B/L），是指承运人或其代理人在收到承运货物时签发给托运人的一种证明，它规定了货物运输有关当事人，如承运人、托运人和收货人之间的权利和义务。

一、海运提单的性质和作用

（1）货物收据。提单是承运人或其代理人签发给托运人的表明已收讫货物的收据。

（2）物权凭证。提单代表货物的所有权，谁拥有提单，谁就拥有物权。正本提单是卖方凭以结汇，买方凭以提货，承运人凭以交货的依据。提单可用来抵押或转让。

（3）运输契约的证明。提单是装货后签发的，其有关条款明确规定了承运人和托运人双方的权利和义务。而运输契约是在装货前商定的，所以提单本身不是运输契约，而是运输契约的证明。

二、海运提单的基本内容

1. 提单正面的内容

提单正面的记载事项，分别由托运人和承运人或其代理人填写，通常包括托运人（Shipper/Consigner）、收货人（Consignee）、被通知人（Notify）、收货地点（Place of Receipt）、船名航次（Ocean Vessel Vov-No.）、装货港（Port of Loading）、卸货港（Port of Discharge）、标记与号码（Seal No. Marks & Nos.）、商品名称、货物包装及件数、运费条款、毛重（Gross Weight）、尺码（Measurement）、正本提单的份数、承运人、船长或其具名代理、代表的签章（Name & Signature of the Carrier）、签发提单的地点及日期（Place & Date Issue）。

2. 提单背面的条款

在提单背面，通常都印有运输条款，这些条款是作为确定承运人与托运人之间以及承运人与收货人之间及提单持有人之间的权利和义务的主要依据。国际上为了统一提单背面条款的内容，曾先后签署了有关提单的国际公约，其中包括《海牙规则》、《维斯比规则》和《汉堡规则》，由于上述三项公约签署的历史背景不同，内容不一，各国对这些公约的态度也不相同，因此，各国船公司签发的提单背面条款也就互有差异。

三、海运提单的种类

海运提单可以从不同角度加以分类，主要分为以下几种：

1. 根据货物是否装船，可分为已装船提单和备用提单

（1）已装船提单（On Board B/L）

已装船提单又称为“装运提单”，是指表明货物已经装上指定的船舶后所签发的提单。其特点是提单上必须以文字表明货物已经装在某船上，并载有装船日期，同时还应由承运人、船长或其代理人签字。在实际业务中使用的都是已装船提单。

（2）备运提单（Received for Shipment B/L）

备运提单又称收妥待运提单或收讫待运提单，是指承运人收到货物后在等待装船期间签发的提单。

2. 根据提单是否有不良批注，可分为清洁提单和不清洁提单

（1）清洁提单（Clean B/L）

清洁提单，是指货物装船时“表面状况良好”，未加有关货损或包装不良之类批语的提单。在实际业务中使用的都是清洁提单。

（2）不清洁提单（Unclean B/L）

不清洁提单，是承运人加注了托运货物外表状况不良或存在缺陷等批语的提单。

3. 根据提单的抬头不同，可分为记名提单、不记名提单和提示提单

（1）记名提单（Straight B/L）

记名提单又称直交提单，即明确指明收货人，例如“Pay to ×× only”，这种提单只能由特定收货人提货，不能背书转让，在实际业务中，对于资信好的商人之间的贸易可采用。

（2）不记名提单（Blank B/L）

这种提单不具体规定收货人，收货人栏留空或填“来人”（Bearer）。该种提单不需背书即可流通转让，并且凭单交货，风险大，在实际业务中很少使用。

（3）指示提单（Order B/L）

指示提单，是指在提单的收货人栏内填写“凭指示”（To order）或“凭××指示”（To the order of ××）的字样，这种提单可以通过背书转让给第三者，故又称为“可转让提单”。此种提单在实际业务中应用广泛。

背书有两种方法：一是由背书人在提单背面签名盖章的，称作空白背书（Blank Endorsed）；二是由背书人签字盖章外，还列明被背书人名称的，称为记名背书（Endorsed in Favor of）。

在实际业务中也采用“空白抬头，空白背书”（B/L Made out to Order and Blank Endorsed）的提单，即凭指示并做空白背书的提单。

4. 根据提单格式和内容繁简，可以分为略式提单和全式提单

（1）略式提单（Short Form B/L）

略式提单又称为简式提单，是指只在正面记载事项，而背面无提单条款，这种提单一般都加注：“各项条款及例外条款均以本公司正规的全式提单内所印的条款为准”的字样，否则，银行一般不予接受。

（2）全式提单（Long Form B/L）

全式提单又称为繁式提单，是指有正面记载事项，背面列有规定承运人、托运人之间权利与义务的提单条款。此种提单在实际业务中应用广泛。

5. 根据运输方式不同，可分为直达提单、转船提单、联运提单

（1）直达提单（Direct B/L）

直达提单，是指货物自装运港直接运到目的港而签发的提单。

（2）转船提单（Transshipment B/L）

转船提单，是指货物在装运港装船，不直接运到目的港，而需中途转船再驶往目的港，这种提单一般加注“在××港转船”的字样。

（3）联运提单（Through B/L）

联运提单，是指在海运和其他运输方式所组成的联合运输方式下，由承运人或代理人在货物的起运地签发运往货物最终目的地的提单，其主要特点有：① 由第一程承运人作为总承运人，签发包括全程运输的提单。② 运输风险采用分段责任，即各段承运人只负责其所承运区段的运输风险。③ 在海/海运输方式下，联运提单和转船提单的性质相同。

值得注意的是：在目前的国际贸易约定当中，已经很少直接使用 Through B/L 这个词，而是加以具体确认的提单名称和提单格式。Multimodal Transport B/L，Intermodal Transport B/L，Combined Transport Bill of Lading 都只是 Through B/L 的一种，在具体业务中可根据运输方式、结算方式在合同或者信用证当中确定具体的单证名称。

6. 按船舶营运方式不同，可分为班轮提单和租船合约提单

（1）班轮提单（Liner B/L）

班轮提单，是指由班轮公司承运货物后所签发给托运人的提单。

（2）租船合约提单（Charter Party B/L）

租船合约提单，是指承运人根据租船合同而签发的提单。通常只在其正面列明货名、数量、船名、装运港、目的港等必要项目，无背面提单条款。这种提单受租船合同条款的约束，银行或买方在接受这种提单时，通常要求卖方提供租船合同的副本。

7. 根据提单有效性不同，可分为正本提单和副本提单

（1）正本提单（Original B/L）

正本提单，是指提单上有承运人、船长或其代理人签章并注明发运日期的提单。这种提单在法律上是有效的单据。正本提单上必须标明“正本”（Original）字样、正本提单一般签发一式两份或一式三份，凭其中的任何一份提货后，其余的即作废。买方与

银行通常要求卖方提供承运人签发的全部正本提单，即所谓“全套”（Full Set）提单。根据《UCP600》规定，银行接受仅有一份的正本提单，如签发多份正本提单，应包括全套正本提单。

（2）副本提单（Copy B/L）

副本提单，是指提单上没有承运人、船长或其代理人签章，而仅供工作上参考之用的提单。在副本提单上一般都表明“Copy”或“Non-negotiable”（不作流通转让）字样，以示与正本提单有别。

8. 按签发人不同，可分为船方提单和无船承运人提单

（1）船方提单（Master B/L 或 Sea B/L）

船方提单，又称主提单、船公司提单，俗称船东提单，是指承运人（Carrier）签发的提单。承运人包括船东（Ship Owner）、“二船东”（Vocc－有船承运人），船公司代理（船代公司，Shipping Agency Company）。

在国际贸易运输海运实务中，MBL（Master B/L）是物权凭证，合法的持有人拿着它到船公司换取 D/O（Delivery Order）就能提货。

（2）无船承运人提单（NVOCC B/L 或 House B/L 或 FOR WARDER B/L）

无船承运人提单，又称“小单”或“分单”，是指货代公司或者物流公司以自己作为承运人，和发货人签订货物运输合同而签发的提单。

在国际贸易运输海运实务中，HBL（House B/L）是货运代理人（Freight Forwarder）或者无船承运人（NVOCC）签发的，可以作为提货凭证，但具体操作中要在卸货港换单，在卸货港代理处换成 MBL，再换成 D/O 才能去提货。

值得注意的是：在国际贸易运输海运实务中，在预付运费的情况下，HBL 和 MBL 都可以交付给发货人。在到付运费的情况下，船公司通常会采用“电放”（Telex released 或者 surrendered），即只交给发货人 MBL 的复印件或传真件或电子版本，并在上面加注“Telex released 或者 surrendered”字样，发货人把这个 COPY 件传给收货人，收货人凭此 COPY 件向船公司交清运费并证明自己的身份，办理相关的海关商检手续，换取 D/O，付清仓储费用，即可提货。这样做的好处在于：船方便于控制物权，收取运费。

9. 其他提单

（1）集装箱提单（Container B/L），是指由负责集装箱运输的经营人或其代理人，在收到货物后而签发给托运人的提单。集装箱提单与传统的海运提单有所不同，如集装箱联运提单（Combined Transport B/L，CTB/L）等。

（2）舱面提单（On Deck B/L），是指货物装在船舶甲板上承运人所签发的提单，又称为甲板货提单。承运人在签发此种提单时必须加批“On Deck”字样。根据《UCP 600》规定，运输单据不得表明货物装于或者被装于舱面，声明货物可能被装于舱面的运输单据可以接受。

（3）过期提单（Stale B/L），是指错过规定的交单日期或者晚于货物到达目的港日期的提单。前者是指卖方超过提单装运日期后 21 天才交到银行结汇的提单，根据《UCP600》规定，如信用证无特殊要求，银行将拒绝接受晚于提单日 21 天后提交的单据。后者是指在近洋运输时容易出现的情况，因此，在近洋国家间贸易合同中，一般都

订有“过期提单可以接受”（Stale B/L is acceptable）的条款。

（4）预借提单（Advanced B/L），是指在货物装船前被托运人“借走”的提单。这是因为信用证最迟装运期已届临，但这时货尚未装船，托运人为了取得与信用证相符的提单，要求承运人先行签发已装船提单，以便如期办理结汇，预借提单是一种违法提单，尽管托运人要求预签提单，必须出具保函，但由于该保函法律地位极其脆弱，承运人仍需承担一定风险。

（5）倒签提单（Ante-dated B/L），是指货物实际装船的日期晚于信用证上规定的装运日期，托运人为了使提单日期与信用证规定的装运日期相符，要求承运人按信用证规定的装运日期签署提单。倒签提单是一种违法行为，收货人可以以“伪造提单”为由，拒绝提货并向法院起诉，因此，这种提单对承运人来说有较大的风险。

重点知识展示

常见提单的标识

（1）已装船提单（On Board B/L）：一般已装船提单都会在提单上标注“Shipped On Board”字样，并有承运人批注“装船日期”及承运人、船长或其代理人签字。

（2）不清洁提单（Unclean B/L）：不清洁提单通常会在提单上由承运人加注对所托运货物外表状况不良或存在缺陷等批语。

（3）简式提单（Short Form B/L）：简式提单通常为提单上只有正面记载事项，没有背面条款。

（4）多式联运提单（Combined Through B/L）：一般多式联运提单的抬头都会标注“Combined Transport Bill of Lading，或者 Mulit-Modal Transport Bill of Lading”，还要写明货物的交接方式及集装箱号码。

（5）记名提单（Straight B/L）：在提单收货人一栏中明确指明收货人的名称。

（6）“空白抬头，空白背书”的提单（B/L Made out to Order and Blank Endorsed）：在提单收货人一栏中填写“ORDER”、“TO ORDER”或“TO ORDER OF SHIPPER”，并由托运人在提单背面做空白背书。

（7）正本提单（Original B/L）：提单上标明“正本”（Original）字样且有承运人、船长或其代理签章并注明发运日期。

（8）舱面提单（On Deck B/L）：提单上有承运人加批“On Deck”字样。

经典案例分析

案情：

我某公司向德国出口某冷冻商品 1 500 箱，合同规定 1－5 月按同等数量装运，每月 300 箱，凭不可撤销即期信用证付款。客户按时开来信用证，我方 1－3 月份交货正常，顺利结汇，但在 4 月份时，由于船期延误，拖延到 5 月 6 日才装运出口，而海运提单则倒签为4月30日，并送银行议付，议付行也未发现问题，后在5月10日，我公司又同船装运300箱运往目的地，开具的提单为5月10日。进口商取单时发现问题，拒绝收货。问：我方的失误在哪里？进口商为何拒收货物并拒付？

分析：

我方的失误：

(1) 拖延交货期；

(2) 将5月6日装运出口的货物装船日期倒签为4月30日，这是违法行为。

(3) 最严重的错误是，5月10日将信用证中规定分月等量装运的货物与5月6日的货物装在同一船上，这个错误无疑告诉对方4月30的提单是倒签的。再者，将分批装运的货物装在同一只船上，从根本上违背了信用证关于分批装运的规定。这是严重的失误，其做法显得过于笨拙。

进口商拒收货物的理由如下：

(1) 卖方倒签提单的行为成立，这是一种侵权行为。

(2) 对5月6日装运的货物，虽然5月装运是按信用证规定的数量装运，但进口商以前批（4月份）应装的货物未按时装运为由可判决5月10日装运的货物无效。因为《跟单信用证统一惯例》（UCP600）规定：在规定分批装运条款时，具体订明每批装运的时间和数量、只要其中一期未按时、按量装运，则本期及以后各期均告失效，除非信用证另有规定：每批构成一份单独合同，否则，都可作违约论。

因此，买方有权拒收货物。

关键名词

运费吨　已装船提单　清洁提单　指示提单　大陆桥运输　过期提单　OCP条款　预借提单　不清洁提单　速遣费　滞期费　倒签提单　“空白抬头，空白背书”的提单

第四章

国际货物运输保险

学习目标

通过本章内容的学习，了解国际货物运输所面临的各种运输风险及由此可能产生的各种损失和费用；了解保险公司所保障的各种险别与条款的具体内容；学会保险费的计算及保险单证的填制方法；掌握正确订立合同中的保险条款方法等。

重点难点

1. 共同海损和单独海损的概念；
2. 我国海运货物保险条款中的险别、保险公司的责任起讫期限；
3. 合同中的保险条款。

第一节　海洋运输货物保险的风险和损失

在国际贸易中，货物由卖方交付到买方手中，一般都需要经过长途运输，有时还可能会有多次装卸和存储。货物在运输途中，难免会遇到各种自然灾害或意外事故，从而可能会使货物遭受损失。货物运输保险就是为了使这些损失能得到补偿而采取的措施。

国际货物运输保险是指保险人与被保险人订立保险合同，在被保险人向保险人交付约定的保险费后，保险人根据保险合同的规定，对货物在运输过程中发生承保责任范围内的损失给予经济上的补偿。

在国际货物运输保险中，保险人是按照不同险别包括的风险所造成的损失和费用承担赔偿责任。在保险业务中，风险、损失、费用和险别之间有着紧密的联系。

一、风险

海洋货物运输保险中风险的分类如下：

- 风险
  - 海上风险
    - 自然灾害
    - 意外事故
  - 外来风险
    - 一般外来风险
    - 特殊外来风险

1. 海上风险（Perils of Sea）

海上风险也叫海难，是指海上发生的自然灾害和意外事故。

（1）自然灾害（Natural Calamities）

自然灾害是指由于自然界变异引起破坏力量所造成的现象。如恶劣气候、雷电、海啸、地震、洪水等。

（2）意外事故（Fortuitous Accidents）

意外事故特指运输工具在运输过程中遭受的意外事故，如搁浅、触礁、沉没、互撞、与流冰或其他物体碰撞以及失火、爆炸等意外原因造成的事故。

2. 外来风险（Extraneous Risks）

外来风险是指由于外来原因引起的风险，包括一般外来风险和特殊外来风险。一般外来风险包括偷窃、雨淋、短量、沾污、渗漏、破碎、串味、受潮、受热、钩损和锈损等。

特殊外来风险包括战争、罢工、拒收、交货不到等。

二、损失

有风险就会有损失，不但有货物本身的损失，而且也有遭遇风险施救货物而支出的费用损失。损失的分类如下：

- 损失
  - 海上损失
    - 全部损失
      - 实际全损
      - 推定全损
    - 部分损失
      - 共同海损
      - 单独海损
  - 外来损失
    - 一般外来损失
    - 特殊外来损失

1. 全部损失（Total Loss）

简称全损，是指被保险货物遭受全部损失，全部损失又可以分为实际全损和推定全损。

（1）实际全损（Actual Total Loss）

是指被保险货物完全灭失或完全变质，或货物实际上已不可能归还被保险人。

（2）推定全损（Constructive Total Loss）

是指货物发生保险事故后，实际全损已经不可避免，或者为了避免发生实际全损所需支付的费用与继续将货物运抵目的地的费用之和超过保险价值。

实际全损和推定全损的异同点参见表 4－1。

表 4－1　实际全损与推定全损异同点对照表

	实际全损	推定全损
相同点	都属于全部损失	
不同点	1. 被保险货物已完全灭失或变质	1. 被保险货物没有完全灭失，还有部分残余价值
	2. 只要损失属于保险公司的责任范围，保险公司无条件按全部损失赔偿	2. 必须将货物的残余价值委付给保险公司，保险公司才按全部损失给与赔偿

2. 部分损失（Partial Loss）

是指被保险货物的损失没有达到全部损失的程度，按其损失的性质又可以分为共同海损和单独海损。

（1）共同海损（General Average，G. A）

是指载货的船舶在海运途中遇到灾害、事故，威胁到船、货的共同安全，为了解除这种威胁，维护船、货的安全或者使航程得以继续完成，由船方有意识地、合理地采取措施所做出的某些特殊牺牲或支出某些额外费用叫共同海损。

构成共同海损必须具备下列条件：

第一、船方在采取紧急措施时，必须确有危及船、货的共同危险存在，而不是主观臆测的；

第二、船方采取的措施，必须是为了解除船、货的共同危险，有意地、合理地采取的；

第三、所做出的牺牲是特殊性质的，支出的费用是额外的，且做出的牺牲和支出的费用是有效果的。

（2）单独海损（Particular Average，P. A）

是指除共同海损以外的，仅由受损者单独负担的部分损失。

共同海损和单独海损都属于部分损失，但两者有较大的区别，参见表 4－2。

表 4－2　共同海损与单独海损的区别

	共同海损	单独海损
造成的原因不同	共同海损是为了解除船货共同危险而人为造成的	单独海损则是承保风险所直接造成的船或货的损失
损失的构成不同	共同海损的损失包括共同海损牺牲和费用	单独海损只包括货物本身损失，不包括费用损失
损失的承担不同	共同海损应由受益各方按照获救价值的比例分摊	单独海损一般应由受损方自己承担

三、费用

费用是指保险人承保的费用。被保险货物遭遇保险责任范围内的事故，除了能使货物本身受到损坏导致经济损失外，还会产生费用方面的损失，这种费用，保险人也给予赔偿。主要包括：

1. 施救费用（Sue and Labour Charges）

是指被保险的货物在遭遇保险责任范围内的灾害事故时，被保险人或其代理人为防止损失扩大而采取措施所支出的费用。保险人对这种施救费用负责赔偿。

2. 救助费用（Salvage Charges）

是指被保险的货物在遭遇保险责任范围内的灾害事故时，由保险人和被保险人以外的第三者采取救助行为，而向其支付的报酬费用。

第二节　海洋货物运输保险条款

一、中国保险条款（China Insurance Clause，CIC）

中国保险条款是中国人民保险公司根据我国保险业务的实际需要，并参照国际保险市场的惯例制定的。根据运输方式的不同，中国保险条款又可分为海洋货物运输保险条款、陆运货物保险条款、航空货物运输保险条款、邮包货物运输保险条款等。这里我们重点介绍海洋货物运输保险条款。根据中国人民保险公司（PICC）《海洋运输货物保险条款》规定，海洋运输货物保险包括基本险和附加险的责任范围、保险责任起讫、除外责任等内容。

（一）基本险

我国海洋货物运输保险条款包括三种基本险别，即平安险（Free from Particular Average，FPA）、水渍险（With Particular Average，WPA 或 WA）和一切险（All Risks）。

1. 保险公司对平安险承担的责任范围

（1）在运输过程中，由于自然灾害造成被保险货物的实际全损或推定全损。

（2）由于运输工具遭遇搁浅、触礁、沉没、互撞、与流冰或其他物体碰撞以及失火、爆炸等意外事故造成被保险货物的全损或部分损失。

（3）只要运输工具曾经发生搁浅、触礁、沉没、焚毁等意外事故，不论这意外事故发生之前或者以后曾在海上遭遇恶劣气候、雷电、海啸等自然灾害造成的被保险货物的部分损失。

（4）在装卸转船过程中，被保险货物一件或数件整件落海所造成的全部损失或部分损失。

（5）被保险人对遭受承保责任内的危险货物采取抢救、防止或减少货损的措施所支付的合理费用，但以不超过该批被毁货物的保险金额为限。

（6）运输工具遭遇海难后，在避难港由于卸货引起的损失及在中途港或避难港由于卸货、存仓和运送货物所产生的特殊费用。

（7）共同海损的牺牲、分摊和救助费用。

（8）运输契约中订有“船舶互撞条款”，则根据该条款的规定应由货方偿还船方的损失。

2. 保险公司对水渍险承担的责任范围

水渍险的责任范围除包括上述“平安险”的各项责任外，还负责被保险货物由于恶劣气候、雷电、海啸、地震、洪水等自然灾害造成的部分损失。

3. 保险公司对一切险承担的责任范围

一切险的责任范围除包括“平安险”和“水渍险”的所有责任外，还包括货物在运输过程中因一般外来原因所造成的被保险货物的全损或部分损失。

上述三种基本险别中，被保险人可以从中选择一种投保。

（二）附加险

海洋货物运输保险的附加险种类很多，归纳起来，可分为一般附加险和特殊附加险两类。

1. 一般附加险

（1）偷窃、提货不着险（Theft Pilferage and Non-Delivery，T. P. N. D）

在保险有效期内，被保险货物被偷走或窃走，以及货物运抵目的地后，货物的整件未交的损失。

（2）淡水雨淋险（Fresh Water &/or Rain Damage，F. W. R. D）

承保货物在运输中由于淡水、雨水以及冰雪融化所造成的损失。海上货运保险中的淡水包括船上淡水舱、水管漏水和舱汗等。

（3）短量险（Risk of Shortage）

承保货物在运输过程中因外包装破裂、破口、扯缝造成货物数量短缺或重量短少的损失。

（4）混杂、沾污险（Risk of Intermixture and Contamination）

承保被保险货物在运输途中，因混进杂质或被污染所引起的损失。

（5）渗漏险（Risk of Leakage）

承保流质、半流质、油类等货物，由于容器损坏而引起的渗漏损失；或因液体外流而引起的用液体浸泡的货物的变质、腐烂所致的损失。

（6）碰损、破碎险（Risk of Clash and Breakage）

承保货物在运输过程中因震动、碰撞、受压造成的碰损和破碎损失。

（7）串味险（Risk of Odour）

承保货物在运输过程中因受其他带异味货物的影响而造成的串味损失。

（8）钩损险（Hook Damage）

承保袋装、捆装货物在装卸或搬运过程中由于操作不当，使用吊钩将货物的包装钩坏而造成的损失。

（9）受潮、受热险（Damage Caused by Sweating and Heating）

承保货物在运输过程中由于气温突然变化或船上通风设备失灵，使船舱内的水蒸气凝结而引起的货物受潮或由于温度增高使货物发生变质的损失。

（10）包装破裂险（Breakage of Packing）

承保货物在运输过程中因包装破裂造成货物的短少、玷污等损失以及因被保险货物运输过程中续运安全需要而产生的修补包装、调换包装所支付的费用损失。

（11）锈损险（Risk of Rust）

承保金属或金属类货物在运输过程中因生锈造成的损失，保险公司一般只对包装货物承保这一损失。

上述十一种一般附加险不能独立承保，必须附属于基本险别项下，也就是说，只有在投保了基本险别以后，投保人才允许加保上述附加险。投保一切险后，上述附加险已包括在内。

2. 特殊附加险

（1）战争险（War Risk）

承保战争或类似战争行为等引起的被保险货物的直接损失。保险公司对此种险别的承保责任范围包括：由于战争、类似战争行为和敌对行为、武装冲突或海盗行为以及由此而引起的捕获、拘留、禁制、扣押所造成的损失，或者由于各种常规武器（包括水雷、鱼雷、炸弹）所造成的损失，由于上述原因所引起的共同海损的牺牲、分摊和救助费用，但对原子弹、氢弹等核武器所造成的损失，保险公司不予赔偿。

（2）罢工险（Strikes Risk）

承保因罢工者、被迫停工工人、参加工潮、暴动和民众战争的人员采取行动所造成的被保险货物的直接损失。对于任何人的恶意行为造成的损失，保险公司也予赔偿。在加保战争险的前提下，再加保罢工险，则不另外收取保险费。

（3）舱面险（On Deck Risk）

承保存放在舱面的货物按保险单所载条款负责的损失外，还负责被抛弃或被风浪冲击落水的损失。

（4）进口关税险（Import Duty Risk）

承保被保险货物遭受保险责任范围以内的损失，而被保险人仍须按完好的货物价值完税所造成的损失、部分货物的进口关税损失。

（5）拒收险（Rejection Risk）

承保被保险货物在目的港被进口国的政府或有关当局拒绝进口或没收所造成的货物的损失。

（6）黄曲霉素险（Aflatoxin Risk）

承保被保险货物因所含黄曲霉素超过进口国的限制标准被拒绝进口、没收或强制改变用途所遭受的损失。

（7）交货不到险（Failure to Deliver Risk）

承保被保险货物不论任何原因从装上船舶开始，在六个月内不能运抵原定目的地交货所造成的损失。

（8）货物出口到香港（包括九龙）或澳门存舱火险责任扩展条款（Fire Risk Extension Clause—for Storage of Cargo at Destination HongKong，Including Kowloon，or Macao）

承保被保险货物到达目的地卸离运输工具后，如直接存放于保险单载明的过户银行所指定的仓库所造成的存仓火险损失，直至银行收回押款解除货物的权益为止或运输责任终止时期满30天为止。

（三）保险责任起讫期限

保险责任起讫是指保险人对被保险货物承担保险责任的有效时间。被保险货物如果在保险有效期内发生保险责任范围内的风险损失，被保险人有权进行索赔，否则就无权进行索赔。

根据中国保险条款海洋货物运输保险条款的规定，保险公司对“平安险”、“水渍险”和“一切险”三种基本险别的责任起讫，均采用国际保险业惯用的“仓至仓条款”（Warehouse to Warehouse Clause，W/W Clause），即规定保险公司所承担的保险责任，是从被保险货物运离保险单所载明的装运港（地）发货人仓库开始，直到货物到达保险单所载明的目的港（地）收货人仓库时为止。当货物一进入收货人仓库，保险责任即行终止。但是，当货物从目的港卸离海轮时起算满60天，不论被保险货物有没有进入收货人的仓库，保险责任均告终止。

战争险的责任起讫与“平安险”、“水渍险”及“一切险”的责任起讫不同，不采用“仓至仓条款”。战争险的责任起讫期限仅限于水上危险，海运战争险规定保险公司所承担的责任自被保险货物在保险单所载明的装运港装上海轮或驳船时开始，直到保险单所载明的目的港卸离海轮或驳船时为止。如果货物不卸离海轮或驳船，则保险责任最长延至货物抵达目的港之当日午夜起算满15天为止。如在中途港转船，则不论货物在当地卸载与否，保险责任以海轮抵达该港或卸货地点的当日午夜起算满15天为止，待货物再装上续运的海轮时，保险公司仍继续负责。

（四）保险公司的除外责任

（1）被保险人的故意行为或过失所造成的损失；

（2）属于发货人责任所引起的损失；

（3）在保险责任开始前，被保险货物已存在的品质不良或数量短差所造成的损失；

（4）货物的自然损耗、本质缺陷、特性以及市价跌落、运输延迟所引起的损失或费用；

（5）战争险和罢工险条款规定的责任范围和除外责任。

二、伦敦保险协会海运货物保险条款

在世界海上保险业中，英国是一个具有悠久历史和比较发达的国家，它所制定的保险条款对世界各国影响很大。目前世界上大多数国家在海上保险业务中直接采用英国伦敦保险协会所制定的“协会货物条款”。

“协会货物条款”（Institute Cargo Clause，I. C. C）最早制定于1912年，后来经过修订，新条款于1982年1月1日公布，1983年4月1日开始使用。新条款共有六种险别，它们是：

1. 协会货物条款（A）［Institute Cargo Clauses（A），ICC（A）］

2. 协会货物条款（B）［Institute Cargo Clauses（B），ICC（B）］

3. 协会货物条款（C）［Institute Cargo clauses（C），ICC（C）］
4. 协会战争险条款（货物）［Institute War Clauses—Cargo］
5. 协会罢工险条款（货物）［Institute Strikes Clauses—Cargo］
6. 恶意损害险条款（Malicious Damage Clauses）

在六种险别中，ICC（A）、ICC（B）、ICC（C）、协会战争险条款和协会罢工险条款都可以单独投保。

ICC（A）的承保责任范围较广，采取“一切风险减除外责任”的方式，它大体上相当于一切险（All Risk），其除外责任有以下四条：（1）一般除外责任，如因包装原因造成的损失；由船方原因造成的损失；使用原子或热核武器造成的损失。（2）不适航、不适货除外责任，如被保险人在装船时已知船舶不适航、不适货。（3）战争除外责任。（4）罢工除外责任。

ICC（B）与水渍险（WPA）比较，增加了船舶搁浅和倾覆、陆上运输工具倾覆或出轨、地震或火山爆发、浪击入海等条款，对不属于共同海损行为中的抛货责任和因湖水、河水进入船舶、驳船、运输工具的风险也可负责。

ICC（C）比平安险（FPA）的责任范围小，它仅对“重大意外事故”（Major Casualties）风险负责，对非重大事故风险和ICC（B）中的自然灾害风险均不负责。与ICC（B）比较，免除了由于地震、火山爆发、雷电、浪击落海、海水、潮水或河水进入船舶、驳船、运输工具等造成的损失，以及货物在装卸时落海或跌落造成的整件全损等。

协会新战争险和罢工险条款与旧条款相比差别不是很大，但在需要投保时也可作为独立的险别进行投保。

恶意损害险是新增加的附加险别，承保除被保险人以外的其他人（如船长、船员）的故意破坏行为所造成的被保险货物的灭失或损坏，但出于政治动机的人的行为除外。恶意损害的风险在ICC（A）中列为承保责任，但在ICC（B）和ICC（C）中均列为除外责任。因此，在投保ICC（B）或ICC（C）时，如欲取得这种风险的保障，应另行加保恶意损害险。

第三节　其他运输方式下的货运保险

其他运输方式下的货物运输保险是在海运货物保险的基础上发展起来的，由于陆运、空运、邮包运输同海运可能遭致的货物损失的风险种类不同，所以，陆运、空运、邮包货物运输保险与海上货运保险的险别及其承保责任范围也有所不同。现分别简要介绍如下。

一、陆上货物运输保险

根据现行的《陆运货物保险条款》的规定，陆运货物保险的基本险别有陆运险（Overland Transportation Risks）和陆运一切险（Overland Transportation All Risks）两种，此外，还有陆上运输冷藏货物险，它也具有基本险的性质。

陆运险的责任范围与海运货物保险中的水渍险相似；陆运一切险的责任范围与海运一切险相似。

保险公司对上述陆运险和陆运一切险的责任起讫也采用“仓至仓条款”，即保险公司的责任自被保险货物运离保险单所载明的起运地发货人仓库或储存处所开始运输时生效，包括正常运输过程中的陆上运输和与其相连的水上驳运在内，直至该项货物运达保险单所载明的目的地收货人的仓库或处所或被保险人用做分配、分派的其他储存处所为止。如未运抵上述仓库或储存处所，则以被保险货物运抵最后卸载的车站满 60 天为止。

陆运货物在投保上述基本险之一的基础上，还可以加保附加险。如投保陆运险，则可酌情加保一般附加险和战争险等特殊附加险；如投保陆运一切险，就只须加保特殊附加险。陆运货物在加保战争险的前提下，再加保罢工险，则不另外收费。

陆运货物战争险的责任起讫，是以货物置于运输工具上为限，即自被保险货物装上保险单所载明的起运地的火车时开始到保险单所载明的目的地卸离火车时为止。如果被保险货物不卸离火车，则以火车到达目的地的当日午夜起算满 48 小时为止；如在运输中途转车，不论货物在当地卸载与否保险责任以火车到达该中途站的当日午夜起算满十天为止。如货物在此期限内重新装上火车续运，仍恢复有效。但须指出，如运输契约在保险单所载目的地以外的地点终止时，该地即视做本保险单所载目的地，在货物卸离火车时为止，如不卸离火车，则保险责任以火车到达该地当日午夜起算满 48 小时为止。

二、空运货物保险

根据现行的《空运货物保险条款》的规定，空运货物保险的基本险别有航空运输险（Air Transportation Risks）和航空运输一切险（Air Transportation All Risks）两种。此外，还有航空运输货物战争险等附加险。

航空运输险的承保责任范围与海运货物保险条款中的水渍险大致相同；航空运输一切险的承保责任范围同海运一切险大致相同。

保险公司对上述航空运输险和航空运输一切险的责任起讫也采用“仓至仓条款”，即保险公司的责任从被保险货物运离保险单所载明的起运地发货人仓库或储存处所开始运输时生效，包括正常运输过程，直至该项货物运抵保险单所载明的目的地收货人仓库或储存处所或被保险人用做分配、分派的其他储存处所为止。如未运抵上述仓库或储存处所，则以被保险货物在最后卸货地卸离飞机后满 30 天为止。

航空运输货物在投保上述基本险之一的基础上，还可以加保附加险；在加保战争险的前提下，再加保罢工险，则不另外收费。

航空货物运输战争险的保险责任起讫是自被保险货物装上保险单所载明的启运地的飞机时开始，直到卸离保险单所载明的目的地飞机时止。如果被保险货物不卸离飞机，则以载货的飞机到达目的地的当日午夜起算满 15 天为止；如被保险货物在中途转运，保险责任以飞机到达转运地当日午夜起算满 15 天为止，待装上续运的飞机，保险责任恢复有效。

三、邮包货物运输保险

根据现行的《邮政包裹条款》的规定，邮包货物运输保险的基本险别有邮包险（Parcel Post Risks）和邮包一切险（Parcel Post All Risks）两种，其责任起讫是自被保险邮包离开保险单所载明的起运地点寄件人的处所运往邮局时开始生效，直至被保险邮包运达保险单所载明的目的地邮局发出通知书给收件人当日午夜起算满 15 天为止，但在此期限内，邮包一经递交至收件人处所时，保险责任即告终止。

在投保邮包运输基本险之一的基础上，还可以加保邮包战争险等附加险。在加保战争险的前提下，如再加保罢工险，则不另外收费。保险公司对邮包战争险承保责任的起讫是自被保险邮包经邮局收讫后自储存处所开始运送时生效，直至该项邮包运达保险单所载明的目的地邮局送交收件人为止。

第四节 保险实务

出口业务中，按 CIF 或 CIP 术语成交，是由卖方作为投保人向保险公司办理投保手续。程序如下：

	按照合同规定填写投保单办理投保手续		承保并签发保险单		出险，索赔		理赔	
投保人	——→	保险公司	——→	被保险人	——→	保险公司	——→	被保险人

一、海上保险合同的当事人

保险人（Insurer），亦称承保人，保险公司，是指收取保险费，并按照货运保险合同的规定，负责对承保责任范围的货运损失进行赔偿的人。

投保人（Applicant），是指同保险人订立保险合同并交付保险费的人。

被保险人（Insured），是指受合同保障，有权向保险公司提出索赔或接受补偿的人。在保险合同生效后，一般情况下，投保人即成为被保险人。被保险人受保险合同的保护，在运输途中的货物遭受保险人承保责任内的损失时，被保险人有权凭保险单（保险合同）向保险人提出赔偿。被保险人的这种权利可以随保险单的背书转让而转让给受让人。根据保险业的惯例，被保险人须对保险标的享有保险利益，方可向保险人提出损害赔偿的要求。

保险利益（Insurable Interest），或称可保权益，是指被保险人对保险标的拥有某种合法的经济利益。其在货运保险中具体体现为被保险人对保险标的（货物、船舶、运费、预期利润等）享有所有权、担保物权或承担经济风险和责任，被保险人会因为保险标的的安全或按期到达而获益，或因为该项标的的灭失或损毁而受到损害或负有责任。

保险代理（Insurance Agent），是指接受保险人的委托，在规定的授权范围内代保险人招揽保险业务，处理保险单或暂保单、查勘损失及理赔等项工作的中间商人。保险代理人的代理费由保险人支付，其代理行为所产生的权利义务的后果由保险人承担。

保险经纪人（Insurance Broker），是指代表被保险人同保险公司洽定保险合同，而向保险人收取佣金的中间商人。

二、确定保险金额

保险金额（Insured Amount），也可以称为投保金额，是指投保人对保险标的的实际投保金额，是保险公司承担的最高赔偿金额，也是计算保险费的基础。保险金额一般应由买卖双方经过协商确定。按 CIF 或 CIP 术语成交，买卖双方应该在合同中约定保险金额，如未约定，按惯例保险金额通常按 CIF 或 CIP 总值加成 10% 计算。加成的 10% 是作为买方的经营管理费用和预期利润。保险金额的计算公式如下：

保险金额 = CIF（或 CIP）总值 ×（1 + 投保加成率）

三、办理投保和交付保险费

保险费是保险公司经营业务的基本收入，是保险合同生效的前提条件。保险费的计算公式如下：

保险费 = 保险金额 × 保险费率

保险费率是按照不同货物、不同目的地、不同运输工具和保险险别由保险公司根据货物损失率和赔付率，并在此基础上，参照国际保险费水平，结合我国情况制定的。

[例 4－1]

某外贸企业按 CIF 条件出口一批货物，CIF 总值为 15 000 美元，按发票金额加成 10% 投保一切险、战争险，应付保险费多少？（一切险费率为 0.3%，战争险费率为 0.04%）

解： 保险金额 = CIF（或 CIP）总值 ×（1 + 投保加成率）
= 15 000 ×（1 + 10%）
= 16 500（美元）

保险费 = 保险金额 × 保险费率
= 16 500 ×（0.3% + 0.04%）
= 56.1（美元）

答： 应付保险费 56.1 美元。

四、取得保险单据

保险单证既是保险公司对被保险人的承保证明，也是保险公司和被保险人之间的保险契约，它具体规定了保险公司和被保险人的权利和义务。在被保险货物遭受损失时，保险单证是被保险人索赔的依据，也是保险公司理赔的主要依据。在国际贸易中，保险单证是可以转让的。常用的保险单证有：

（一）保险单（Insurance Policy）

又称"大保单"，是投保人与保险公司之间订立的正式的保险合同。它除了在正面载明证明双方当事人建立保险关系的文字、被保险货物的情况、承保险别、理赔地点以及保险公司关于所保货物出险可凭本保险单及有关证件给付赔款的声明等内容外，在背面还对保险人和被保险人的权利和义务作了规定。

（二）保险凭证（Insurance Certificate）

俗称“小保单”，是一种简化的保险合同，它同正式的保险单具有同样的效力。保险凭证只有正面的内容，无背面条款，但表明按照正式保险单上所载保险条款办理。

（三）联合凭证（Combined Certificate）

又可称为“联合发票”，是一种将发票和保险单相结合的、比保险凭证更为简化的保险单证。这种单证只有我国采用，并且仅适用于对港、澳地区的出口业务。

（四）预约保险单（Open Policy）

又称为“开口保险单”，是经常有相同类型货物需要陆续分批装运时所采用的一种保险单。严格地讲，它是一种没有总保险金额限制的预约保险总合同，是保险人对被保险人将要装运的属于约定范围内的一切货物负自动承保责任的总合同。在我国，预约保险单常用于进口业务中。

五、保险索赔

如果被保险的货物在保险责任有效期内发生属于保险责任范围内的损失，被保险人可向保险公司提出索赔。索赔时，被保险人应注意以下几点：

（一）分清责任

被保险人在发现被保险的货物遭受损失后，首先应分清责任，并向有关责任方提出索赔。比如，被保险人或其代理人在提货时发现货物包装有明显的受损痕迹，或整件短少或散舱货物已经残损，除向保险公司报损外，还应立即向承运人、海关、港务当局等索取货损货差证明，及时向有关责任方提出索赔，并保留追偿的权利，必要时还要申请延长索赔时效。

（二）及时通知保险公司

当被保险人获悉被保险货物已遭受损失，并确定属于保险公司的承保责任范围，应立即通知保险公司，以便保险公司在接到损失通知后采取相应的措施。

（三）采取合理的施救措施

被保险货物受损后，被保险人应对受损的货物采取相应的施救、整理措施，以防止损失的扩大，由此而产生的施救费，由保险公司负责赔偿，但以不超过该批被救货物的保险金额为限。

（四）备妥索赔的依据

被保险人在办理保险索赔时，一定要备妥索赔的依据，否则会使索赔的过程复杂化。索赔时通常需提交的单证有：

（1）保险单或保险凭证正本；

（2）运输单据；

（3）发票；

（4）装箱单、重量单；

（5）向第三责任方请求赔偿的函电或其他凭证；

（6）检验报告；

（7）海事报告摘录；

（8）货损、货差证明；

（9）索赔清单。

值得注意的是，保险公司的赔偿方式有两种：不论损失程度（I. O. P，Irrespective of Percentage）和计免赔率。对有些在运输途中容易发生破碎或短少的瓷器、玻璃制品、矿砂等，保险公司在赔偿时一般有计免赔率的规定，免赔率分为绝对免赔率和相对免赔率。绝对免赔率（Deductibles）是指保险公司只负责赔偿超过免赔率的部分损失；相对免赔率（Franchise）是指当损失超过规定的免赔率时，则全部损失都赔，如未超过则不赔。有时投保人要求取消这种免赔率，即不论损失程度多少都赔，保险公司也可接受，不过要加收保险费。一般加收的标准是免赔率每降低1%，费率则增加0.5%。

六、合同中的保险条款

在国际货物买卖合同中，货运保险条款是一个重要的内容，如何订立，应取决于买卖双方在合同中所采用的贸易术语。

（1）以FOB、CFR或FCA、CPT术语成交，合同中的保险条款可订为：“保险由买方办理”（Insurance：To be covered by the buyer）。

（2）以CIF或CIP术语成交，合同中的保险条款可订为：“由卖方按发票金额的110%投保一切险和战争险，按1981年1月1日中国人民保险公司海运保险条款办理”（Insurance：To be covered by the seller for 110% of the invoice value against All risks and War risk as per Ocean Marine Cargo Clauses of the PICC dated Jan. 1，1981）。

重点知识展示

风险、损失和险别的关系

表4－3　　风险、损失和险别关系一览表

损失 风险和险别			海上损失				外来损失	
			全部损失		部分损失		一般外来损失	特殊外来损失
			实际全损	推定全损	共同海损	单独海损		
风险	海上风险	自然灾害						
		意外事故						
	外来风险	一般外来风险						
		特殊外来风险						

续表

<table>
<tr><th colspan="3" rowspan="3">损失
风险和险别</th><th colspan="4">海上损失</th><th colspan="2">外来损失</th></tr>
<tr><th colspan="2">全部损失</th><th colspan="2">部分损失</th><th rowspan="2">一般外来损失</th><th rowspan="2">特殊外来损失</th></tr>
<tr><th>实际全损</th><th>推定全损</th><th>共同海损</th><th>单独海损</th></tr>
<tr><td rowspan="5">险别</td><td rowspan="3">基本险</td><td>平安险</td><td></td><td></td><td></td><td></td><td></td><td></td></tr>
<tr><td>水渍险</td><td></td><td></td><td></td><td></td><td></td><td></td></tr>
<tr><td>一切险</td><td></td><td></td><td></td><td></td><td></td><td></td></tr>
<tr><td rowspan="2">附加险</td><td>一般附加险</td><td></td><td></td><td></td><td></td><td></td><td></td></tr>
<tr><td>特殊附加险</td><td></td><td></td><td></td><td></td><td></td><td></td></tr>
</table>

经典案例分析

案情：

某货主将其在运输途中的1 000台拖拉机向保险公司投保了平安险，运输途中，载货的船舶遇到了暴风雨的袭击，使其中的20台拖拉机落海；之后该船在航行中又与其他船舶相撞，又使其中的50台拖拉机遭受损失。请分析保险公司对上述70台拖拉机的损失是否负责赔偿？为什么？

分析：

保险公司对上述70台拖拉机的损失负责赔偿。理由如下：货主将其运输途中的货物向保险公司投保了平安险。按中国保险条款海运货物保险条款对平安险责任范围的规定：只要运输工具曾经发生搁浅、触礁、沉没、焚毁等意外事故，不论这意外事故发生之前或者以后曾在海上遭遇恶劣气候、雷电、海啸等自然灾害造成的被保险货物的部分损失。

本案中，被保险货物在运输途中先遇到自然灾害（暴风雨的袭击），损失了20台拖拉机，之后又发生了与其他船舶相撞的意外事故，又损失了50台拖拉机，故保险公司对上述70台拖拉机的损失均应负责赔偿。

关键名词

推定全损　W/W Clause　G. A　委付　不计免赔率　相对免赔率　绝对免赔率

第五章

货款的支付

学习目标

通过本章的学习，了解当前国际贸易中各种支付工具，掌握汇票在国际贸易中的使用；熟悉各种支付方式的运用过程及其利弊，掌握有关的国际贸易惯例及习惯做法，最终达到灵活地运用各种支付方式的目的。

重点难点

1. 汇票的内容、种类及使用；
2. 托收方式在国际贸易中的使用及风险的防范；
3. 信用证的含义、收付程序、种类及《UCP600》的有关规定。

在国际贸易中，支付货款是买方的主要义务，而收取货款则是卖方的基本权利。因此，支付条款是买卖合同中的重要条款。

国际贸易中货款的收付主要涉及支付工具和支付方式。货款的收付直接影响到双方的资金周转和融通，以及各种金融风险和费用的负担，它关系到买卖双方的切身利益。因此，货款的收付往往是买卖双方磋商的重要内容，买卖双方必须对此达成一致意见，并在合同中做出明确的规定。

第一节　支付工具

支付工具又称支付手段，它包括现金和票据。在当前国际货款的收付中，绝大多数采用非现金结算方式，即使用票据作为支付工具。票据是国际通行的结算和信贷工具，是可以流通转让的债权凭证。票据主要包括汇票、本票和支票。其中，汇票使用最多。

一、汇票（Bill of Exchange；Draft）

（一）汇票的含义

《中华人民共和国票据法》第19条规定：汇票是出票人签发的，要求付款人在见票时或者指定日期无条件支付确定的金额给收款人或持票人的票据。汇票是国际结算中使用最广泛的一种支付工具。

按照各国广泛引用或参照的《英国票据法》规定，汇票是一个人向另一个人签发的，要求受票人见票时或在将来的固定时间或可以确定的时间，对某人或其指定的人或持票人支付一定金额的无条件的书面支付命令。

简而言之，汇票是一个人向另一个人签发的一张无条件的书面支付命令。

（二）汇票的内容及制作

按照各国票据法的规定，汇票必须要项齐全，否则法律上不予承认，不受法律的保护，受票人有权拒付。但各国票据法对汇票要项的规定不完全相同，一般认为汇票必须具备下列几项：

（1）写明汇票（Exchange）字样

（2）适当的文字表明无条件的支付命令

（3）一定的货币和金额（包括大写和小写金额）

（4）出票的日期和地点

（5）付款的地点

（6）付款的期限

（7）受票人（Drawee），又称付款人（Payer）

（8）受款人（Payee），又称收款人（Payee）

（9）出票人（Drawer）签字

在实际业务中，除了上述必备项目外，汇票还可以有一些票据法允许的其他内容的记载，例如，付一不付二、汇票号码、出票条款等。按照各国票据法的要项规定，汇票的各项必须齐全，否则付款人有权拒付。汇票不仅仅是一种支付命令，也是一种可转让的流通证券。下面结合样单5－1介绍在信用证支付方式下汇票的制作。

［样单5－1］

汇　　票

No. ____(1)____　　　　　　　　　　　　____(2)____

Exchange for ____(3)____

At ____(4)____ sight of this SECOND of Exchange（FIRST of the same tenor and date unpaid）pay to the Order of ____(5)____ the sum of ____(6)____

____ Drawn under ____(7)____ To ____

____(8)____　　　　　　　　　　　　____(9)____

（1）汇票的号码：实际业务中，都以相应的发票号码兼作汇票的编号。

（2）出票的日期和地点：在议付信用证支付方式下以议付日期作为汇票的出票日期，所以该日期往往由议付行填写；出票地点应当是议付行所在地或出票人所在地。

(3) 小写金额：根据信用证规定的金额填写，在填写汇票金额时要注意金额的大小写一致。汇票的货币名称也应与发票和信用证的货币名称一致。

(4) 付款期限：分为即期付款和远期付款，即期汇票在“At sight”之间的空白处填上“—”或“×××”等均可，如：“At—sight。远期汇票在空白处填上具体的天数即可，如见票后30天付款可表示为：“At 30 days sight。

(5) 受款人：即受领汇票款项的人，又称为汇票的抬头。对受款人通常有三种表示方法：① 指示性抬头：表示为“Pay to the order of”（付某某人的指定人）。这种抬头的汇票可以经持票人背书转让。② 限制性抬头：表示为“Pay to xxx Co. Only”（仅付某某公司）或“Pay xxx Co. not negotiable”（付某某公司，不能流通）。这种抬头的汇票不能流通转让，只限 xxx 公司收取货款。③ 持票人抬头：也称来人抬头。表示为“Pay to bearer”（付给来人）或“Pay to holder”（付给持票人）。这种抬头的汇票无需持票人背书即可转让，风险很大。在实际业务中通常使用的是指示性抬头。

(6) 大写金额：汇票的大写金额应与汇票的小写金额一致。例如 USD50 000.00，大写表示为 SAY U. S. DOLLARS FIFTY THOUSAND ONLY，其中，“SAY”表示“计”的意思，“ONLY”表示“整”的意思。

(7) 出票条款：又称出票根据。如果信用证有明确规定的，则应该按照信用证规定原句填制；如信用证中没有规定的，应包括开证行名称、开证日期及信用证号码三个内容。

(8) 付款人的名称和地址：按信用证规定填写，通常填写开证行或其指定银行的名称和地址，若信用证没有规定，则填写开证行的名称和地址。

(9) 出票人：即签发汇票的人，在信用证支付方式下，出票人一栏要填写出口企业全称及法人代表的签字或盖章才有效。

(三) 汇票的种类

汇票从不同的角度可分为商业汇票和银行汇票、光票和跟单汇票、即期汇票和远期汇票、商业承兑汇票和银行承兑汇票等。

1. 按出票人不同，汇票分为商业汇票和银行汇票

商业汇票（Commercial Bill）是指出票人是工商企业或个人，付款人是其他工商企业、个人或者银行的汇票。

银行汇票（Banker's Bill）是指出票人和付款人都是银行的汇票。

在国际货款的收付中，通常使用的是商业汇票。在托收支付方式下，使用出票人是工商企业或个人，付款人是其他工商企业、个人的商业汇票；在信用证支付方式下，使用出票人是工商企业或个人，付款人是银行的商业汇票。

2. 按是否附有货运单据，汇票分为光票和跟单汇票

光票（Clean Bill）是指不附带货运单据的汇票。银行汇票多为光票。

跟单汇票（Documentary Bill）是指需要附带提单、商业发票、装箱单等货运单据才能进行付款的汇票。商业汇票一般是跟单汇票。

在国际货款的收付中，通常使用的是跟单汇票。

3. 按付款时间不同，汇票分为即期汇票和远期汇票

即期汇票（Sight Bill）又称见票即付汇票，是指付款人见票时立即付款的汇票。

远期汇票（Time Bill, Usance Bill）是指付款人在将来一个可以确定的日期或在一个指定的日期付款的汇票。

在实际业务中，远期汇票付款时间的表示方法主要有：

（1）见票后若干天付款（At ××× days after sight）。

（2）出票日后若干天付款（At ××× days after date of draft）。

（3）提单签发日后若干天付款（At ××× days after date of B/L）。

（4）某一特定日期（Fixed Date）。

在实际业务中，上述四种表示远期汇票付款日期的方式中，第一种表示方法最为常见，第三种次之，第二种和第四种则比较少见。

值得注意的是：在实际业务中关于汇票到期日的计算方法采用“算尾不算头”的原则。

4. 按承兑人不同，汇票分为商业承兑汇票和银行承兑汇票

商业承兑汇票（Commercial Acceptance Bill）是指以银行之外的任何工商企业或个人为承兑人的远期汇票。

银行承兑汇票（Banker's Acceptance）是指以银行为承兑人的远期汇票。

在托收支付方式下，如买卖合同中规定远期付款，即卖方开具远期汇票，该汇票经进口商承兑后就成为商业承兑汇票；在信用证支付方式下，如买卖合同中规定远期付款，即卖方开具远期汇票，该汇票经银行承兑后就成为银行承兑汇票。

值得注意的是，在实际业务中，一张汇票往往可以同时具备几种性质，例如一张商业汇票，同时又可以是即期的跟单汇票。

（四）汇票的使用过程

汇票的使用有出票、提示、承兑、付款等，如转让，需要背书；如遭到拒付，还要涉及拒付证书和行使追索等法律权利。

1. 出票（Issue）

出票是指在汇票上填写相关项目，经签字交给受款人的行为。出票包括两个步骤：（1）出票人缮制汇票并签名；（2）出票人将汇票交付给受款人。

2. 提示（Presentation）

提示是指持票人（Holder）向付款人出示汇票要求承兑或付款的行为。

提示分为承兑提示和付款提示两种。承兑提示是指在远期付款的情况下，持票人向付款人提交汇票，付款人见票后办理承兑手续，到期付款的行为。付款提示是指持票人向付款人提交汇票，要求付款的行为。

即期汇票只有一次提示，即付款提示，受票人见票后必须立即付款。远期汇票的提示分两步，第一次提示，即承兑提示，受票人只需对汇票加以承兑，等汇票到期后，持票人再做第二次提示，即付款提示，受票人见票后必须立即付款。

3. 承兑（Acceptance）

承兑是指付款人对远期汇票表示承担到期付款责任的行为。具体做法就是由付款人在汇票的正面写上“承兑”（Accepted）字样，注明承兑日期并签字，随后将汇票交还持票人。付款人一经承兑，就成为承兑人（Acceptor）。承兑人在远期汇票到期时承担

付款的责任。

4. 付款（Payment）

付款是指受票人在持票人做付款提示时，向持票人支付汇票金额的行为。付款后，汇票上的一切债务即告终止，汇票关系即行结束。持票人将汇票交给付款人作为收据。

5. 背书（Endorsement）

在国际市场上，汇票又是一种流通工具，可以在票据市场上流通转让。背书是转让汇票权利的一种法定手续。背书是指持票人（背书人）在汇票背面签上自己的名字或再加上受让人（被背书人）的名字，并把票据交给受让人（被背书人）的行为。经背书后，汇票的权利即由背书人转移给被背书人。背书有空白背书（Blank Endorsement）和特别背书（Special Endorsement）两种。空白背书是指背书人仅在汇票的背面签上自己的姓名，而不写被背书人的姓名。特别背书又称记名，是指背书人在汇票背面签上自己的姓名，并写上被背书人的姓名。在国际贸易中通常使用的是空白背书。汇票可以通过连续不断地背书一直转让下去。对于受让人来说，所有在他以前的背书人以及出票人都是他的“前手”；而对于出让人来说，所有在他让与以后的受让人都是他的“后手”。前手对后手负有担保汇票必然被承兑或付款的责任。但是汇票一旦被拒付，后手可以向前手行使追索权。

在国际金融市场上，汇票持有人如想在远期汇票到期前先行取得票款，可以经过背书将汇票转让给银行或贴现公司，银行或贴现公司按照汇票的票面金额扣除从转让日起到汇票付款日为止的贴现息后将余款付给持票人，这种行为称为贴现（Discount）。

6. 拒付（Dishonor）

也称退票，是指持票人提示汇票时遭到付款人拒绝承兑或拒绝付款。拒付不仅包括付款人明确表示拒绝承兑或拒绝付款，还包括付款人避而不见、破产、死亡等原因致使持票人无法取得承兑或付款的情形。

7. 追索（Recourse）

追索是指遭到拒付时，持票人向其所有的前手和出票人请求偿还票款及其费用的行为。不过，在进行追索时，持票人须提供“拒付证书”。“拒付证书”是指票据遭到拒付时，由公证人或银行或同行业工会或法院等签发的证明该票据遭到拒付的文件。

为了避免承担被追索的责任，出票人或背书人有时在出票或背书时加注“不受追索”（Without Recourse）的字样。注有这种字样的汇票在转让时，很难被人接受。

二、本票（Promissory Note）

（一）本票的含义

根据我国《票据法》第 73 条规定，本票是出票人签发的，承诺自己在见票时无条件支付确定的金额给收款人或持票人的票据。第 74 条又规定，本票的出票人必须具有支付本票金额的可靠的资金来源，并保证支付。

根据《英国票据法》规定，本票是一个人向另一个人签发的，保证于见票时或在指定的或可以确定的将来时间，对某人或指定人或持票人无条件支付一定金额的书面承诺。

简而言之，本票是出票人对受款人承诺无条件支付一定金额的票据。

（二）银行本票的特点

在国际货款的收付中，本票使用较少，即使使用也都是银行本票。银行本票是银行签发的，承诺自己在见票时无条件支付确定的金额给收款人或者持票人的票据。

银行本票有以下特点：

（1）单位和个人在同一票据交换区域需要支付各种款项，均可以使用银行本票。

（2）银行本票的出票人为经中国人民银行当地分支行批准办理银行本票业务的银行机构。

（3）银行本票可以用于转账，注明“现金”字样的银行本票可以用于支取现金。

（4）银行本票分为不定额本票和定额本票两种，定额银行本票面额为 1 000 元、5 000 元、10 000 元和 50 000 元。

（5）银行本票的提示付款期限自出票日起最长不得超过 2 个月，持票人超过付款期限提示付款的，代理付款人不予受理。

三、支票（Cheque；Check）

（一）支票的含义

根据我国《票据法》第 82 条规定，支票是出票人签发的，委托办理支票存款业务的银行或其他金融机构在见票时无条件支付一定金额给收款人或持票人的票据。

根据《英国票据法》规定，支票是银行存款户对银行签发的授权银行对特定的人或其指定的人或持票人在见票时无条件支付一定金额的书面命令。

（二）支票的特点

（1）出票人在签发支票后，应负票据上的责任和法律上的责任。银行拒绝支付空头支票的金额。空头支票是指出票人所签发的支票金额超过在付款银行的实有存款金额。

（2）支票的出票人是经中国人民银行当地分支行批准办理支票业务的银行机构开立可以使用支票的存款账户的单位和个人。

（3）支票上印有“现金”字样的为现金支票，只能用于支取现金；印有“转账”字样的为转账支票，只能用于转账；未印有“现金”或“转账”字样的为普通支票，既可用于支取现金，又可用于转账；在普通支票左上角划两条平行线的为划线支票，只能用于转账。转账支票可以背书转让。

（4）支票的提示付款期限自出票日起 10 日，但中国人民银行另有规定的除外。超过提示付款期限提示付款的，付款人不予付款。持票人可以委托开户银行收款或直接向付款人提示付款；用于支取现金的支票仅限于收款人向付款人提示付款。

（5）单位和个人在同一票据交换地区的款项结算均可以使用支票。

（三）汇票、银行本票和支票的异同

汇票、银行本票和支票都是属于票据范畴，都是可以转让的债权凭证。在经济活动中，均可作为支付和信用工具。按照我国票据法的解释，汇票、银行本票和支票三种票据的主要区别参见表 5－1。

表 5－1　汇票、银行本票、支票的区别

	汇票	银行本票	支票
票据性质	委托支付票据	自付票据或承诺票据	支付票据
当事人	出票人、付款人 收款人	出票人（付款人） 收款人	出票人、付款人 收款人
付款期限	即期和远期	即期	即期
承兑手续	远期汇票需要办理承兑	不需要承兑	不需要承兑
票据责任	在承兑前由出票人负责， 承兑后由承兑人负主要责任	出票银行负责	出票人负责

第二节　汇付与托收

国际贸易货款的支付方式涉及信用、付款时间和付款地点等问题。目前，在国际贸易中所使用的支付方式主要有汇付、托收和信用证。汇付和托收属于商业信用。信用证属于银行信用。商业信用是指货款的支付以商号或个人的信用为保证。银行信用是指货款的支付以银行的信用为保证。以汇付方式收取货款属于顺汇法；以托收和信用证方式收取货款属于逆汇法。顺汇法是指资金的流向与支付工具的传递方向相同，或进口商主动将货款汇交出口商。逆汇法是指资金的流向与支付工具的传递方向相反，或由出口商主动向进口商收取货款。本节将详细介绍汇付和托收的有关知识。

一、汇付（Remittance）

（一）汇付的含义及有关当事人

汇付又称汇款。是指汇款人主动通过银行（信汇、电汇）或其他途径（票汇）将款项汇交收款人的结算方式。

汇付业务通常有四个当事人：

（1）汇款人（Remitter），是指汇出款项的人，即付款人，在国际货款的收付中通常是进口商。

（2）收款人（Beneficiary；Payee），是指收取货款的人，在国际货款的收付中通常是出口商。

（3）汇出行（Remitting Bank），是指受汇款人的委托汇出款项的银行，在国际货款的收付中通常是进口地的银行。

（4）汇入行（paying Bank），是指受汇出行委托解付汇款的银行，又称解付行，在国际货款的收付中通常是出口地的银行。

在实际业务中，汇款人在委托银行办理汇款时，应填写汇款申请书。此项申请书是汇款人和汇出行之间的一种契约。汇出行有义务按照汇款申请书的指示通过汇入行解付汇款。在汇出行与汇入行之间，双方事先订立代理合同，在代理合同规定的范围内，汇入行按汇出行的指示向收款人解付汇款。

（二）汇付的种类及支付程序

汇付方式可分为信汇、电汇和票汇三种。

1. 信汇（Mail Transfer，简称 M/T）

信汇是指汇出行应汇款人的申请，采用航空信函邮递将信汇付款委托书寄给汇入行，授权解付一定金额给收款人的一种汇款方式。信汇的手续费虽较电汇低，但速度较慢，目前很少使用。

2. 电汇（Telegraphic Transfer，简称 T/T）

电汇是指汇出行应汇款人的申请，采用电传、SWIFT（环球银行间金融电讯网络）等电讯的手段将电汇付款委托书给汇入行，指示解付一定金额给收款人的一种汇款方式。

这种方式快捷、简便，虽然银行手续费相对较高，但由于适应电子化的高速发展，因此在国际货款的收付中，被广泛使用。下面结合图 5－1 介绍电汇支付的基本程序。

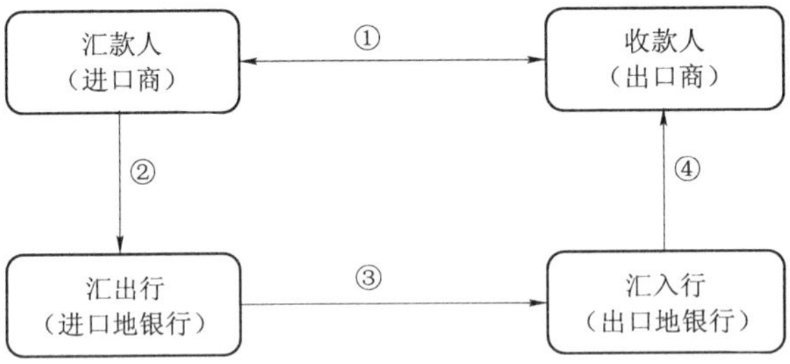

图 5－1 电汇支付程序图

说明：

（1）买卖双方订立合同，规定采用电汇方式付款。

（2）汇款人向当地银行提交电汇申请书并交款付费。电汇申请书包括汇款币别及金额、收款人名称及地址、收款人的开户银行名称及地址、收款人账号等，同时，还包括有关国外费用由收款人还是汇款人负担。

（3）汇出行根据电汇申请书内容，采用 SWIFT 或加押电传（一般按 SWIFT 格式）缮制报文，通知汇入行付款。

（4）汇入行核对密押以证实该报文确为汇出行所发后，将汇入金额收入收款人账户。

3. 票汇（Demand Draft，简称 D/D）

票汇是指汇出行应汇款人的申请，代汇款人开立以其分行或代理行为解付行的银行即期汇票（Banker's Demand Draft），支付一定金额给收款人的一种汇款方式。下面结合图 5－2 介绍票汇支付的基本程序。

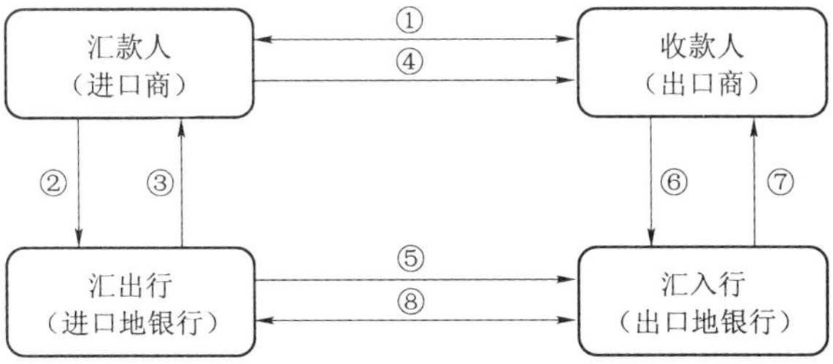

图 5 – 2　票汇支付程序图

说明：

（1）买卖双方订立合同，规定采用票汇方式付款。

（2）汇款人将应汇出款项交汇出行，并填出票汇申请书。

（3）汇出行根据票汇申请书内容缮制银行汇票交汇款人。同时，缮制相应的传票向汇款人收取手续费。

（4）汇款人将银行汇票寄交收款人。

（5）汇出行签发汇票通知书给汇入行。

（6）收款人持银行汇票主动到汇入行取款。

（7）汇入行核对通知书无误即付款给收款人。

（8）汇入行向汇出行发出付讫借记通知。

票汇与电汇、信汇的不同之处在于，票汇的汇入行无须通知收款人取款，而由收款人持票登门取款，这种汇票除有限制转让和流通的规定外，经收款人背书，可以转让流通，而电汇、信汇的收款人则不能将收款权转让。

（三）T/T 业务中的资金融通

1. 进口 T/T 押汇

又称进口应付款融资，是指在贸易汇款项下，银行根据进口商的要求，在其核定的授信限额内由银行代其支付进口应付款项的一种有追索权的短期融资业务。其主要适用于货到付款时遇到资金紧张而无法及时提货，也适用于有融资赎单需求，要求货款销售后归还融资款项的进口企业。

2. 出口 T/T 押汇

又称出口应收款融资，是指在贸易汇款项下，银行根据出口商的要求，在其核定的授信限额内由银行为其提供出口应收款项的一种有追索权的短期融资业务。主要适用于货物出口后收到货款前，需要资金支持业务扩大的出口企业。

T/T 资金融通可减少资金占压；把握市场先机；加快资金周转；随时提用和归还融资，方便及时，降低融资成本。

（四）汇付的特点

1. 风险较大

汇款的结算基础是商业信用，卖方在发货后能否顺利收回货款，买方在预付货款后能否顺利收到符合合同规定的货物都分别取决于对方，即买方或卖方的信誉。银行在汇款方式中处于简单受委托的地位，只对汇款的技术性负责，不对货物买卖和货款收付的风险承担任何责任。

2. 结算简单、迅速，费用低

（五）汇付方式在国际贸易中的应用

在国际贸易中，汇付属于商业信用，但汇款结算手续简单、费用低廉，结算灵活、迅速。如果交易双方相互信任，汇款结算是一种较理想的支付或结算方式。具体做法有：

1. 预付货款（Payment in Advance）

预付货款是指进口商在出口商将货物或货运单据交付以前将货款的全部或者一部分通过银行付给出口商，出口商收到货款后，再根据约定发运货物的一种结算方式。在实际业务中习惯称之为前 T/T。

2. 货到付款（Payment after Arrival of Goods）

货到付款与预付货款相反，它是指进口商在收到货物以后，立即或一定时期以后再付款给出口商的一种结算方式。也被称为延期付款，或赊销。在实际业务中习惯称之为后 T/T。

3. 凭单付汇（Payment Against Documents）

凭单付汇是指进口商通过银行将款项汇给出口商所在地银行（汇入行），并指示该行凭出口商提供的某些商业单据（如商业发票、装箱单）或某种装运证明（如提单）即可付款给出口商的一种结算方式。在实际业务中习惯称之为中 T/T。

二、托收（Collection）

托收属于商业信用，买卖双方都需要承担对方不讲信用的风险。托收方式是发货在先，付款在后，所以对出口商不利。

（一）托收的含义及有关当事人

国际商会制定的《托收统一规则》（国际商会第 522 号出版物）对托收作了如下定义：托收是指由接到托收指示的银行根据所收到的指示处理金融单据和/或商业单据以便取得付款或承兑，或凭付款或承兑交出商业单据，或凭其他条款或条件交出单据。

金融单据（Financial Documents）是指汇票、本票、支票、付款收据或其他用于取得款项的凭证。商业单据（Commercial Documents）是指发票、运输单据、物权单据或其他类似的单据，或除金融单据以外的其他单据。

简而言之，托收是指货物发运以后，出口商凭汇票或单据委托出口地银行（托收银行）通过其在进口地的代理银行或往来银行（代收银行）向进口商收取货款的一种结算方式。

托收业务中有六个当事人：

（1）委托人（Principal），是指委托银行向国外付款人收取货款的人，在国际货款的收付中通常是出口商。

（2）托收银行（Remitting Bank）或称寄单行，是指接受委托人的委托，办理托收业务的银行，在国际货款的收付中通常是出口地的银行。

（3）代收银行（Collecting Bank），是指接受托收银行的委托，向付款人收取货款的银行，在国际货款的收付中通常是进口地的银行。

（4）提示银行（Presenting Bank），是指向付款人提示汇票和单据的银行。在一般情况下，均由代收银行自行向付款人提示汇票和单据，即由代收银行兼任提示银行，但在必要时，代收银行也可以委托与付款人有往来关系的银行作为提示银行。

（5）付款人（Payer），是指对汇票和/或单据付款的人，在国际货款的收付中通常是进口商。

（6）需要时的代理（Customer's Representative in Case-of-Need）。在托收业务中，如发生拒付，委托人可指定付款地的代理人代为料理货物存仓、转售、运回等事项。这个代理人叫做“需要时的代理”。其权限必须在托收申请书上注明，如无此注明，银行将不受理需要时的代理的任何指示。

（二）托收的种类及支付程序

根据托收单据的不同，托收可分为光票托收（Clean Collection）和跟单托收（Documentary Collection）两种。

光票托收是指出口商仅凭汇票而不附带任何货运单据委托出口地银行通过进口地银行代其向进口商收取货款的一种结算方式。这种方式一般用于收取货款尾数、佣金、代垫费用、样品费等小额款项，在国际贸易中较少使用。

跟单托收是指出口商在货物装运后出具汇票，并附上发票、提单、保险单等商业单据，委托出口地银行通过进口地银行代其向进口商收取货款的一种结算方式。国际贸易中货款的收付大多采用跟单托收。

根据交单条件的不同，跟单托收又可分为付款交单和承兑交单。

1. 付款交单（Documents against Payment，简称 D/P）

付款交单是指出口商的交单以进口商的付款为条件，即出口商将汇票和货运单据交给银行托收时，指示银行只有在进口商付清货款后才能把货运单据交给进口商。付款交单按付款时间不同，又可分为即期付款交单和远期付款交单。

（1）即期付款交单（D/P at sight）

即期付款交单是指出口商根据合同发货后，开具即期汇票，连同全套货运单据，委托当地银行通过其在进口地的分行或代理行向进口商提示，进口商见票后立即付款，付款后交出货运单据。下面结合图 5－3 介绍即期付款交单支付的基本程序。

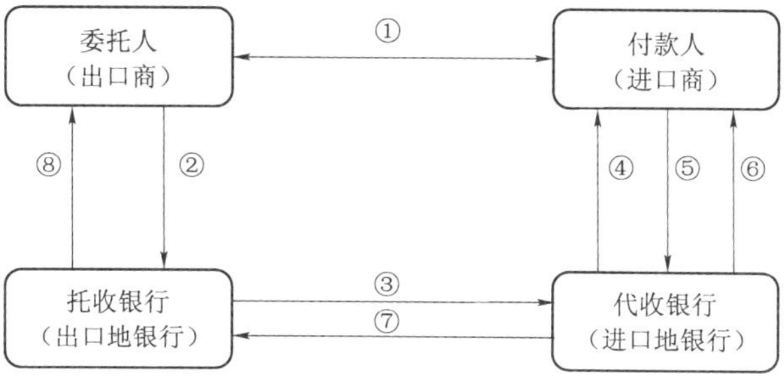

图 5－3 即期付款交单支付程序图

说明：

① 买卖双方订立合同，规定采用即期付款交单方式结算货款。

② 出口商按合同规定发运货物后，填写托收申请书，开立即期汇票，连同全套货运单据，送交托收银行委托其代收货款。

③ 托收银行根据托收申请书缮制托收委托书，连同全套单据（汇票及全套货运单据），寄交代收银行代收货款。

④ 代收银行根据托收委托书核实单据是否齐全、委托书指示是否明确可行后，缮制进口代收赎单通知书，即向进口商做出付款提示。

⑤ 进口商见票后立即付清全部货款。

⑥ 代收银行将全套单据交给进口商。

⑦ 代收银行通知托收银行，款已收妥并贷记银行账户。

⑧ 托收银行将货款付给出口商。

（2）远期付款交单（D/P after sight）

远期付款交单是指出口商根据合同发运货物后开具远期汇票，连同货运单据，通过银行向进口商提示，进口商审核单据无误后，先在汇票上承兑，于汇票到期日付清货款领取全套货运单据。目前很少使用远期付款交单。下面结合图5－4介绍远期付款交单支付的基本程序。

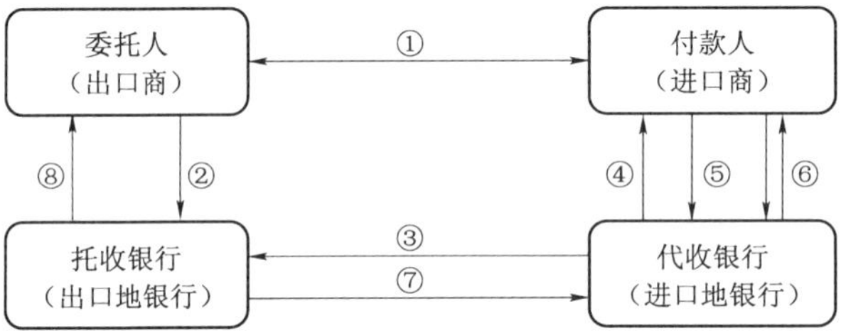

图5－4 远期付款交单支付程序图

说明：

① 买卖双方订立合同，规定采用远期付款交单方式结算货款。

② 出口商按合同规定发货后，填写托收申请书，开立远期汇票，连同全套货运单据送交托收银行委托其代收货款。

③ 托收银行根据托收申请书缮制托收委托书，连同全套单据（汇票及全套货运单据），寄交代收银行代收货款。

④ 代收银行根据托收委托书核实单据是否齐全、委托书指示是否明确可行后，缮制进口代收赎单通知书，即向进口商做出承兑提示。

⑤ 进口商承兑汇票后，代收银行保留汇票及全套货运单据。

⑥ 在到期日代收银行向进口商做出付款提示，进口商支付货款，赎取全套货运单据。

⑦ 代收银行通知托收行，货款已经收妥并贷记托收银行账户。

⑧ 托收银行将货款付给出口商。

值得注意的是：远期付款交单还有凭信托收据（Trust Receipt，简称 T/R）借取单据先行提货的做法，称为付款交单凭信托收据借单（简称 D/P · T/R）。所谓信托收据是指进口商向代收银行出具表示愿意以银行受托人的身份代银行提货，承认货物所有权仍属银行，并保证在汇票到期日向银行付清货款的一种书面文件。使用信托收据借单提货是代收银行对于其资信较好的往来客户提供的一种融资安排，与出口商无关，也不会改变付款交单的性质。代收银行如到期收不到货款仍须对原委托银行付款。但是有些国家法律规定采用 T/R 放单，银行并不负责。所以有时一定要明确强调付款后才交单。当然，如果出口商在办理托收委托时授权代收银行凭信托收据借单，若到期进口商拒绝付款，则收不回货款的风险由出口商自己承担。

2. 承兑交单（Documents against Acceptance，简称 D/A）

承兑交单是指出口商的交单以进口商在远期汇票上的承兑为条件，即出口商根据合同发运货物后，开具远期汇票，连同货运单据，通过银行向进口商提示，进口商审核单据无误后，在汇票上承兑，进口商承兑汇票后即可向银行领取货运单据，于汇票到期时再行付款。目前很少使用承兑交单。下面结合图 5 - 5 介绍承兑交单支付的基本程序。

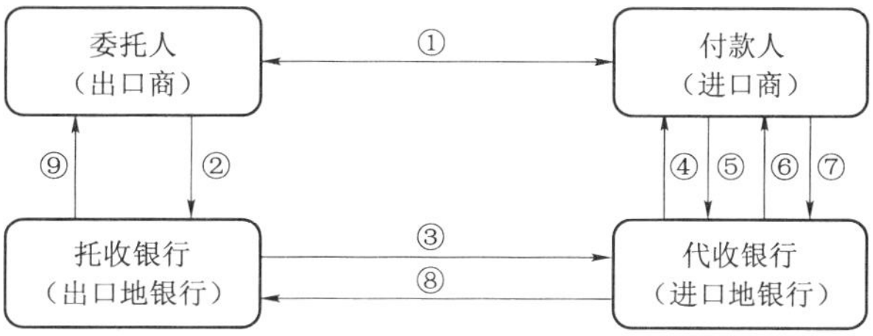

图 5 - 5　承兑交单支付程序图

说明：

（1）买卖双方订立合同，规定采用承兑交单方式结算货款。

（2）出口商按合同规定发货后，填写托收申请书，开立远期汇票，连同全套货运单据，送交托收银行委托其代收货款。

（3）托收银行根据托收申请书缮制托收委托书，连同全套单据（汇票及全套货运单据），寄交代收银行代收货款。

（4）代收银行根据托收委托书核实单据是否齐全、委托书指示是否明确可行后，缮制进口代收赎单通知书，即向进口商做出承兑提示。

（5）进口商承兑汇票，代收银行收回并保留经过承兑的汇票。

（6）代收银行将货运单据交给进口商。

（7）汇票到期，代收银行向进口商收款，进口商付款。

（8）代收银行通知托收银行，款已收妥并贷记托收银行账户。

（9）托收银行将货款付给出口商。

即期付款交单、远期付款交单和承兑交单是托收的三种具体做法，其主要的区别如下，参见表5-2。

表5-2 即期付款单、远期付款交单、承兑交单的区别

托收种类	交单条件	付款时间	收汇风险
即期付款交单	提示付款交单	即期	可能部分货款
远期付款交单	提示承兑到期付款交单	远期	可能货款两空
承兑交单	提示承兑交单到期付款	远期	很可能货款两空

（三）托收方式下的资金融通

1. 出口托收押汇

指采用托收结算方式的出口商在提交单据，委托银行代向进口商收取款项的同时，要求托收行先预支部分或全部货款，待托收款项收妥后归还银行垫款的融资方式。目前，我国银行在国外进口商信用可靠的前提下，也酌情叙做跟单托收项下的出口押汇业务。适用于在出口业务中，采用托收方式结算在发运出口货物后存在短期资金融通需求的企业。

具体做法是出口商按照出口合同规定发运货物后，开出以进口商为付款人的汇票，并将汇票及所附货运单据交托收银行委托收取货款，由托收银行买入跟单汇票及其所附单据，按照汇票金额扣除从付款日（即买入汇票日）至预计收到票款日的利息及手续费，将款项先行付给出口商。这先付的款项，实际上是托收银行对出口商的一种垫款，也是以汇票和单据作为抵押品的一种贷款。

出口托收押汇手续简单、快捷；具有相当的灵活性；提前使用应收账款，加速了资金周转，减轻了资金压力；并能锁定汇率风险。出口托收押汇解决了企业托收项下款项未收妥入账前的临时资金周转问题，是一种便捷的融资方式。

2. 出口商业发票贴现

指在承兑交单（D/A）结算方式下，当出口商完成出口合同规定的交货义务后，向银行提交出口发票及其他相关单据，同时提出融资申请，并以出口收汇款项作为主要还款来源的短期贸易融资业务。适用于采用D/A方式结算的出口企业。

3. 进口托收押汇

指在托收方式下，代收银行在收到出口商通过托收银行寄来的全套托收单据后，根据进口商提交的押汇申请、信托收据以及代收行与进口商签订的《进口托收押汇协议》，先行对外支付并放单，进口商凭单提货，用销售后的货款归还代收行押汇本息的一种融资业务。适用于有融资赎单需求，要求货款销售后归还融资款项的进口企业。

具体做法是由进口人在承兑汇票后出具信托收据，凭以向代收银行借取货运单据，并提取货物。信托收据是进口人借单时提供的一种书面信用担保文件，用以表示出据人愿意以代收银行的受托人身份代为提货、报关、存仓、保险、出售，同时承认货物的所有权仍属银行。货物售出后所得的货款在汇票到期日偿还代收银行，收回信托收据。

（四）《托收统一规则》

在托收业务中，由于各方当事人对权利、义务和责任的解释不同，各个银行的具体

做法也有差异，导致彼此误会、争议和纠纷。国际商会为了统一各国银行托收业务的做法，减少托收业务各有关当事人可能产生的矛盾和纠纷，国际商会曾于 1958 年草拟了《商业单据托收统一规则》，建议各国银行采用，并于 1967 年和 1978 年两次进行修订，改名为《托收统一规则》。1995 年国际商会公布了新的修订本，为国际商会第 522 号出版物（Uniform Rules for Collection ，ICC Publication No. 522 简称《URC 522》）于 1996 年 1 月 1 日起实施。这个规则现成为各国银行和委托人在办理托收时所遵循和参考的国际惯例。

《托收统一规则》（522 号出版物），共分七个部分 26 条，主要内容及新增条款介绍如下：

（1）托收指示书中须注明该项托收应按照《URC 522》办理。《URC 522》第 4 条规定：一切寄出的单据均须附有托收指示书，注明该托收按照《URC 522》办理，并给予完整、明确的指示，银行则必须根据托收指示书所给予的指示及本规则办理托收。

（2）不提倡 D/P 远期。《URC 522》第七条规定：托收不应含有远期汇票而同时规定商业单据要在付款后才交付。如果托收含有远期付款的汇票，托收指示书应注明商业单据是凭承兑交单（D/A）还是凭付款交单（D/P）。如果无此注明，商业单据仅能凭付款交付，代收行对因迟交单产生的任何后果不负责任。

（3）除非事先征得银行同意，货物不应以银行或其指定人为收货人。银行只处理单据而不处理货物或代表货物的合同，银行对跟单托收项下的货物没有义务采取任何行动，包括对货物的仓储和投保。

（4）银行必须核实所收到的单据在表面上与托收指示书所列的一致，发现单据遗漏，银行有义务用电讯或其他快捷方式通知所发托收指示书的一方，除此之外，银行没有进一步审核单据的义务。

（5）托收如被拒绝付款或拒绝承兑，代收行应向托收行发出拒绝通知。托收行在收到此项通知后，必须对单据如何处理给予相应的指示。代收行如在发出拒绝通知后 60 天内仍未收到此项指示，可将单据退回托收行，不再负任何责任。

（五）托收结算方式的特点

托收方式是由债权人开出汇票，要求债务人付款。结算工具的传送方向与资金的流动方向相反，因此，属于逆汇法，也称出票法。

托收方式属商业信用。银行办理托收业务时，只是按委托人的指示办事，并不承担对付款人必然付款的义务。如进口商破产或丧失清偿债务的能力，出口商则可能收不回或晚收到货款。在进口商拒不付款赎单后，除非事先约定，银行没有义务代为保管货物。如货物已到达，出口商还要承担在进口地办理提货、交纳进口关税、存仓、保险、转售以至被低价拍卖或被运回国内的损失。在承兑交单条件下，进口商只要在汇票上办理承兑手续，即可取得商业单据，凭以提取货物，出口商收款的保障就是进口商的信用，一旦进口商到期不付款，出口商便会遭受货款全部落空的损失。

（六）使用托收方式时应注意的问题

托收方式属商业信用。出口商赊销货物后能否收回货款完全取决于进口商的信誉，而且出口商的资金至少要占压从出售货物到收回货款这段时间，所以，出口商面临的风险和负担是多重的。但对进口商却很有利，不但可免去申请开立信用证的手续，不必预付银行押金，减少费用支出；而且有利于资金融通和周转。

虽然托收方式对出口商不利，但在当前出口商品市场竞争日益激烈的情况下，为推销商品和扩大出口，出口商有时也不得不采用这种方式。各国银行为助本国出口商一臂之力，也纷纷采取了相应的措施和办法，如出口保理、出口押汇等，以融通资金和提高出口商品在国际市场的竞争能力。

在采用托收方式对外出口时，出口商一定要做好以下几项工作：

（1）进口商的资信、进口地有关货物的市场情况、进口国家的贸易管制和外汇管制规定、对方的进口许可证和进口用汇是否落实等等。

（2）在进口地找妥代理人，一旦遭到拒付，可以委托代理人代办货物存仓、保险、转售或回运手续。

（3）严格按照出口合同规定装运货物、制作单据，以防止被进口商找到借口拒付货款。

（4）在出口业务中使用托收方式的交易，原则上由我方办理保险。如必须由进口商办理保险的交易，我方可另行加保“卖方利益险”，即由保险公司负责在进口商拒绝付款赎单而又出现货物损失时给予赔偿。出口商还可以向保险公司投保出口信用保险，即对由于商业风险或政治风险而导致的出口商货款损失由保险公司给予赔偿。

（5）建立健全管理制度，定期检查，及时催收清理，发现问题应迅速采取措施，以避免或减少可能发生的损失。

第三节 信 用 证

汇付和托收都是商业信用，货物的交付和货款的支付完全取决于买卖双方的信用，风险较大。随着国际贸易的迅速发展，成交金额越来越大，需要有一种更可靠的信用方式来解决买卖双方互不信任的矛盾，由此产生了信用证这种支付方式。在这种支付方式下，由银行替代进口商向出口商保证货款的支付。只要出口商提供合格的单据，无论进口商将来是否付款，银行都首先保证向出口商付款。由于绝大多数情况下，银行信用要优于商业信用，所以信用证对出口商安全、及时收汇有较大保障。

一、信用证的含义及有关当事人

国际商会《UCP600》第2条指出，信用证（Letter of Credit 简称 L/C；Credit）是指“一项不可撤销的安排，无论其名称和描述如何，该项安排构成开证行对相符交单予以交付的确定承诺”。《UCP 600》第2条指出，“相符交单”是指“与信用证条款、本惯例的相关适用条款以及国际标准银行实务一致的交单”。

简而言之，信用证是指银行根据进口商的要求，向出口商开立的有条件保证付款的书面凭证。

信用证是国际贸易中普遍通行的一种重要结算方式，主要涉及以下当事人：

（1）申请人（Applicant），是指要求开立信用证的一方，一般是进口商或实际买主。

（2）开证行（Issuing Bank；Opening Bank），是指应申请人要求或者代表自己开出信用证的银行。它承担向受益人保证付款的责任。开证行一般是进口商所在地的银行。

（3）通知行（Advising Bank；Notifying Bank），是指应开证行的要求通知信用证的银行。通知行收到开证行的信用证时，负责核对信用证的表面真实性，而不承担其他义务。通知行一般是出口商所在地的银行。

（4）受益人（Beneficiary），是指接受信用证并享受其利益的一方。一般是出口商或实际供货人。

（5）议付行（Negotiating Bank），是指愿意买入受益人交来的跟单汇票的银行。议付行议付货款后，如事后发现有误，对受益人的付款有追索权。议付行一般是出口商所在地的银行，也可以由通知行担任。

（6）付款行（Paying Bank；Drawee Bank），是指开证行授权进行信用证项下付款或承兑并支付受益人出具的汇票的银行。通常付款行就是开证行，也可以是开证行指定的另一家银行，付款行一经付款，对受益人无追索权。

（7）保兑行（Confirming Bank），是指根据开证行的授权或要求对信用证加具保兑的银行。保兑行具有与开证行相同的责任和地位，对受益人独立负责，保兑行对单证相符的单据有必须议付或代付之责，在已经议付或代付之后，不论开证行倒闭或无理拒付，都不能向受益人追索。保兑行通常是通知行担任。

（8）偿付行（Reimbursing Bank），是指信用证上指定的对议付行或付款行进行偿付的银行。一般是开证行指定的账户行。

二、信用证的一般程序

采用信用证支付方式结算货款，从进口商向银行申请开出信用证一直到开证行付款后又向进口商收回垫款，其中经过多道环节，并需办理各种手续。加上信用证的种类不同，信用证条款各有不同的规定，这些环节和手续也是有简有繁。下面结合图 5－6 以不可撤销跟单议付信用证为例介绍信用证的基本程序。

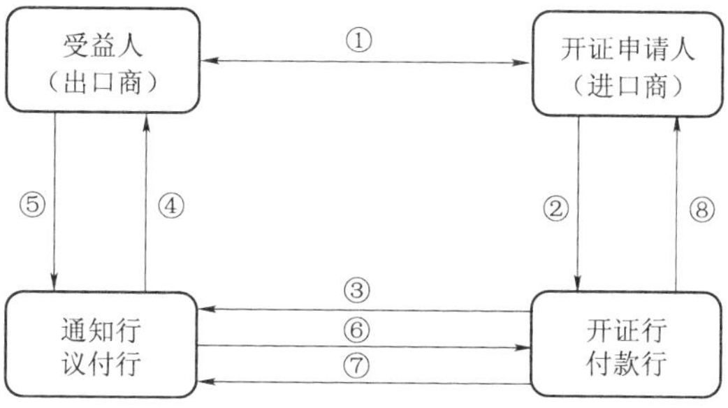

图 5－6　信用证支付程序图

说明：

（1）买卖双方订立合同，规定采用信用证方式结算货款。

（2）进口商向当地银行提出申请，依照合同填写开证申请书（Application for Credit），并交纳押金或提供其他保证，请开证行开证。

（3）开证行根据申请书的内容，向出口商开出信用证，并寄交出口商所在地分行或代理行（通知行）。

（4）通知行核对印鉴无误后，将信用证交出口商。

（5）出口商审证无误后，按信用证规定装运货物，并备齐全套货运单据开出汇票，在信用证规定的期限内，送请议付行议付，议付行按信用证条款审核单据无误后，按照汇票金额扣除利息，把货款垫付给出口商。

（6）议付行将汇票和货运单据寄开证行（或其指定的付款行）索偿。

（7）开证行（或付款行）核对单据无误后，偿付货款给议付行。

（8）开证行通知进口商付款赎单。

三、信用证的内容

每个银行开出的信用证都有不同的格式，但主要内容基本一致，一般包括下列各项：

（1）信用证本身的内容：开证行的名称、地址、信用证的种类、号码、开证日期、金额、受益人、开证申请人、通知行、有效期、到期地点、交单期限、开证文句及兑付方式等。

（2）对汇票的说明：出票人、付款人、付款期限和出票条款。

（3）对货物的说明：名称、规格、数量和单价。

（4）对运输的要求：装运期限、起运地和目的地、运输方式、可否分批装运和转运等。

（5）对单据的要求：单据的名称、内容和份数等。

（6）特别条款：根据进口国政治贸易情况的变化或业务的特殊需要规定的一些条款。如：要求通知行加保兑；限制由某银行议付等等。

（7）依据《UCP600》条款开证的文句。

信用证实例：

27：　SEQUENCE OF TOTAL
　　1/1

40A：　FORM OF DOCUMENTARY CREDIT
　　IRREVOCABLE

20：　DOCUMENTARY CREDIT NUMBER
　　140074 – 845

31C：　DATE OF ISSUE
　　08225

40E：　APPLICABLE RUIES
　　UCP LATEST VERSION

31D: DATE AND PLACE OF EXPIRY
080405 IN CHINA
50: APPLICANT
SANGYONG CORPORATION
CPO BOX 110
SEOUL
KOREA
59: BENEFICIARY
DALIAN WEIDA TRADING CO. , LTD.
32B: CURRENCY CODE, AMOUNT
Currency : USD (US DOLLAR)
Amount : JHJ9450. 00JHJ
39A: PERCENTAGE CREDIT AMOUNT TOLERANCE
10/10
41D: AVAILABLE WITH…BY…
ANY BANK
BY NEGOTIATION
42C: DRAFTS AT
AT 60 DAYS AFTER SIGHT
42D: DRAWEE
NDUSTRIAL BANK OF KOREA (HEAD
OFFICE SEOUL) SEOUL
50, ULCHIRO 2 – GA, CHUNG-GU
SEOUL
43P: PARTIAL SHIPMENTS
ALLOWED
43T: TRANSSHIPMENT
PROHIBITED
44E: PORT OF LOADING/AIRPORT OF DEP
CHINESE POTRT, CHINA
44F: PORT OF DISCHRGE/AIRPORT OF DEST
INCHON PORT, KOREA
44C: LATEST DATE OF SHIPMENT
080315
45A: DESCRIPTION OF GOODS AND/OR SERVICES

2520 DOZENS OF ART NO. SLC002 PORCELAIN TEA CUP AND SAUCER IN GRADE A, B WITHOUT GOLEDN RIM DEISGN S801 RED S801 BLUE, AND S801 GREEN

AT THE RATE OF USD 3.75 PER DOZ CFR INCHON PORT, KOREA
PACKING: 6 PCS CUP + 6PCS SAUCER PACKED IN PRINTED GIFT BOX 6 DOZEN/CTN

46A: DOCUMENTS REQUIRED

+ SIGNED COMMERCIAL INVOICE IN DUPLICATE

+ FULL SET OF CLEAN ON BOARD OCEAN BILLS OF LADING MADE OUT TO ORDER AND BLANK ENDORSED, MARKED "FREIGHT PREPAID" AND "NOTIFYING APPLICATE"

+PACKING LIST IN DUPLICATE.

+CERTIFICATE OF QUALITY IN 3 COPIES ISSUED BY CCIC

47A: ADDITIONAL CONDITIONS

+BOTH QUANTITY AND AMOUNT 10 PERCENT MORE OR LESS ARE ALLOWED

+DRAFT DRAWN UNDER INGDUSTRIAL BANK OF KOREA, SEOUL, LETTER OF CREDIT NO140074 - 845 DATED2008 - 02 - 25

+ANY ALTERATION/CUTTING ON BILLS OF LADING NOT ACCEPTABLE EVEN IF AUTHENTICATED BY THE ISSUING AUTHORITIES

71B: CHARGES

ALL BANKING CHARGES OUTSIDE THE OPENNING BANK ARE FOR BENEFICIARY'S ACCOUNT

48: PERIOD FOR PRESENTATION

DOCUMENTS TO BE PRESENTED WITHIN 21 DAYS AFTER THE DATE OF SHIPMENT BUT WITHIN THE VALIDITY OF THE CREDIT

49: CONFIRMATION INSTRUCTIONS

WITHOUT

78: INSTR TO THE PAYING/ACCEPTING/NEGOTIATING BANK

+ALL DOCUMENTS MUST BE FORWARDED DIRECTLY TO US. IN ONE LOT BY COURIER SERVICE

+UPON RECEIPT OF DOCUMENTS AND DRAFTS IN COMPLIANCE WITH TERMS AND CONDITIONS OF THIS CREDIT, WE SHALL REMIT THE PROCEEDS TO YOU IN ACCORDANCE WITH YOUR INSTRUCTIONS

四、信用证的特点

（一）信用证是一种银行信用

信用证支付方式是开证行以自己的信用做保证，承担首要的第一性的付款责任。按《UCP600》的规定，只要规定的单据提交给指定银行或开证行，并且构成相符交单，则开证行必须承付；开证行自开立信用证之时起即不可撤销地承担承付责任；指定银行承付或议付相符交单并将单据转给开证行之后，开证行即承担偿付该指定银行的责任；该责任独立于开证行对受益人的责任。在信用证业务中，开证行对受益人的付款责任是首要的、独立的。即使开证申请人开证后失去偿付能力，只要出口商提交的单据符合信用证条款的规定，开证行也必须承担付款责任。

（二）信用证是一种自足文件

信用证虽然是根据买卖合同开立的，但一经开立，就成为独立于买卖合同之外的另一种契约。信用证业务中的各有关当事人的权利和责任完全以信用证条款为依据，不受买卖合同的约束，出口商提交的单据即使符合买卖合同的要求，但若与信用证条款不一致，仍会遭到拒付。《UCP600》第 4 条明确规定："信用证与可能作为其开立基础的销售合同或其他合同是相互独立的交易，即使信用证中含有对此类合同的任何援引，银行也与该合同无关，且不受其约束。"所以，信用证是独立于有关合同以外的契约，是一种自足的文件。

（三）信用证是一种单据买卖

《UCP600》第 5 条明确规定："在信用证业务中，各有关方面处理的是单据，而不是与单据有关的货物、服务或履约行为。"可见，信用证业务是一种纯粹的凭单据付款的业务。银行处理信用证业务只凭单据，不问货物的真实状况如何。银行以受益人提交的单据是否与信用证条款相符为依据，决定是否付款。如开证行拒付，也必须以单据上的不符点为由。

在信用证业务中，只要受益人提交符合信用证条款的单据，开证行就应承担付款责任，进口商也应接受单据并向开证行付款赎单。如果进口商付款后发现货物有缺陷，则可凭单据向有关责任方提出损害赔偿的要求，而与银行无关。

值得注意的是，根据《UCP600》第 14 条规定：按照指定行事的被指定银行、保兑行（如有）以及开证行必须对提示的单据进行审核，并仅以单据为基础，以决定单据在表面上看来是否构成相符提示。《UCP 600》第 2 条指出，"相符交单"是指"与信用证条款、本惯例的相关适用条款以及国际标准银行实务一致的交单"。

必须强调的是，银行确定是否在表面上构成相符交单，是有一定原则的。根据《UCP 600》规定，单据中的数据，在与信用证、单据本身以及国家标准银行实务参照解读时，无须与该单据本身中的数据、其他要求的单据或信用证的数据等同一致，但不得矛盾。

五、信用证方式下的资金融通

（一）出口贸易融资

1. 打包贷款

指银行在出口商备货装运前，以进口商提交的境外银行开来的有效信用证正本为质押，向其提供短期资金融通的业务。银行凭正本信用证向出口企业提供融资，帮助出口企业在采购、生产和装运信用证项下的货物，打包贷款业务可有效满足出口企业在装运前的资金需要。适用于出口业务中使用信用证结算、有装船前融资需求的企业。

2. 出口信用证押汇

指受益人提交信用证项下全套单据，银行审核合格后，应出口商的要求，以提供的出口单据为质押，提供的短期资金融通业务。银行凭信用证项下的出口单据向出口商提供融资，帮助出口企业资金回笼，提高资金的使用效率。对于单证相符的信用证项下单据，即使出口企业尚未在银行有授信额度，银行也可以办理此项业务。适用于在出口业务中，采用信用证方式结算在发运出口货物后存在短期资金融通需求的企业。

3. 出口贴现

指银行通过买入出口商在出口信用证项下已承兑的远期单据，为出口企业提供融资服务。即使出口企业未在银行有授信额度，银行也可以办理此项业务。

（二）进口贸易融资

1. 授信开证

指根据进口企业的偿债能力，履约记录和担保条件等情况，为进口企业核定专项开证额度，在该项额度之内进口商可全部或部分免交开证保证金，适用于已获得银行授信额度且以信用证方式结算的进口企业。

2. 进口信用证押汇

指开证行给予进口商的一项短期融资。通常是进口商由于资金短缺或周转困难，无法向银行付款赎单，以其进口项下的货物作为抵押，向银行申请进口押汇，并在规定的期限内向银行偿还贷款本金、利息及费用的一种短期贸易融资方式。银行在进口信用证项下，凭有效凭证和商业单据代进口商垫付进口款项。进口信用证押汇在满足融资需求的同时，还可以通过将付款期限由远期改为即期，或相应缩短远期付款的期限，帮助进口商提高对国外出口商的议价能力，适用于有融资赎单需求，要求货款销售后归还融资款项的进口企业。

3. 提货担保

指进口信用证项下，当进口货物已到目的港，而正本提单尚未到达银行，进口商向银行申请由银行出具书面担保，交给船公司先行提货，待银行收到正本提单后，再换回原书面担保进行销保的一种融资方式，适用于近洋运输中，货物早于运输单据到达，有先行提货需求的进口企业。

4. “进口一票通”

指进口信用证业务项下，银行应销售商要求并以其信用为基础开立以进口商为收款人的人民币银行承兑汇票，以此将进口的外币业务与进口商国内销售的人民币业务实现紧密结合的创新产品，适用于进口货物用于国内销售，且销售商有融资需求的企业。

六、信用证的种类

（一）跟单信用证和光票信用证

根据信用证项下的汇票是否附有货运单据划分，信用证可分为跟单信用证和光票信用证。

1. 跟单信用证（Documentary L/C）

指开证行凭跟单汇票或仅凭单据付款的信用证。此处的单据包括代表货物所有权的单据（如海运提单），或证明货物已交运的单据（如铁路运单、航空运单、邮包收据等）。在国际贸易的货款结算中，绝大部分使用的是跟单信用证。

2. 光票信用证（Clean L/C）

指开证行凭不附单据的汇票付款的信用证。有的信用证要求汇票附有非货运单据，如发票、垫款清单等，也属于光票信用证。在采用信用证方式预付货款时，通常采用光票信用证。

（二）不可撤销信用证

不可撤销信用证（Irrevocable L/C）是指信用证一经开出，在信用证的有效期内，未经受益人及有关当事人的同意，开证行不得片面修改和撤销，只要受益人提交的单据符合信用证规定，开证行必须履行付款义务，而且在付款后不得向受益人或其他善意持有人行使追索权。这种信用证对受益人有保障，按照《UCP600》第 3 条规定：信用证是不可撤销的，即使信用证中对此未作指示也是如此。

（三）保兑信用证和不保兑信用证

根据有没有另一家银行加以保证兑付，信用证可分为保兑信用证和不保兑信用证。

1. 保兑信用证（Confirmed L/C）

指另外一家银行接受开证行的要求，对其开立的信用证承担保证兑付责任的信用证。对信用证加保兑的银行称为保兑行（Confirming Bank）。保兑行通常是通知行，有时也可以是出口地的其他银行或第三国银行。保兑的手续一般是由保兑银行在信用证上加列保兑文句。保兑文句一般如："此证已经我行保兑"（This credit is confirmed by us）或"兹对此证加具保兑并保证于提示符合此证条款的单据时履行付款"（We hereby add confirmation to this credit and we undertake that documents presented for payment in conformity with terms of this credit will be duly honored on presentation）。

按照《UCP 600》规定，信用证一经保兑，即构成保兑行在开证行以外的一项确定承诺。保兑行与开证行一样承担付款责任，保兑行是以独立的"本人"（Principal）身份对受益人独立负责，并对受益人负首先付款责任。保兑行付款后对受益人或其他前手无追索权。

信用证经另一家银行保兑后，对受益人来说，就取得了两家银行的付款保证。所以，这种有双重保证的信用证对出口商最为有利。保兑一般是受益人或通知银行对开证行的资信不够了解或不足以信任时，或对进口国在政治上、经济上有考虑时才提出这种要求。除此以外，有的开证行考虑本银行开出的信用证不能被受益人接受或不易被其他银行议付时，主动要求另一家银行对该信用证加具保兑。

2. 不保兑信用证（Unconfirmed L/C）

指开证行开出的信用证没有经另一家银行保兑。当开证行资信较好或成交金额不大时，一般都使用这种信用证。

（四）即期信用证和远期信用证

根据付款时间的不同，信用证可分为即期信用证和远期信用证

1. 即期信用证（Sight L/C）

指开证行或付款行收到符合信用证条款的跟单汇票或装运单据后，立即履行付款义务的信用证。这种信用证的特点是出口人收汇迅速、安全，有利于资金周转。在实际业务中，有的开证申请人为了节省缴纳印花税，在信用证中规定以发票或收款清单代替汇票。在实际业务中即期信用证又可以分为单到付款和电汇索偿两种。

（1）单到付款信用证（L/C with Making Payment Against Presenting Documents）是指开证行或指定的付款银行收到符合信用证条款的汇票和单据后，立即付款，而开证申请人也应于单到后即向开证行付款赎单。

（2）电汇索偿信用证（L/C with T/T Reimbursement Clause）是指出口地银行收到受益人提交的单据经与信用证条款核对无误后，用电传等电讯方式要求开证行或指定的付款银行立即付款的信用证。电文中应声明单据与信用证条款相符，并已按信用证规定寄送。开证行或指定的付款银行接到通知后立即以电汇方式向出口地银行偿付。

因此，带有电汇索偿条款的信用证，出口商可以加快收回货款，开证行或付款行付款后如发现单据与信用证规定不符，有行使追索的权利。这是因为此项付款是在开证行或付款行未审单的情况下进行的。

2. 远期信用证（Usance L/C）

指信用证规定受益人凭远期汇票取款。即开证行或付款行收到信用证的单据后，不立即付款，而是根据汇票的期限，等到汇票到期时付款。这种信用证的主要作用是便于进口商融通资金。远期信用证在实际业务中可分为假远期信用证、银行承兑远期信用证和延期付款信用证。

（1）假远期信用证（Usance L/C Payable at Sight）是指在买卖双方商订以即期信用证付款的交易中，开证申请人出于某种需要，在信用证中要求受益人开具远期汇票，由付款行负责贴现，并规定一切利息和费用由进口商负担，这种表面上看是远期信用证，但出口商却可以即期十足地收到货款的信用证就叫假远期信用证。假远期信用证又称买方远期信用证，或称银行为进口商提供资金融通的信用证。

假远期信用证与一般远期信用证的异同点：

相同点：假远期信用证与一般远期信用证均要求出口商开立远期汇票。

不同点：参见表 5－3。

表 5－3　假远期信用证与一般远期信用证的区别

	假远期信用证	一般远期信用证
开证的基础不同	以即期付款的贸易合同为基础	以远期付款的贸易合同为基础
收汇的时间不同	受益人能即期收汇	等汇票到期时才能收汇
利息的负担者不同	开证申请人负担	受益人负担
信用证的条款不同	有“假远期”条款	只有利息由谁负担条款

开证申请人之所以使用假远期信用证，其原因一般在于：

① 一些国家的银行利息一般较商人之间的借贷利息低，进口商使用假远期信用证，就是充分利用银行信用和较低的贴现息来融通资金，减轻费用负担，降低进口成本。

② 一些国家由于外汇较紧张，外汇管理条例规定进口交易一律需远期付款。所以，银行只能对外开立远期信用证。在即期付款的交易中，进口商就采用承担贴现息、利息和费用的假远期做法。

（2）银行承兑远期信用证（Banker's Acceptance Credit）是指以开证行作为远期汇票付款人的信用证。这种信用证项下的汇票，在承兑前，银行对出口商的权利义务以信用证为准；在承兑后，银行作为汇票的承兑人，按照票据法规定，对出票人、背书人、持票人承担付款责任。

（3）延期付款信用证（Deferred Payment L/C）是指开证行在信用证中规定货物装船后若干天付款，或开证行收单后若干天付款的信用证。证中通常注明"延期付款兑现"（Available by deferred Payment）字样。延期付款信用证不要求出口商开立汇票，所以，出口商不能利用贴现市场资金，只能自行垫款或向银行借款。

延期付款信用证是远期信用证的一种，亦称无汇票远期信用证。延期付款信用证的功能与远期信用证的功能相同，只是在期限上不同而已。

有的国家和地区颁布的票据法规定，凡超过六个月期限的承兑汇票，或超过一年以上的远期汇票，不得在市场上贴现。同时规定远期汇票的期限不得超过 180 天，在这种情况下为了解决远期至一年以上或数年时间后的支付方式，在国际贸易的实践中，产生了延期付款信用证，而且被广泛运用。

延期付款信用证适用于进出口大型机电成套设备。这种付款方式对出口商而言，风险较大，故必须在进口商信誉卓著的条件下方可采用此种支付方式。若进口商取得所有权后，不履行偿还货款义务，则出口商只能依法追还货款，而不能得到货物的所有权。

（五）付款信用证、承兑信用证和议付信用证

根据付款方式的不同，信用证可分为付款信用证、承兑信用证和议付信用证。

1. 付款信用证（Payment L/C）

指凡是指定由某一银行付款的信用证。付款信用证一般不要求受益人开具汇票，而仅凭受益人提交的单据付款。在付款信用证中通常有类似的保证文句："我们凭提交符合信用证条款的单据付款。"（We hereby engage that payment will be duly made against documents presented in conformity with the terms of this credit.）

在实际业务中应注意以下几点：

（1）即期付款信用证一般不要求受益人开立汇票。

（2）即期付款信用证的付款行可以是开证行自己，也可以是出口地的通知行或指定的第三国银行。如开证行自己是付款行，开证行应履行即期付款的承诺；如由通知行或第三国银行任付款行，开证行应保证该款的即期照付。

（3）以出口地银行为付款人的即期付款信用证的交单到期地点在出口地，便于受

益人交单取款，可以及时取得资金。这种信用证对受益人最为有利。

（4）付款行为开证行本身或第三国银行，交单到期地点通常规定在付款行所在地，受益人要承担单据在邮寄过程中遗失或延误的风险。

（5）付款行一经付款，对受益人无追索权。

2. 承兑信用证（Acceptance L/C）

指凡是指定由某一银行承兑的信用证。即当受益人向指定银行开具远期汇票并提示时，指定银行即行承兑，并于汇票到期日履行付款。在承兑信用证中通常有类似的保证文句："我们保证凡符合信用证条款的汇票被提示时及时承兑，并于到期日及时付款。"（We hereby engage that draft (s) drawn in conformity with the terms of this credit will be duly accepted on persentation and duly honoured at maturity.）

根据《UCP600》规定，承兑信用证的汇票付款人可以是开证行或其他指定银行，所以这种信用证又称为银行承兑信用证（Banker's Acceptance L/C）。这种信用证的汇票，由于承兑人是银行，比较容易到贴现市场去转让，因此对受益人就比较有利。承兑信用证一般适用于远期付款的交易。

3. 议付信用证（Negotiation L/C）

指凡是开证行允许受益人向某一指定银行或任何银行交单议付的信用证。通常在单证相符的情况下，银行扣除垫付利息和手续费后，即将款项付给受益人。我国出口业务中，大多使用议付信用证。

议付信用证可分为两种形式：

（1）公开议付信用证（Open Negotiation L/C），又称自由议付的信用证（Freely Negotiation L/C）。是指开证行对愿意办理议付的任何银行作公开议付邀请和普遍付款承诺的信用证，即指任何银行均可按信用证条款自由议付的信用证。在公开议付信用证中，一般列有以下文句："在任何银行议付"（Any bank by negotiation）。

公开议付信用证由于在任何银行都可以议付，所以对受益人比较方便。

（2）限制议付信用证（Restricted Negotiation L/C）是指开证行指定某一银行或开证行本身自己进行议付的信用证。在限制议付信用证中，通常有下列限制议付文句："本信用证限定××银行议付"（Negotiation under this credit is restricted to ×× bank）。

议付信用证中汇票付款人为开证行或开证行指定的付款行；汇票的付款期限既可以是即期的，也可以是远期的。信用证的到期地点通常在受益人所在地，以便出口商在装运货物后就可以向银行交单议付取得资金融通。这种信用证经议付后，如因故不能向开证行索取票款，议付行有权对受益人行使追索权。

（六）可转让信用证和不可转让信用证

根据受益人对信用证的权利可否转让，分为可转让信用证和不可转让信用证。

1. 可转让信用证（Transferable Credit）

指特别注明"可转让"（Transferable Credit）字样的信用证。它是指受益人（第一受益人）请求转让行将信用证的全部或部分一次性转让给一个或多个受益人（第二受益人）使用的信用证。可转让信用证是开证行向中间商（受益人）提供对信用证条款权利履行转让便利的一种结算方式。

在实际业务中应注意的问题：

（1）可转让信用证的转让条件。根据《UCP600》的规定，惟有开证行在信用证中明确注明“可转让”（Transferable），信用证方可转让。如信用证注明“可分割”（Divisible）、“可分开”（Fractional）、“可让渡”（Assignable）和“可转移”（Transmissible）等文句，并没有使信用证可以转让，如使用这类文句，银行可以不予理会。

（2）可转让信用证的使用规则。根据《UCP600》的规定，除非信用证另有规定，可转让信用证只能转让一次，即只能由第一受益人转让给第二受益人，第二受益人不得要求将信用证转让给其后的第三受益人。但是，再转让给第一受益人，不属第二次转让。如果信用证不禁止分批装运，在总和不超过信用证金额的前提下，可分别按若干部分办理转让，该项转让的总和，将构成信用证的一次转让。

（3）可转让信用证的变更内容。可转让信用证在转让中，信用证的金额可以减少；单价可以降低；装运期、交单期、到期日可以提前；投保加成可以增加；第一受益人的名称可以代替开证申请人的名称；第一受益人还可以用自身的发票替换第二受益人的发票。

（4）可转让信用证的修改。可转让信用证修改时，除经有关银行同意外，还必须经第一、第二受益人同意后方能成立。

（5）可转让信用证的使用范围。在实际业务中，要求开立可转让信用证的第一受益人通常是中间商。为了赚取差额利润，中间商可将信用证转让给实际供货人，由供货人办理出运手续。

进口商开立了可转让信用证，即表示他同意出口商的交货、交单义务可以由出口商所指定的其他人来执行。当然信用证的转让并不等于买卖合同也被转让，当第二受益人不能交货或提交的单据存在问题时，第一受益人仍须负责。但是，对进口商来说，他毕竟对第二受益人的情况不了解或了解不多。所以，除了对信用证的第一受益人特别信任外，进口商一般不愿意随便开立可转让信用证。

2. 不可转让信用证（Non-transferable Credit）

指受益人不能将信用证的权利转让给他人的信用证。根据《UCP600》的规定，凡信用证中未注明“可转让（Transferable）”者，就是不可转让信用证。

（七）背对背信用证（Back to Back Credit）

背对背信用证又称转开信用证。是指受益人要求原证的通知行或其他银行以原证为基础，另开一张内容相似的新信用证，这种另开的信用证就是对背信用证。背对背信用证通常是由中间商转售他人货物，从中图利，或两国不能直接进行交易需通过第三国商人以此种方法来沟通贸易而开立的。

简而言之，背对背信用证是以中间商人作为申请人，要求原通知行或指定银行向第二受益人开立，条款受约于原信用证条款的信用证。

背对背信用证在转让中，信用证的金额可以减少；单价可以降低，以保证中间商有利可图；装运期、交单期、到期日可以提前，以便使中间商能及时换单据办理议付手续；另外，投保加成可以增加；第一受益人的名称可以代替开证申请人的名称；第一受益人还可以用自身的发票替换第二受益人的发票。

值得注意的是，背对背信用证的开证行除了要以原证用做新证的抵押外，为防止原证发生意外收不到款，一般还要求申请人缴纳一定数额的押金或担保品。背对背信用证条款修改时，新证申请人需得到原证申请人同意。

背对背信用证和可转让信用证都适用于中间商的交易，下面通过表 5－4 对上述两种信用证进行比较。

表 5－4　背对背信用证和可转让信用证的比较

背对背信用证	可转让信用证
背对背信用证的开立，并非原始信用证的申请人和开证行的意旨，而是受益人的意旨，申请人和开证行与背对背信用证无关	可转让信用证的开立是申请人的意旨，开证行同意，并在信用证中加列“Transferable”字样
凭着原始信用证开立背对背信用证，两证同时存在	可转让信用证的全部或部分的权利转让出去，该证就失去那部分金额之存在
背对背信用证的第二受益人得不到原始信用证的付款保证	可转让信用证的第二受益人可以得到开证行的付款保证
开立背对背信用证的银行就是该证的开证行	转让行按照第一受益人的指示开立变更条款的新的可转让信用证，通知第二受益人，该转让行地位不变，仍然是转让行

（八）循环信用证（Revolving Credit）

循环信用证是指其金额被全部或部分使用，无需经过信用证修改，根据一定条件就可以自动、半自动或非自动地更新或还原再被使用，直至达到规定的使用次数、期限及规定的金额用完为止的信用证。

循环信用证又分为按时间循环信用证和按金额循环信用证两种。按时间循环的信用证是指受益人在一定时间内可以多次支取信用证规定的金额；按金额循环的信用证是指受益人金额议付后，仍恢复到原金额，可再次使用，直至用完规定的总金额为止的信用证。

在按金额循环的信用证的条件下，恢复到原金额的具体做法有三种：

第一种是自动循环。即每期用完一定的金额，不需要等待开证行的通知，即可自动恢复到原金额。

第二种是半自动循环。即每期支款后若干天内，开证行未提出终止循环使用的通知，自第××天起可自动恢复至原金额。

第三种是非自动循环。即每期用完一定金额后，必须等待开证行的通知到达，信用证才恢复到原金额继续使用。

循环信用证与一般信用证的根本区别在于一般信用证在使用后即告失效，而循环信用证则可多次循环使用，直到规定的循环次数或规定的总金额或规定的时间达到为止。

循环信用证一般在分批均等交货的情况下采用。采用循环信用证对出口商来说，可以简化审证、改证等手续；对进口商来说，可以节省开证手续和费用，减少开证押金。

（九）对开信用证（Reciprocal Credit）

对开信用证是指两张信用证的开证申请人互以对方为受益人而开立的信用证。对开信用证的特点是第一张信用证的受益人（出口商）和开证申请人（进口商）就是第二张信用证的开证申请人和受益人，第一张信用证的通知行就是第二张信用证的开证行。两张信用证的金额相等或大体相等，两证可同时互开，也可先后开立。

对开信用证多用于易货贸易、来料加工和补偿贸易业务，交易的双方都担心对方凭第一张信用证出口或进口后，另外一方不履行进口或出口的义务，于是采用这种互相联系、互为条件的开证办法，彼此得以约束。

（十）预支信用证（Anticipatory Credit）

预支信用证是指开证行授权代付行（通常是通知行）向受益人预付信用证金额的全部或一部分，由开证行保证偿还并负担利息。所以预支信用证与远期信用证正好相反，开证行付款在先，受益人交单在后。

预支信用证有预支信用证部分金额和全部金额两种。关于预支款项的利息，应该由何方支付则根据信用证的规定，可以由受益人支付，也可以由开证申请人支付。

为了引人注目，这种预支货款的条款，常用红字表示，故称“红条款信用证（Red Clause L/C）。”但现今信用证的预支条款并非都用红色表示，但效力相同。

进口商之所以愿意开立预支信用证的原因，主要由于进口地市场货源紧缺；或是进口商主动以预付货款为条件争取出口商供货；或者是进口商为了使其在出口地的代理人能够掌握一笔资金，以便随时在出口地收购货物。事实上，预支信用证是开证申请人利用银行融通资金的一种方式。

七、《跟单信用证统一惯例》

20 世纪前叶，信用证支付方式开始在国际贸易中使用，但是由于缺乏对信用证的统一理解和解释，当事人之间的争议和纠纷经常发生，不利于国际贸易的发展。国际商会为了减少因为解释不同而引起的争端，调和各有关当事人之间的矛盾，于 1930 年拟订了一套《商业跟单信用证统一惯例》并于 1933 年正式公布，建议各国银行采用。以后随着国际贸易的变化，国际商会进行多次修订，并更名为《跟单信用证统一惯例》（Uniform Customs and Practice for Documentary Credits，简称 UCP）。现在使用的是 2006 年 11 月正式公布的国际商会第 600 号出版物，已于 2007 年 7 月 1 日实施。

《UCP600》共 39 条，其主要内容有以下几个方面：

第 1 ~ 5 条为总则部分，包括 UCP 的适用范围、定义条款、解释规则、信用证的独立性等；

第 6 ~ 13 条明确了有关信用证的开立、修改、各当事人的关系与责任等问题；

第 14 ~ 16 条是关于单据的审核标准、单证相符或不符的处理规定；

第 17 ~ 28 条属单据条款，包括商业发票、运输单据、保险单据等；

第 29 ~ 32 条规定了有关款项支取的问题；

第 33 ~ 37 条属银行的免责条款；

第 38 条是关于可转让信用证的规定；

第 39 条是关于款项让渡的规定。

值得注意的是，《跟单信用证统一惯例》不是法律，只是一项国际贸易惯例，但它又是国际银行界、律师界、学术界自觉遵守的“法律”，是全世界公认的、到目前为止最为成功的一套非官方规定。因此要得到这个“法律准绳”的保护，必须在信用证上注明：“Applicable Rules：UCP LATEST VERSION”。我国银行自 1987 年 3 月起对外开立的信用证上也都加上了类似以上所述的文句。

第四节　其他支付方式

汇付、托收和信用证是国际贸易中三种主要的支付方式，但随着国际贸易的发展，诸如银行保函、备用信用证、保理业务等也纷纷出现。本节简单介绍银行保函、备用信用证、保理业务的使用等问题。

一、银行保函与备用信用证

在国际贸易中，交易双方的一方当事人担心对方不履行合同义务，需要银行出具保证文件而又不宜使用信用证方式时，可要求对方提供银行保函或备用信用证，以保证其履行合同规定的义务。

（一）银行保函

银行保函（Letter of Guarantee，简称 L/G），又称银行担保，是指银行应申请人的要求向受益人开出的，保证申请人履行与受益人签订的合同项下义务的书面承诺。保函的种类很多，用途十分广泛，可适用于商品、劳务、技术贸易、工程项目承包、承建、物质进出口报关、向金融机构融资、大型成套设备租赁、诉讼保全、各种合同义务的履行等领域。

目前，中国银行推出的保函分为投标保函、履约保函、预付款保函、融资保函、租赁保函、付款保函、关税保函、重量保函、维修保函、海事保函、预留金保函、诉讼保函、对外劳务合作备用金保函、加工贸易税款保付保函、网上支付税费担保、ATA 单证册保函。

（二）备用信用证

备用信用证最早流行于美国、日本。因这两国的法律不允许银行开立保函。采用备用信用证来代替保函。

1. 备用信用证的含义和性质

备用信用证（Standby Credit）是指银行以客户担保债务偿还或贷款融资为目的而提供的银行信用保证。一般有借款担保和履约担保。

备用信用证属于银行信用，开证行对受益人保证在开证申请人未履行其义务时，即由开证行付款。因此，备用信用证对受益人来说是备用于开证申请人发生毁约时，取得补偿的一种方式。如果开证申请人按期履行合同的义务，受益人就无需要求开证行在备用信用证项下支付货款或赔款。这是所以称作“备用”的由来。

备用信用证一般用在投标、还款或履约保证、预付货款和赊销等业务。近年来，美国等一些国家已经开始把备用信用证用于国际货物买卖合同项下货款的支付。在世界范围内，备用信用证的使用也日益增加，对于这一新趋势，我们应给予格外的关注。

2. 备用信用证适用的国际贸易惯例

自 1999 年 1 月 1 日起当事人可以选择适用 1998 年《国际备用信用证惯例》（The International Standby Practices 1998，简称 ISP98），被定为国际商会第 590 号出版物，是全世界统一解释和应用备用信用证的惯例。

ISP98 的颁布与实施，统一了各国银行与相关企业对备用信用证的操作，有利于减少备用信用证业务中可能产生的纠纷和争议，从而推动备用信用证的广泛应用和发展，填补了备用信用证在国际规范方面的空白。

值得注意的是，ISP98 与其他国际货物贸易惯例相同，要使所开立的备用信用证适用 ISP98，必须在文本中表明受 ISP98 的约束。

银行保函与信用证的区别、备用信用证与银行保函的区别、备用信用证与跟单信用证的区别参见表 5 - 5、表 5 - 6、表 5 - 7。

表 5 - 5　　银行保函与信用证的区别

	信用证	银行保函
适用范围	信用证业务主要适用于货物的买卖	银行保函的用途较为广泛，除适用货物买卖外，还可用于劳务、国际工程承包、承建、物质进出口报关等领域
单据要求	在信用证方式下与信用证相符的货物单据是付款的主要依据	在银行保函方式下单据不是付款的依据，而是凭符合保函条款的索赔书或保函中规定的其他文件承担付款
融资	在信用证方式下受益人可以通过押汇、贴现等方式取得资金融通	在银行保函方式下单据不成为索汇的依据，也不能作抵押贷款，受益人不能取得资金融通

表 5 - 6　　备用信用证与银行保函的区别

备用信用证	银行保函
银行付第一性付款责任	银行付第二性付款责任
备用信用证的付款依据是按规定提供某项凭证，同被保证人与受益人的契约无关	银行保函的付款依据是某项契约或诺言是否已经履行，往往涉及契约的履行争议等

表 5－7　备用信用证与跟单信用证的区别

备用信用证	跟单信用证
在备用信用证下，受益人只有在开证申请人未履行义务时，才能行使信用证规定的权利。如开证申请人履行了约定的义务，则备用信用证就成为备而不用的文件	在跟单信用证下，受益人只要履行信用证所规定的条件，即可向开证行要求付款
可适用于货物以外的多方面的交易	一般只适用于货物的买卖
一般只以受益人出具的说明开证申请人未能履约的证明文件为付款依据	一般以符合信用证规定的代表货物的货运单据为付款依据

二、保理业务

在竞争日趋激烈且以买方市场为主的国际市场中，赊销等灵活多样的信用交易方式正逐渐替代信用证等传统结算方式，成为更具有竞争力的主流模式。然而，赊销贸易方式在促进交易达成的同时，也给出口商提出了新的难题，即出口应收账款的安全性及融资压力、中小型企业融资困难、对进口商当地贸易惯例和法律法规不熟悉、对市场和经济环境的变化不敏感等。出口商需要一种既安全收汇又能给予进口商方便的、新型的、具有出口优势的国际结算方式，这就是国际保理业务。

（一）国际保理业务的含义

国际保理是一种新型的国际贸易结算方式，分为出口保理与进口保理。出口保理指出口商（债权人）以赊销（O/A）、承兑交单（D/A）为付款条件，由保理商向其提供包括对买方资信调查、坏账担保、贷款催收以及贸易融资等的综合性金融服务。

目前，中国银行推出了出口双保理业务。即出口商将对进口商项下产生的应收账款转让给中国银行。由中国银行与国外的合作伙伴（进口保理商）共同为出口商提供应收账款融资，销售分户账户管理、账款的催收及信用风险控制与坏账担保等一揽子服务。采用出口双保理，出口商不必担心进口商的信用，资金的不足，且能获得融资支持和风险保障，扩展了外销市场，扩大了出口利润。

（二）国际保理业务的适用范围

适用于有大量的、经常性中短期以 D/A 或 OA 方式赊销出口的客户。申请人具有良好的商业信用、出口产品质量有保证、买卖双方有长期的良好赊销贸易记录，为没有诈骗行为和不良银行记录的优质大中型出口企业。进口商不处于发生内乱、战争、金融危机或受别国制裁等高风险地区。

国际保理业务为出口商提供了资信调查、资金融通、信贷管理、资信风险担保等综合性服务，保理公司不仅取代了银行的中介地位和作用，而且还将其中业务转化，并承担全部风险，对出口商安全收汇提供了保障。同时使进口商充分享受了 D/A 的优势，促进了资金的流通和周转。因此，近年来发展十分迅速，对于这种新的业务，应认真学习，并结合具体实际加以使用。

第五节 支付条款及各种支付方式的综合运用

国际贸易货款的支付方式有多种，不同的支付方式涉及不同的信用，支付的时间和地点各不相同，对买卖双方的利益和风险也有明显的区别。国际货物买卖中有关货款收付的规定通常以支付条款出现，因此，在国际货物买卖合同中订好支付条款对买卖双方来说是个非常重要的问题。买卖合同中支付条款的内容视所采用的不同的收付方式而异。现就常用的支付条款分别举例，并对各种支付方式综合运用作简单讲解。

一、合同中的支付条款

（一）合同中的汇付条款

使用汇付方式时，应在买卖合同中明确规定汇付的时间、具体的汇付方式和金额等。

[例5-1]

买方应在2008年9月15日前将100%的货款以电汇方式预付给卖方。（The Buyers shall pay 100% of the sales proceeds in advance by T/T to reach the Sellers not later than Sep. 15，2008.）

[例5-2]

买方应于合同签署后15天内，以电汇方式预付给卖方合同价格的××%（×××美元）。（The Buyers shall pay the Sellers ××% of the contract price（USD×××）in advance by T/T within fifteen days after the signing this contract.）

[例5-3]

买方应在收到本合同所列单据后，于××天内电汇付款。（Payment by T/T: Payment to be effected by the Buyers shall not be later than ×× days after receipt of the documents listed in the contract.）

[例5-4]

买方在收到卖方提交的提单、商业发票和装箱单的传真复印件后立即100%付款。（100% T/T against fax copy of B/L，invoice and packing list.）

（二）合同中的托收条款

使用托收方式，应在买卖合同中明确规定交单条件、买方付款和/或承兑责任以及付款期限等。采用不同的托收方式，在合同条款的规定上有所不同。

[例5-5]

买方应凭卖方开具的即期跟单汇票，于第一次见票时立即付款，付款后交单。（Upon first presentation the Buyers shall pay against documentary draft drawn by the Sellers at sight. The shipping documents are to be delivered against payment only.）

[例5-6]

买方对卖方出具的见票后××天付款的跟单汇票于第一次提示时即以承兑，并在汇票到期日即给予付款，付款后交单。（The Buyers shall duly accept the documentary draft drawn by the Sellers at ××days sight upon first presentation and make payment on its maturity. The shipping documents are to be delivered against payment only.）

［例5－7］

买方对卖方开具的见票后××天付款的跟单汇票于第一次提示时即应承兑，并于汇票到期日付款，承兑后交单。（The Buyers shall duly accept the documentary draft drawn by the Sellers at ××days sight upon first presentation and make payment on its maturity . The shipping documents are to be delivered against acceptance.）

（三）合同中的信用证条款

在国际贸易中若买卖双方同意以信用证方式支付，则必须将所开信用证的有关事项在合同中加以明确，其主要内容包括：

1. 开证时间

为了明确开证责任，开证时间应在合同中加以规定。

（1）签约后××天开证。（to be opened within ××days after the conclusion of the contract.）

（2）在装运月份前××天到卖方。（to be opened to reach the Sellers ××days before the month of shipment.）

（3）不迟于×月×日开到卖方。（to be opened to reach the Sellers not later than××）

（4）接到卖方货已备妥的通知后××天内开证。（to be opened within ×× days after receipt of the Sellers advice that the goods are ready for shipment.）

2. 信用证的种类

国际货物买卖中所使用的信用证种类很多，其作用和利弊各不相同。在选择信用证类型时，买卖双方除应考虑交易的具体情况外，还要遵守国家的政策法规。在我国出口业务中，常采用不可撤销即期议付信用证。

3. 信用证的金额

在通常的交易中，都要求开立足额信用证，即信用证金额为发票金额的100%。如买卖合同中关于交货数量有“溢短装”或“约”字条款规定时，那么对信用证金额也应做出相应的规定。如果涉及某些额外的费用需要在信用证金额外支付，则必须在合同中做出相应规定。

4. 付款的日期

付款的日期关系到买卖双方收付货款的时间。在实际业务中，卖方希望收到货款越快越好，这样一方面能加速资金的周转，另一方面减少汇率波动的风险；而买方则希望远期付款，这样便于资金的融通。因此，在合同中必须确定付款日期。在采用远期信用证情况下，卖方在报价时应考虑利息因素。

5. 信用证的有效期及到期地点

信用证中都应规定有效期，没有有效期的信用证是无效的。信用证的有效期是指信用证中规定的交单付款，承兑或议付的到期日。在我国出口业务中，大部分采用议付信用证，所以合同条款一般都规定“议付有效期为装运月后第15天在中国到期（Valid for negotiation in China until 15th days after month of shipment)”，以便出口商在货物装运后有充分的时间制作单证。

信用证的到期地点是指信用证有效期的终止地点。规定信用证的到期地点时涉及三种情况：议付到期、承兑到期和付款到期。议付到期地点一般在出口地；承兑和付款的到期地点则为开证行或付款行所在地。不同的到期地点对卖方交单有着不同的影响。在出口方到期对受益人最为有利，因为便于掌握交单时间；而在进口方到期或在第三国到期，有可能因为单据传递延误而错过了信用证的交单期，所以在我国出口业务中，如采用议付信用证，应明确规定信用证在中国到期。如采用付款信用证、承兑信用证也应争取规定信用证在中国到期。

[例 5 -8]

买方应通过卖方所接受的银行于装运月份前 30 天开出并送达卖方不可撤销的即期信用证，于装运月份后 15 天在中国议付有效。(The Buyers shall open through a bank acceptable the Sellers an Irrevocable sight Letter of Credit to reach the Sellers 30 days before the month of shipment, Valid for negotiation in China until the 15th day after the month of shipment.)

[例 5 -9]

买方应通过卖方可以接受的银行于装运月份前 × × 天开出并送达卖方不可撤销的见票后 45 天付款的信用证，有效期至装运月份后 15 天在上海议付。(The Buyers shall open through a bank acceptable to the Sellers an Irrevocable Letter of Credit at 45days' sight to reach the Sellers × × days before the month of shipment , Valid for negotiation in Shanghai until the 15th day after the month of shipment.)

二、各种支付方式的选用

在实际业务中，选择和运用各种不同的支付方式，应在贯彻我国外贸方针政策的前提下，从保障外汇资金安全、加速资金周转、扩大贸易往来、减少风险等因素来通盘考虑。为了适应我国对外贸易的发展，必须认真研究国际市场各种惯用的支付方式，并灵活地加以运用。

“安全及时”是国际贸易出口收汇应贯彻的一个原则。在出口业务中，首先选择 T/T 全额预付或 T/T 部分预付，这种支付方式最符合安全及时的原则；其次采用即期信用证支付方式，这种支付方式收汇比较迅速、安全；再则采用远期信用证支付方式，这种支付方式收汇虽不及时，但安全有保障，但在计算价格时，应将利息因素考虑在内。至于托收结算方式，由于商业信用代替了银行信用，安全性大大降低。但是，为了促进某些商品（如新产品、库存品、积压品等）出口，对某些资信较好的客户，并且在国家付汇控制相对不严的情况下，可采用即期付款交单作为竞争的手段，但承兑交单应谨慎使用。

在国际贸易中，一笔交易通常只选择一种支付方式，有时根据实际业务的需要，或为了促使交易的达成，在双方未能就某一支付方式达成协议时，也可以把两种或多种支付方式结合起来使用，所以，为达到安全及时收汇的目的，也根据业务的实际情况，在了解对方资信的情况下，慎重而灵活地选择适当的结算方式。常见的有：

（一）信用证与汇付相结合

这种方式具体有两种做法：

(1) 部分货款先采用信用证方式支付，余额用汇付方式结算。即进口商首先开信用证，支付发票金额的若干成，余数部分待货物到达目的地后，根据检验结果计算出确切金额，以汇付的方式支付。

(2) 先汇付部分货款，余额部分在出口商发货时由进口商开立信用证支付。这主要用于须先预付订金的交易（如成套设备及大宗初级产品的交易），进口商成交时须交纳的订金以汇付方式支付，余额部分以信用证支付。

（二）信用证与托收相结合

采用托收与信用证相结合的做法，主要是为了减轻进口商资金周转的压力，减少开证的押金。通常要求信用证上规定受益人凭光票支取信用证款项，凭跟单汇票采用 D/P 方式支取余额。出口商出运货物后，在议付信用证款项的同时委托议付行托收余款。为保证托收货款的安全收汇，要求信用证内注明"待付清全部发票金额后方可交单"的条款。全套单据附于托收项下，买方付清全部发票金额后交单。若买方不能付清全部发票金额，则货运单据由开证行掌握，凭卖方指示处理。具体条款如下："货款××% 应开立不可撤销信用证，其余××% 见票立即（或见票后××天）付款交单。全套单据随附于托收项下，在到期时发票金额全数付清后方予交单。如××% 托收金额被拒付时，开证行应掌握单据，听凭卖方处理。"

（三）汇付与托收相结合

汇付与托收相结合是一种以即期跟单托收为主、汇付为辅的收付方式。采用这种方法时，先是进口商以预付货款的方式支付少量货款作为出口商出运货物的条件，其余大部分金额采用即期跟单托收方式收款。这样，即使货物发运后，进口商不履行付款责任，出口商仍拥有货权，所受损失可用预付的汇款来弥补。

（四）汇付、托收与信用证相结合

在成套设备、大型机械产品和交通工具（如飞机、船舶）等交易中，因为成交金额较大，成品生产周期较长，一般采取按工程进度和交货进度分若干期付清货款，即分期付款和延期付款的方法。一般采用汇付、托收、信用证相结合的方式。

(1) 分期付款（Payment by Installments）是指合同签订后，买方预交部分货款或订金，其余货款根据订购商品的制造进度或交货进度分若干期支付，在货物交付完毕时付清或基本付清。分期付款实际上是一种即期交易。

(2) 延期付款（Deferred Payment）是指买方在预支一部分定订金后，买方大部分货款是在交货后一段相当长的时间内分期摊付。延期付款实际上是卖方向买方提供了商业信贷，它带有赊销的性质，因此，延期付款涉及利息问题，应在买卖合同中规定延迟支付部分的利率。延期付款是买方利用外资的一种形式。

分期付款和延期付款的区别：参见表 5-8。

表 5－8 分期付款和延期付款的区别

	分期付款	延期付款
所有权转移的时间不同	只要付清最后一笔货款，货物的所有权即行转移	货物的所有权一般在交货时转移
货款的清偿程度不同	货款是在交货时付清或基本付清	大部分货款是在交货后一个才相当长的时间内分期摊付
支付的利息费用不同	买方没有利用卖方的资金，因而不存在利息	由于买方利用卖方的资金，所以买方应向卖方支付利息

重点知识展示

信用证 SWIFT 常见项目资料

一、SWIFT 介绍

SWIFT（Society for Worldwide Interbank Financial Telecommunication）又称“环球同业银行金融电讯协会”，是国际银行同业间的国际合作组织，成立于1973年，目前全球大多数国家大多数银行已使用 SWIFT 系统。SWIFT 的使用，使银行的结算提供了安全、可靠、快捷、标准化、自动化的通讯业务，从而大大提高了银行的结算速度。由于 SWIFT 的格式具有标准化，目前信用证的格式主要都是用 SWIFT 电文，因此有必要对 SWIFT 进行了解。

二、SWIFT 特点

（1）SWIFT 需要会员资格。我国的大多数专业银行都是其成员。

（2）SWIFT 的费用较低。同样多的内容，SWIFT 的费用只有 TELEX（电传）的18%左右，只有 CABLE（电报）的2.5%左右。

（3）SWIFT 的安全性较高。SWIFT 的密押比电传的密押可靠性强、保密性高，且具有较高的自动化。

（4）SWIFT 的格式具有标准化。对于 SWIFT 电文，SWIFT 组织有着统一的要求和格式。

三、SWIFT 电文表示方式

1. 项目表示方式

SWIFT 由项目（FIELD）组成，如：59：BENEFICIARY（受益人），就是一个项目，59是项目的代号，可以是两位数字表示，也可以两位数字加上字母来表示，如51a：APPLICANT（申请人）。不同的代号，表示不同的含义。项目还规定了一定的格式，各种 SWIFT 电文都必须按照这种格式表示。

在 SWIFT 电文中，一些项目是必选项目（MANDATORY FIELD），一些项目是可选项目（OPTIONAL FIELD），必选项目是必须要具备的，如：31D：DATE AND PLACE OF EXPIRY（信用证有效期），可选项目是另外增加的项目，并不一定每个信用证都有的，如：39B：MAXIMUM CREDIT AMOUNT（信用证最大限制金额）。

2. 日期表示方式

SWIFT电文的日期表示为：YYMMDD（年月日）如：2008年5月12日，表示为：080512。

3. 数字表示方式

在SWIFT电文中，数字不使用分格号，小数点用逗号来表示如：5,152,286.36表示为：5152286，36；4/5表示为：0，8；5%表示为：5 PER CENT。

4. 货币表示方式

澳大利亚元：AUD；奥地利元：ATS；英镑：GBP；比利时法郎：BEF；加拿大元：CAD；人民币元：CNY；美元：USD；港元：HKD；丹麦克朗：DKK；德国马克：DEM；荷兰盾：NLG；挪威克朗：NOK；意大利里拉：ITL；法国法郎：FRF；芬兰马克：FIM；瑞典克朗：SEK；日元：JPY。

四、信用证中常见项目表示方式——跟单信用证开证（MT700）

必选20：DOCUMENTARY CREDIT NUMBER（信用证号码）

可选23：REFERENCE TO PRE-ADVICE（预先通知号码）

如果信用证是采取预先通知的方式，该项目内应该填入“PREADV/”，再加上预先通知的编号或日期。

必选27：SEQUENCE OF TOTAL（电文页次）

可选31C：DATE OF ISSUE（开证日期）如果这项没有填，则开证日期为电文的发送日期。

必选31D：DATE AND PLACE OF EXPIRY（信用证有效期和有效地点）该日期为最后交单的日期。

必选32B：CURRENCY CODE，AMOUNT（信用证结算的货币和金额）

可选39A：PERCENTAGE CREDIT AMOUNT TOLERANCE（信用证金额上下浮动允许的最大范围）该项目的表示方法较为特殊，数值表示百分比的数值，如：5/5，表示上下浮动最大为5%。39B与39A不能同时出现。

可选39B：MAXIMUM CREDIT AMOUNT（信用证最大限制金额）39B与39A不能同时出现。

可选39C：ADDITIONAL AMOUNTS COVERED（额外金额）表示信用证所涉及的保险费、利息、运费等金额。

必选40A：FORM OF DOCUMENTARY CREDIT（跟单信用证形式）跟单信用证有三种形式：

（1）IRREVOCABLE（不可撤销跟单信用证）

（2）IRREVOCABLE TRANSFERABLE（不可撤销可转让跟单信用证）

（3）IRREVOCABLE STANDBY（不可撤销备用信用证）

必选41a：AVAILABLE WITH…BY…（指定的有关银行及信用证兑付的方式）

（1）指定银行作为付款、承兑、议付。

（2）兑付的方式有5种：BY PAYMENT（即期付款）；BY ACCEPTANCE（远期承兑）；BY NEGOTIATION（议付）；BY DEF PAYMENT（迟期付款）；BY MIXED PAYMENT（混合付款）。

（3）如果是自由议付信用证，对该信用证的议付地点不做限制，该项目代号为：41D，内容为：ANY BANK IN…

可选42D：DRAWEE（汇票付款人）必须与42C同时出现。

可选42C：DRAFTS AT…（汇票付款日期）必须与42a同时出现。

可选42：MMIXED PAYMENT DETAILS（混合付款条款）

可选42P：DEFERRED PAYMENT DETAILS（迟期付款条款）

可选43P：PARTIAL SHIPMENTS（分装条款）表示该信用证的货物是否可以分批装运。

可选43T：TRANSSHIPMENT（转运条款）表示该信用证是直接到达，还是通过转运到达。

可选44A：LOADING ON BOARD/DISPATCH/TAKING IN CHARGE AT/FORM（装船、发运和接收监管的地点）——信用证中44E

可选44B：FOR TRANSPORTATION TO…（货物发运的最终地）——信用证中44F

可选44C：LATEST DATE OF SHIPMENT（最后装船期）装船的最迟的日期。44C与44D不能同时出现。

可选44D：SHIPMENT PERIOD（船期）44C与44D不能同时出现。

可选45A：DESCRIPTION OF GOODS AND/OR SERVICES（货物描述）货物的情况、价格条款。

可选46A：DOCUMENTS REQUIRED（单据要求）各种单据的要求

可选47A：ADDITIONAL CONDITIONS（特别条款）

可选48：PERIOD FOR PRESENTATION（交单期限）表明开立运输单据后多少天内交单。

必选49：CONFIRMATION INSTRUCTIONS（保兑指示）其中，CONFIRM：要求保兑行保兑该信用证；MAY ADD：收报行可以对该信用证加具保兑；WITHOUT：不要求收报行保兑该信用证。

必选50：APPLICANT（信用证开证申请人）一般为进口商。

可选51a：APPLICANT BANK（信用证开证的银行）

可选53A：REIMBURSEMENT BANK（偿付行）

可选57a："ADVISE THROUGH" BANK（通知行）

必选59：BENEFICIARY（信用证的受益人）一般为出口商。

可选71B：CHARGES（费用情况）表明费用是否有受益人（出口商）出，如果没有这一条，表示除了议付费、转让费以外，其他各种费用由开出信用证的申请人（进口商）出。

可选72：SENDER TO RECEIVER INFORMATION（附言）

可选78：INSTRUCTION TO THE PAYING/ACCEPTING/NEGOTIATING BANK（给付款行、承兑行、议付行的指示）

汇付支付程序示意

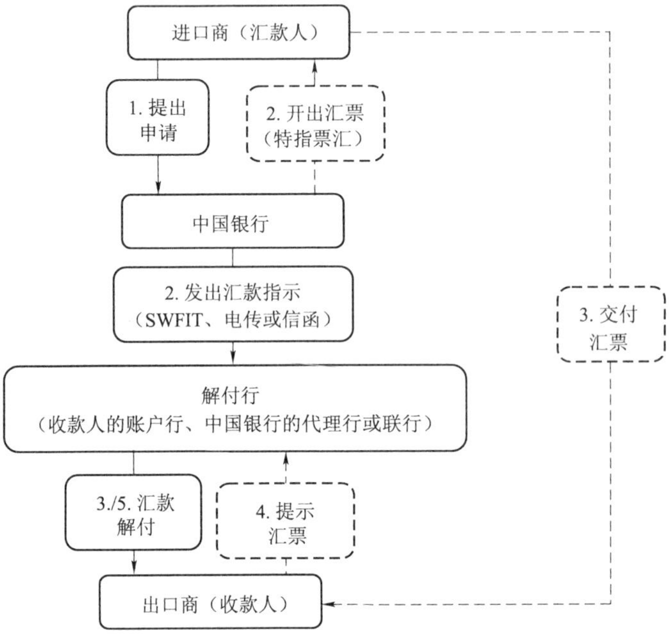

图 5-7　汇付支付程序图

托收支付程序示意

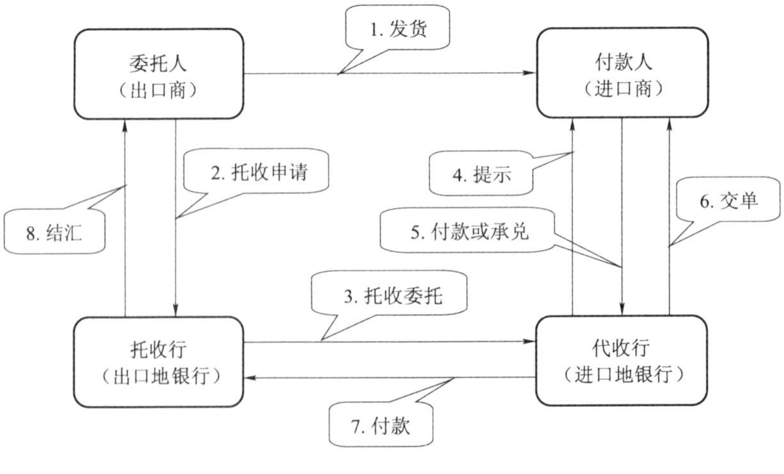

图 5-8　托收支付程序图

不可撤销跟单议付信用证支付程序示意

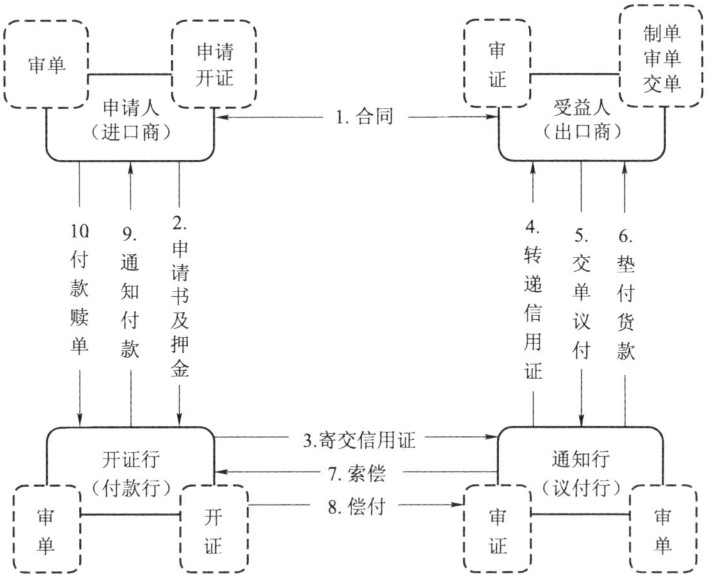

图 5－9　不可撤销跟单议付信用证支付程序图

经典案例分析

案情：

我某公司向国外某商进口一批钢材，货物分两批装运，支付方式为不可撤销即期信用证，每批分别由中国银行开立一份信用证。第一批货物装运后，卖方在有效期内向银行交单议付，指定行审单后，即向该商议付货款，随后中国银行对指定行作了偿付。我方在收到第一批货物后，发现货物品质不符合同，因而要求开证行对第二批信用证项下的单据拒绝付款，但遭到开证行的拒绝。你认为开证行这样做是否有理？

分析：

开证行拒绝有理。因为我方要求开证行拒付，实质为撤销信用证，不可撤销信用证未经有关当事人同意不得撤销。开证行在相符交单时必须付款，不管货物是否与合同相符。有关品质不符，进口方应直接向出口方索赔。

关键名词

汇票　支票　本票　承兑　贴现　T/T　托收　D/A　D/P sight　信用证　议付　相符交单　延期付款　不可撤销的保兑信用证　可转让信用证

第六章

商检、索赔、仲裁和不可抗力

学习目标

使学生了解争议预防处理的方式，并掌握各条款的相应内容及涉及的法律与惯例。

重点难点

1. 不可抗力的界定；
2. 仲裁裁决的效力。

第一节 商品检验

商品检验又称货物的检验，是指在国际货物贸易中，对卖方所交付货物的质量、数（重）量和包装等进行检验和鉴定，以确定其是否符合合同规定；有时还对装载技术条件、卫生、疫情、运输途中发生的残损、短损及安全等方面进行检验检疫和鉴定。我们通常简称其为“商检”。

商品检验是随着国际货物买卖的发展而产生和发展起来的，它在国际货物买卖中占有十分重要的地位。在国际货物买卖中，由于交易双方身处异地，相距遥远，货物在长途运输和装卸过程中难免会发生残损、短少甚至灭失，尤其是在凭单交货的象征性交货条件下，买卖双方所交货物的品质、数量等问题更容易产生争议。因此，为了便于查明货损、货差原因和确定责任归属，以利于货物的交接和交易的顺利进行，就往往需要一个有权威的、公证的检验检疫机构对货物进行检验并出具检验检疫证书以资证明。这种由商检机构出具的检验证书已成为国际贸易中买卖双方交接货物、结算货款、索赔和理赔的主要依据。由此可见，商品检验是国际货物买卖中不可缺少的一个重要环节。

《联合国国际货物销售合同公约》规定：卖方必须在按情况实际可行的最短时间内

检验货物或由他人检验货物。如果合同涉及货物的运输，检验可推迟到货物到达目的地后进行。

《英国货物买卖法》规定：除非另有约定，卖方在向买方提供货物的交付时，有义务根据要求，给买方提供检验货物的合理机会，以确定货物是否符合合同。

《中华人民共和国进出口商品检验法》规定：对法定检验的进口商品未经检验不准销售、使用；对法定检验的出口商品未经检验合格的不准出口；盛装出口危险货物的包装容器必须进行性能鉴定和使用鉴定，使用未经鉴定合格的包装容器的危险货物，不准出口。

《中华人民共和国进出口商品检验法实施条例》规定，“出入境检验检疫机构对进出口商品实施检验的内容，包括是否符合安全、卫生、健康、环境保护、防止欺诈等要求以及相关的品质、数量、重量等项目。”

进出口商品检验的依据，《商检法》规定：“列入目录的进出口商品，按照国家技术规范的强制性要求进行检验；尚未制定国家技术规范的强制性要求的，应当依法及时制定，未制定之前，可以参照国家商检部门指定的国外有关标准进行检验。”国家技术规范的强制性要求是对进出口商品实施检验的基本依据。“国家技术规范的强制性要求”是一个特定用语，是指规定必须强制执行的产品特性或其相关工艺和生产方法，包括适用的管理规定在内的文件。该文件还可包括适用于产品、工艺或生产方法的专门术语、符号、包装或标签要求。国外有关标准是指国家商检部门指定的国际标准、进口国或者出口国的标准以及相关技术要求。

国际货物买卖合同中检验条款的主要内容包括检验时间和地点、检验机构、检验标准和方法、检验证书以及复验的时间和地点。

一、检验的时间和地点

根据各国法律，买方在接受货物前，有权对货物进行检验。但应在何时何地检验，并无统一规定。因此，为了明确责任，双方应在合同中订明检验的时间和地点。

在国际货物买卖合同中，关于检验的时间和地点基本上有三种做法。

（一）在出口国检验

这种做法可分为在产地检验和装运前或装运时在装运港（地）检验。

1. 产地检验

产地检验是指在货物产地（如工厂、农场、矿山等），由合同中规定的检验机构对货物进行检验。检验合格后，卖方不再对货物的质量负责。

2. 装运前或装运时在装运港（地）检验

装运前或装运时在装运港（地）检验又称“离岸品质、离岸重量（Shipping Quality and Shipping Weight）”，是指货物在装运港（地）装运前或装运时由合同中规定的检验机构对货物进行检验并出具检验证书作为卖方交货品质、重量等的最后依据。货物运抵目的港（地）后，即使发现问题，买方也无权拒收货物或提出异议与索赔。

上述两种规定办法从根本上否定了买方对货物的检验权，对买方极为不利。

（二）在进口国检验

这种做法可分为目的港（地）检验和买方营业处所或最终用户所在地检验。

1. 目的港（地）检验

目的港（地）检验又称“到岸质量、到岸重量（Landed Quality and Landed Weight）”，是指货物运抵目的港或目的地卸货后的一定时间内，由合同中规定的检验机构对商品进行检验并出具检验证书作为卖方交货的最后依据。若检验证书证明货物与合同规定不符且责任归属于卖方时，买方可向卖方提出索赔、退货等要求。

2. 买方营业处所或最终用户所在地检验

买方营业处所或最终用户所在地检验，是指货物运抵目的港（地）买方营业处所或最终用户所在地后的一定时间内，由合同中规定的检验机构对货物进行品质、数量、包装等内容的检验，并以其出具的检验证书作为卖方交货的最后依据。

这种检验方法主要适用于需要安装调试进行检验的成套设备、机电仪表产品以及在卸货口岸开件检验后难以恢复原包装的商品。

上述两种规定办法从根本上否定了卖方对货物的检验权，对卖方极为不利。

（三）在出口国检验，进口国复验

在出口国检验，进口国复检，是指装运地的检验机构验货后出具的检验证书，作为卖方收取货款的出口单据之一，但不作为买方收货的最后依据。货到目的地后的一段时间内，买方有权请求合同规定的检验机构进行复验，出具复验证明。复验中如果发现到货品质、重量或数量与合同规定不符且属于卖方责任时，买方可在规定时间内凭复验证明向卖方提出异议和索赔，直至拒收货物。

上述这种订立方法较公平合理，照顾到了买卖双方的利益，因而在国际贸易中被广泛采用。我国进出口贸易中一般都采用这一做法。

近年来，在检验的时间、地点及具体做法上，国际上也出现了一些新的做法和变化。例如，在出口国装运前预检验，在进口国最终检验，即在买卖合同中规定货物在装运期由买方派员或委托检验机构人员对货物进行预检验，货物运抵目的港（地）后，买方有最终检验和索赔权。采用这一做法，有的还伴以允许买方或其指定的检验机构人员在产地或装运港或装运地实施监造或监装。对进口商品实施装运前预检验，这是当前国际贸易中较普遍采用的一种行之有效的质量保证措施。

《中华人民共和国进出口商品检验法实施条例》规定：在我国进口贸易中，“对属于法定检验范围内的关系国计民生、价值较高、技术复杂的以及其他重要的进口商品和大型成套设备，应当按照对外贸易合同约定监造、装运前检验或者监装”、“国家对可用作原料的固体废物实行装运前检验制度”、“对价值较高，涉及人身财产安全、健康、环境保护项目的高风险进口旧机电产品，应当依照国家有关规定实施装运前检验”。采用这一做法，以保障我方的利益。

此外，为了分清责任归属和减少因两地检验结果不同产生争议，保证合同的顺利履行，一般在检验条款中应规定：凡属保险公司及承运人责任者，买方不得向卖方提出索赔，只能向有关责任方要求赔偿；如果两地检验结果的差距在一定范围之内，则以出口检验结果为准，如果超过一定范围，由双方协商解决；如果未解决，可交第三国检验机构进行仲裁性检验，或者规定超过范围部分由双方平均分担。

二、检验的机构

在进出口贸易中，商品的检验工作一般由专业的检验机构负责办理。由于检验检疫机构做出的检验结果对买卖双方的关系重大，因此在合同中必须明确规定由哪个机构承担检验检疫工作，该商检机构出具的检验证书才能为买卖双方所接受。

国际上的商品检验机构，有官方的，也有民间私人或社团经营的。有些国家的官方商品检验机构只对特定商品（粮食、药物等）进行检验，如美国食品和药物管理局（FDA）。

国际贸易中的商品检验主要由民间机构承担，民间商检机构具有公证机构的法律地位。比较著名的有：

（1）瑞士通用公证行（SGS）：是目前世界上最大的专门从事国际商品检验、测试和认证的集团公司，是一个在国际贸易中有影响的民间独立检验机构。

（2）英国英之杰检验集团（IITS）：是一个国际性的商品检验组织，总部设在伦敦。为了加强其在世界贸易领域中的竞争地位，IITS 通过购买世界上有名望、有实力的检验机构，组建自己的检验集团。

（3）日本海事检定协会（NKKK）：创立于 1913 年，是一个社团法人检验协会，主要是为社会公共利益服务。NKKK 总部设在东京，除在本国各主要港口设有检验所外，还在泰国、新加坡、马来西亚、菲律宾和印度尼西亚等国设有海外事务所。

（4）新日本检定协会（SK）：创立于 1948 年，是日本的一个财团法人检验协会，为财团的经济利益服务。其主要业务是海事检定、一般检验、集装箱检查、理化分析和一般货物检量等。

（5）美国安全试验所（UL）：始建于 1894 年，总部设在伊利诺斯州的诺斯布鲁克，在纽约长岛、佛罗里达州的坦帕、加利福尼亚州的桑塔克莱拉等地设有分支机构。UL 公司是美国最有权威的、也是世界上最大的对各类电器产品进行检验、测试和鉴定的民间检验机构。

（6）美国材料与试验学会（ASTM）：成立于 1896 年，总部设在费城，是美国资格最老、规模最大的学术团体之一，是从事工业原材料标准化的一个非官方组织。

（7）加拿大标准协会（CSA）：成立于 1919 年，其目的是在工业界建立规则，负责制订电气领域里自愿采用的标准。加拿大标准协会实验室负责设备标准试验和认证。

（8）国际羊毛局（IWS）：成立于 1937 年，是一个非牟利性机构。其宗旨是为各成员国的养羊人士建立羊毛制品在全球的长期需求。成员国中最大的羊毛出口国是澳大利亚、新西兰及南半球一些国家，他们出口的原毛占全球年成交量的 80% 左右。

外国检验机构经批准也可在我国设立分支机构，在指定范围内接受进出口商品检验和鉴定业务。

我国进出口商品检验主要由中华人民共和国国家质量监督检验检疫总局（简称国家质检总局）及其各省、自治区、直辖市的出入境检验检疫局承担。中华人民共和国国家质量监督检验检疫总局是中华人民共和国国务院主管全国质量、计量、进出口商品检验、出入境卫生检疫、出入境动植物检疫、进出口食品安全和认证认可、标准化等工作，并行使行政执法职能的直属机构。国家质检总局设在省、自治区、直辖市以及进出口商品的口岸、集散地的出入境检验检疫局及其分支机构，管理所负责地区的进出口商品检验工作。

此外，还有各种专门从事药品的质量检验、计量器具的量值检定、锅炉压力容器的安全监督检验、船舶（包括海上平台、主要船用设备及材料）、飞机（包括飞机发动机、机载设备）的适航检验以及核承压设备的安全检验等官方检验机构。

中国检验认证（集团）有限公司（英文名称：China Certification & Inspection（Group）Co．，Ltd．，英文缩写 CCIC）是经国务院批准成立，在国家工商总局登记注册，迄今为止惟一的带“中国”字头以“检验、鉴定、认证、测试”为主业的跨国检验认证机构，它的成立是中国加入 WTO 新形势下贯彻落实国家质量监督检验检疫总局、国家认证认可监督管理委员会关于商检公司体制改革决策的重大举措。

中国检验认证集团在国内设有 40 家一级子公司、117 家二级公司和办事处及 5 家合资公司，国外设有 25 家公司和代表处，运营网络遍布全球重要港口、城市及货物集散地。二十多年来积累了丰富的国际检验认证业务经验，并与全球许多国家和地区的检验认证机构建立了良好的合作关系，如：国际知名的 UL（美国安全检测试验所）、CSA（加拿大标准协会）、TÜV（德国莱茵技术监护顾问有限公司）、ITS（天祥公证行）、JET（日本电气安全环境研究所）等。

我国商检机构和一些国外检验机构建立了委托代理关系（如 SGS）或合资检验机构（如 OMIC）。

三、检验标准和方法

根据《中华人民共和国商品检验法》规定，凡列入目录的进出口商品，按照国家技术规范的强制性要求进行检验；没有国家技术规范的强制性要求的，可以参照国家商检部门指定的国外有关标准进行检验。法律、行政法规定由其他检验机构实施检验的进出口商品或者检验项目，依照有关法律、行政法的规定办理。此外，买卖合同中规定的质量、数量和包装条款通常也是进出口商品检验的重要依据。

商品检验的方法主要有感官检验、化学检验、物理检验、微生物检验等。

四、检验证书

检验证书（Inspection Certificate）是商检机构对进出口商品实施检验或鉴定后出具的证明文件；是各种进出口商品检验证书、鉴定证书和其他证明书的统称；是对外贸易有关各方履行契约义务、处理索赔争议和仲裁、诉讼举证，具有法律依据的有效证件；也是海关验放、征收关税和优惠减免关税的必要证明。

（一）检验证书的作用

（1）作为证明卖方所交货物的品质、数量、包装以及卫生条件等是否符合合同规定的依据。在进出口贸易中，交付与合同条款规定相符的货物是卖方的义务之一；因此，在买卖合同或信用证中，一般都明确规定卖方交付货物时必须向买方提交经商检机构检验并出具的检验证书，以证明所交的货物与合同或信用证规定一致，否则，进口方有权拒绝付款。

（2）作为买方因商品品质、数量、重量、包装等方面的问题，拒收或提出异议和索赔的凭证。买方收到货物后，如发现其品质、数量、重量、包装等方面与合同或信用证规定不一致时，可以商检机构出具的检验证书证明货物的实际残损情况，并以其作为处理争议的依据，向有关方面提出索赔。

（3）作为卖方向银行结算货款的单据之一。当合同或信用证中规定在出口国检验、进口国复检时，一般合同中都规定，卖方必须提交规定的检验证书。因此，卖方在向银行办理货款结算时，在所交的单据中必须包括检验证书。

（4）作为进出口国海关验放的证件之一。凡是属于法定检验的货物，在办理进出口报关手续时必须向海关提交商品检验机构出具的检验证书，否则海关不予放行。

（5）作为证明货物在装卸、运输过程中实际状况，明确责任归属的依据。货物在进出口过程中，可能会涉及如进口商、承运部门、装卸部门、保险部门等诸多当事人，如果货物在装卸、运输过程中发生数量短缺、残损、变质甚至灭失等情形，其责任的划分往往比较困难。有了商品检验部门出具的有关证书，就能证明货物在装卸、运输时的状况，明确划分责任以及处理货物残损。

（二）商检证书的种类

（1）品质检验证书，是出口商品交货结汇和进口商品结算索赔的有效凭证；法定检验商品的证书，是进出口商品报关、输出输入的合法凭证。商检机构签发的放行单和在报关单上加盖的放行章有与商检证书同等通关效力；签发的检验情况通知单同为商检证书性质。

（2）重量或数量检验证书，是出口商品交货结汇、签发提单和进口商品结算索赔的有效凭证；出口商品的重量证书，也是国外报关征税和计算运费、装卸费用的证件。

（3）兽医检验证书，是证明出口动物产品或食品经过检疫合格的证件。适用于冻畜肉、冻禽、禽畜罐头、冻兔、皮张、毛类、绒类、猪鬃、肠衣等出口商品，是对外交货、银行结汇和进口国通关输入的重要证件。

（4）卫生/健康证书，是证明可供人类食用的出口动物产品、食品等经过卫生检验或检疫合格的证件，适用于肠衣、罐头、冻鱼、冻虾、食品、蛋品、乳制品、蜂蜜等，是对外交货、银行结汇和通关验放的有效证件。

（5）消毒检验证书，是证明出口动物产品经过消毒处理，保证安全卫生的证件。适用于猪鬃、马尾、皮张、山羊毛、羽毛、人发等商品，是对外交货、银行结汇和国外通关验放的有效凭证。

（6）熏蒸证书，是用于证明出口粮谷、油籽、豆类、皮张等商品以及包装用木材与植物性填充物等，已经过熏蒸灭虫的证书。

（7）残损检验证书，是证明进口商品残损情况的证件，适用于进口商品发生残、短、渍、毁等情况，可作为受货人向发货人或承运人或保险人等有关责任方索赔的有效证件。

（8）积载鉴定证书，是证明船方和集装箱装货部门正确配载积载货物，作为证明履行运输契约义务的证件，可供货物交接或发生货损时处理争议之用。

（9）财产价值鉴定证书，是作为对外贸易关系人和司法、仲裁、验资等有关部门索赔、理赔、评估或裁判的重要依据。

（10）船舱检验证书，证明承运出口商品的船舱清洁、密固、冷藏效能及其他技术条件是否符合保护承载商品的质量和数量完整与安全的要求。可作为承运人履行租船契约适载义务，对外贸易关系方进行货物交接和处理货损事故的依据。

（11）生丝品级及公量检验证书，是出口生丝的专用证书。其作用相当于品质检验证书和重量/数量检验证书。

（12）产地证明书，是出口商品在进口国通关输入和享受减免关税优惠待遇和证明商品产地的凭证。

（13）舱口检视证书、监视装/卸载证书、舱口封识证书、油温空距证书、集装箱监装/拆证书，作为证明承运人履行契约义务，明确责任界限，便于处理货损货差责任事故的证明。

（14）价值证明书，作为进口国管理外汇和征收关税的凭证。在发票上签盖商检机构的价值证明章与价值证明书具有同等效力。

（15）货载衡量检验证书，是证明进出口商品的重量、体积吨位的证件，可作为计算运费和制订配载计划的依据。

（16）集装箱租箱交货检验证书、租船交船剩水/油重量鉴定证书，可作为契约双方明确履约责任和处理费用清算的凭证。

五、复验的时间和地点

所谓复验，是指买方对到货拥有的复验权。买方对到货的复验，既不是强制性的，也不是接受货物的前提条件，复验与否由买方自理。如果复验，则应在合同中将复验的期限、复验机构和复验地点等规定清楚。一般来说，复验的期限就是买方索赔的期限。买方只有在规定的期限内行使其权利，索赔才有效，否则无效。

在实际业务中，应根据货物的性质、运输港口等情况决定复验期限和地点，并应选择在政治上对我友好、在业务上有能力的商检和公证机构。

值得注意的是，在进口业务中，应在进口合同检验条款中规定我方有复验权，即进口货物到达目的港后允许我方复验，经复验如发现所交货物与合同不符，有权向国外商人提出索赔或退货。同时，应根据进口货物的实际情况规定复验期限和地点，如进口大型设备、矿山使用大载重汽车因在目的地复验而时间应稍长一些，进口的成套设备的复验期限应更长一些，因必须经过安装、试车和正式投产几个阶段，才能确定其质量。

范例 6-1

出口合同中检验条款范例：“买卖双方同意货物在装运港（地）装运前由山西出入境检验检疫局进行检验，签发的品质和数（重）量检验证书作为信用证项下议付单据的一部分，允许买方有权对货物运抵目的港（地）卸货后经双方同意的检验机构进行复验。复验费由买方负担。如发现货物的品质或数（重）量与合同不符买方有权向卖方索赔，但须提供经卖方同意的公证机构出具的检验报告，索赔期限为货到目的港（地）××天内。”

范例 6-2

进口合同中的检验条款范例：“双方同意以制造厂（或××检验机构）出具的品质及数（重）量检验证明书作为有关信用证项下付款的单据之一。货到目的港经山西出入境检验检疫机构复验，如发现品质或数（重）量与本合同规定不符时，除属保险人或承运人责任外，买方凭山西出入境检验检疫机构的检验证书，在索赔有效期内向卖方提出退货或索赔。索赔有效期为××天，自货物卸毕日期起计算。所有退货或索赔引起的一切费用（包括检验费）及损失均由卖方负担。”

第二节 索 赔

索赔（Claim）是指受损方向违约方提出损害赔偿的要求；理赔（Settlement）是指违约方对受损方所提出赔偿要求的受理和处理。索赔和理赔是一个问题的两个方面。

在国际货物买卖中，交易双方从洽谈交易、签订合同到履行合同，需要较长时间。在这期间，产销情况变化莫测，价格瞬息万变，金融货币动荡不定，加之国际贸易线长、面广，中间环节多，一旦在生产、收购、运输和资金供应等任何一个环节发生意外，或市场行情出现对一方当事人不利的变化时，就有可能出现不履行合同或不完全履行合同的情况，给另一方当事人造成损害。除此之外，还有合同条款规定的不明确，致使当事人在某问题的理解上产生争议，进而导致索赔的发生。为了防止争议和便于处理可能发生的争议，买卖双方应在合同中明确订立索赔条款。

国际货物买卖合同中索赔条款可根据不同的业务需要做不同的规定，通常采用的有“异议与索赔条款”和“罚金或违约金条款”两种。

一、异议与索赔条款

异议与索赔条款（Discrepancy and Claim Clause），一般是针对卖方交货品质、数量或包装不符合同规定而订立的，主要内容包括索赔的依据和索赔的期限等，有的合同还规定索赔金额和索赔办法。

索赔的依据包括法律依据和事实依据，前者是指合同和有关国家法律的规定；后者是指违约的事实证据和出证的机构。索赔的期限是指受害方向违约方提出索赔的有效期限。索赔期限的长短，因不同商品的特性及检验所需的时间等因素而定。索赔期的起算时间以货物到达目的港（地）后×天起算较为常见。索赔有效期限根据不同商品和国内调运、检验等实际情况，以及检验工作的繁简，做出不同的规定，如30～150天。对机电仪表商品应在合同中加订品质保证期（一般为1年），以便在使用过程中发现材质次劣、装配不当、工艺加工不良，以致使用中发生故障、损坏和性能显著降低，以及发现其他隐蔽性严重缺陷等问题，属于发货人责任的，可在品质保证期内凭出入境检验检疫机构出具的证书向发货人索赔。索赔的金额和索赔的办法，一般只做笼统规定，因为违约的情况比较复杂，究竟在哪个业务环节上违约和违约的程度如何，签约时是难以预料的。

范例 6-3

异议与索赔条款范例：买方对货物的任何异议必须在装运货物的船只到达提单指定目的港 30 天内提出，并须提供经卖方同意的公证机构出具的检验报告。

二、罚金或违约金条款

罚金或违约金条款（Penalty or Liquidated Damage Clause），主要规定一方未按合同规定履行其义务时，应向对方支付一定数额的约定罚金，以补偿对方的损失。该条款一般适用于当事人迟延履约，如卖方延期交货、买方延期接货或延期开立信用证等违约行为。当事人一方支付罚金后，一般还应履行合同的义务。罚金的数额通常取决于违约时间的长短，并规定罚金的最高限额。

关于合同的罚金或违约金条款，各国的法律有不同的规定。如大陆法系国家（法国、德国等国）的法律承认并予以保护。而英美法系国家（英国、美国、澳大利亚、新西兰等国）的法律则一般不承认罚金。我国《合同法》规定，合同中约定的违约金，视为违反合同的损失赔偿，但是，约定的违约金过分高于或低于违反合同所造成的损失时，当事人可以请求仲裁机构或者法院予以适当减少或增加。

范例 6-4

罚金或违约金条款范例：买方因自身原因不能按合同规定的时间开立信用证，应向卖方支付罚金。罚金按迟开证每 10 天收取信用证金额的 1%，不足 10 天者按 10 天计，但罚金不超过买方应开信用证金额的 10%。

第三节　不可抗力

不可抗力（Force Majeure）又称人力不可抗拒，是指合同签订以后，不是由于任何一方当事人的过失或疏忽，而是由于发生了当事人不能预见、不能预防、不能避免和不能克服的事故，以致不能履行或不能如期履行合同，遭受意外事故的一方，可以免除履行合同的责任或延期履行合同。不可抗力是合同中的一条免责条款。各国法律对不可抗力情况的称呼不尽相同。英美法称其为“合同落空”，大陆法称其为“情势变迁”。

引起不可抗力事故的原因有自然原因和社会原因两种。前者是指水灾、风灾、干旱、地震等人类无法控制的自然力量所引起的天灾；后者是指战争、罢工、政府禁令等。其中对由自然力量引起的天灾，各国解释比较一致，但对社会原因引起的意外事故的解释，则经常发生分歧。为了避免不必要的纠纷，防止当事人任意扩大或缩小不可抗力事故的范围，买卖双方需要在合同中对不可抗力条款做出明确具体的规定。

尽管国际上不同国家的货物买卖合同对不可抗力条款的规定不尽相同，有的繁琐，有的简单，但一般的货物买卖合同中的不可抗力条款主要包括不可抗力事故的范围、不可抗力事故的法律后果、不可抗力事故的出证机构、不可抗力事故发生后通知对方的期限与方式。

一、不可抗力事故的范围

不可抗力事故范围直接关系到买卖双方的经济利益，容易引起双方的争议，为了减少争议，保护双方的经济利益，在规定不可抗力范围时，应尽量做到既明确又灵活，有列举式、概括式和综合式三种规定方法，在我国进出口合同中，经常采用综合式的规定方法。

综合式是指先将双方当事人达成共识的不可抗力事故列举出来，然后再加上“或其他不可抗力事故”。这种规定使得合同条款对不可抗力范围的规定既明确具体又灵活。

[例 6－1]

因战争、地震、火灾、水灾、雪灾、暴风雨或双方同意的其他不可抗力事故，致使卖方不能全部或部分装运或延迟装运合同货物，卖方对于这种不能装运或延迟装运本合同货物不负有责任。

二、不可抗力事故的法律后果

发生不可抗力事故后，应按约定的处理原则及时进行处理。不可抗力的后果有两种：一种是解除合同，一种是延期履行合同。究竟如何处理，应视事故的原因、性质、规模及其对履行合同所产生的实际影响程度而定。

三、不可抗力事故的出证机构

关于不可抗力的出证机构，在我国，一般由中国国际贸易促进委员会（中国国际商会）或其设在口岸的贸促分会出具；在国外，通常是事故发生地的商会、登记注册的公证机构或政府主管部门出具。为了明确起见，双方应该在合同中对不可抗力事故的出证机构做出具体规定。

四、不可抗力事故发生后通知对方的期限与方式

按照惯例，如果发生不可抗力事故并且事故已经影响到合同履行时，遭受不可抗力事故的一方应及时向对方发出通知，并提供必要的证明文件，且在通知中应提出处理的意见。对方在接到事故的通知后，无论同意与否，都应及时予以答复。为了明确责任，买卖双方应在合同中规定，遭受不可抗力事故的一方应在事故发生后多少天之内，以何

种方式通知对方。

范例 6-5

合同中不可抗力条款范例：由于战争、地震、火灾、水灾、雪灾、暴风雨或其他不可抗力事故，致使卖方不能全部或部分装运或延迟装运合同货物，卖方对于这种不能装运或延迟装运本合同货物不负有责任。但卖方须用电传、传真等电讯方式通知买方，并应在××天内以航空挂号信件向买方提供由中国国际贸易促进委员会出具的证明此类事件的证明书。

第四节 仲 裁

仲裁（Arbitration）又称公断，是指买卖双方在争议发生之前或发生之后，签订书面协议，自愿将争议提交双方所同意的第三者予以裁决（Award），以解决争议的一种方式。由于仲裁是依照法律所允许的仲裁程序裁定争端，因而其裁决具有法律约束力，当事人双方必须遵照执行。

由于政治、经济、自然条件等诸方面因素的变化和影响，买卖双方在履行合同的过程中，有时难免会有不履约或不完全履约的情况发生，以致双方产生争议。国际贸易中解决争议的方法有很多，仲裁就是其中之一。由于采用仲裁方式解决争议具有许多优点，因此，它在国际贸易中越来越被广泛应用，并常常作为条款被列入买卖合同中。

仲裁条款是指双方当事人在其签订的买卖合同中约定将日后可能发生的争议提交仲裁的条款，它通常包括仲裁地点、仲裁机构、仲裁程序与规则、仲裁裁决效力、仲裁费用等方面的内容。

一、仲裁地点

仲裁地点是指仲裁所选择的地点，一般是指仲裁的所在国。仲裁地点与仲裁所适用的程序法以及合同所适用的实体法关系甚为密切。按照有关国家法律的解释，凡属程序方面的问题，除非仲裁协议另有规定，一般都适用审判地法律，即在哪个国家仲裁，就往往适用哪个国家的仲裁法规。至于确定合同双方当事人权利、义务的实体法，如合同中未规定，一般是由仲裁庭根据仲裁地点所在国的法律冲突规则予以规定。由此可见，仲裁地点不同，适用的法律可能不同，对买卖双方的权利、义务的解释就会有差别，其结果也会不同。因此，交易双方对于仲裁地点的确定都很关注，都力争在自己比较了解和信任的地方，尤其是力争在本国仲裁。

在我国进出口合同中，关于仲裁地点有下列三种规定办法：

1. 多数合同规定在中国仲裁

[例 6-2]

“凡因本合同引起的或与本合同有关的任何争议，双方应通过友好协商的办法解决；如果协商不能解决，均应提交北京中国国际经济贸易仲裁委员会，按照申请仲裁时该会现行有效的仲裁规则进行仲裁。仲裁裁决是终局的，对双方都有约束力。”

2. 有时规定在被告国仲裁

[例 6－3]

“凡因本合同引起的或与本合同有关的任何争议，双方应通过友好协商的办法解决；如果协商不能解决，应提交仲裁，仲裁在被告国进行。在中国，由中国国际经济贸易仲裁委员会根据申请仲裁时该仲裁规则进行仲裁。如在××国（被告国名称）由××国××地仲裁机构（被告国仲裁机构的名称）根据该组织的仲裁程序规则进行仲裁。现行有效的仲裁裁决是终局的，对双方都有约束力。”

3. 规定在双方同意的第三国仲裁

[例 6－4]

“凡因本合同引起的或与本合同有关的任何争议，双方应通过友好协商的办法解决；如果协商不能解决，应按××国××地仲裁机构根据该仲裁机构现行有效的仲裁程序规则进行仲裁。仲裁裁决是终局的，对双方都有约束力。”

选用第三种办法时，应选择允许受理双方当事人都不是本国公民的争议案的仲裁机构，而且该机构应具备一定的业务能力，且态度公证。一定要选择在政治上对我友好的国家。

二、仲裁机构

仲裁机构是指受理仲裁案件并做出裁决的机构。仲裁机构不是国家的司法部门，而是依据法律成立的民间机构。

目前，国际商事方面的仲裁机构有两种，一种是常设机构，另外一种是临时性的仲裁机构。一般而言，选择常设机构仲裁较临时性的仲裁机构仲裁更为方便。选择仲裁机构往往与仲裁地点的选择相关联，在仲裁地点无常设仲裁机构，或当事人双方为解决特定争议而自愿指定仲裁员专审案件时，常选择临时性仲裁机构进行仲裁。除此之外，还要考虑到仲裁机构的信誉、规则及其费用、所用语言等方面因素。

世界上许多国家和一些国际组织都设有专门从事国际商事仲裁的常设机构，如国际商会仲裁院、英国伦敦仲裁院、英国仲裁协会、美国仲裁协会、瑞典斯德哥尔摩商会仲裁院、瑞士苏黎世商会仲裁院、日本国际商事仲裁协会以及香港国际仲裁中心等。

我国的涉外仲裁机构为中国国际商会下设的中国国际经济贸易仲裁委员会（又称中国国际商会仲裁院）和中国海事仲裁委员会。中国国际经济贸易仲裁委员会是世界上主要国际商事仲裁机构之一，总会设在北京，在上海、深圳设有分会，称之为中国国际经济贸易仲裁委员会上海分会和中国国际经济贸易仲裁委员会华南分会。中国海事仲裁委员会总部设在北京，在上海设立了分会。

三、仲裁程序与规则

仲裁程序与规则是指进行仲裁的程序和具体的做法，包括如何提交仲裁申请，如何进行答辩，如何指定仲裁员，如何组成仲裁庭，如何进行仲裁审理，如何做出裁决及如何交纳仲裁费等。

为了便于仲裁的顺利进行，常设的仲裁机构一般都有自己的仲裁规则。临时性的仲裁机构所适用的仲裁规则则由双方当事人自行约定。

仲裁规则与仲裁机构有着密切的关系，通常情况下，合同中仲裁条款中规定在哪个仲裁机构进行仲裁，就应该按照哪个机构制定的仲裁规则办理。但是，也有不少国家允许当事人选用仲裁地点以外的其他国家仲裁机构的仲裁规则，但以不违反仲裁地国家仲裁法中的强制性规定为前提条件。

四、仲裁裁决的效力

仲裁裁决的效力是指仲裁机构对争议案件审理后所作的裁决对双方当事人是否有约束力，是否是终局性的，以及能否向法院上诉，要求变更裁决。

按照《中华人民共和国仲裁法》规定，我国的仲裁裁决执行的是一裁终局制。即在中国，凡由中国国际贸易仲裁委员会和中国海事仲裁委员会做出的裁决一般是终局性的，对双方当事人都有约束力，必须依照执行，任何一方都不许向法院起诉要求变更。

在其他国家，一般也不允许当事人对仲裁裁决不服而上诉法院。即使向法院提起诉讼，法院一般也只是审查程序，不审查实体，即只审查仲裁裁决在法律手续上是否完备，而不审查裁决本身是否正确。如果法院查出裁决在程序上有问题，有权宣布裁决为无效。由于仲裁的采用是以双方当事人的自愿为基础，因此，对于仲裁裁决理应承认和执行。

目前，从国际仲裁的实践看，当事人不服裁决诉诸法院的只是一种例外，而且仅限于有关程序方面的问题，至于对裁决本身，是不得上诉的。若败诉方不执行裁决，胜诉方有权向有关法院起诉，请求法院强制执行。

五、仲裁费用的负担

多数合同规定仲裁费用由败诉方负担，但也有的合同规定由仲裁庭酌情掌握。

范例 6-6

合同中仲裁条款范例：“凡因执行本合同所发生的或与本合同有关的一切争议，双方应通过友好协商办法解决，如果协商不能解决，则应提交仲裁。如仲裁在中国，应提交上海或北京或华南中国国际经济贸易仲裁委员会，按照其仲裁规则进行仲裁。仲裁裁决是终局的，对双方都具有约束力，仲裁费用，除非仲裁委员会另有裁定，概由败诉方承担。”

重点知识展示

不可抗力的使用

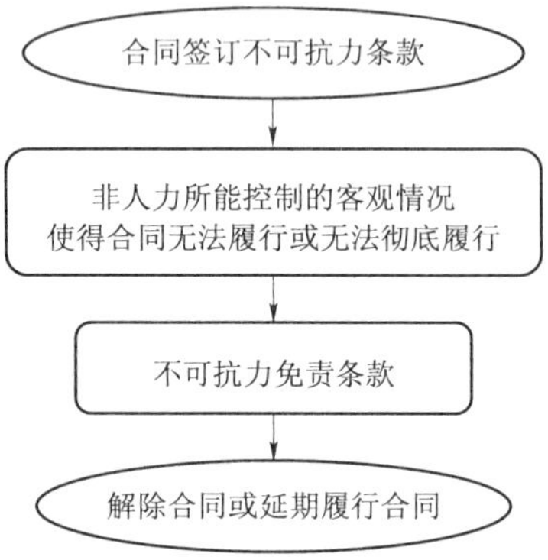

图 6－1　不可抗力的使用示意图

仲裁裁决的执行

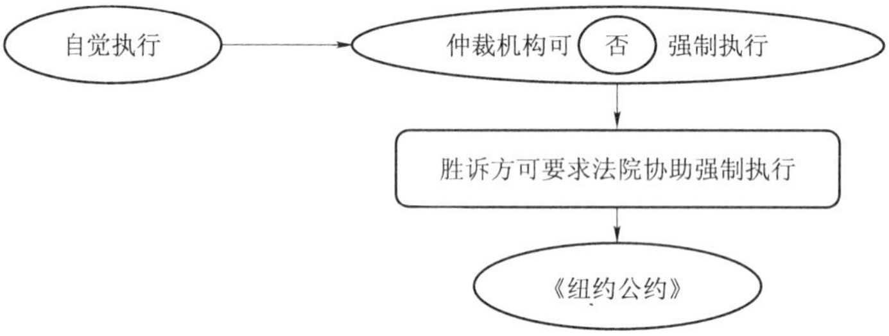

图 6－2　仲裁裁决的执行示意图

经典案例分析

案情：

某年我国长江流域发生了罕见的洪灾，奉新县农田水稻几乎全部被毁。在此之前某外贸企业与法商有三份大米出口合同，合同中商品名称分别为："奉新该年新产大米"、"在某仓库存放的奉新大米"、"中国大米"。存放在某仓库的奉新大米虽幸免，但交通堵塞，短时间无法运出。试就以上情况分别说明我方如何向法方提出免责要求？

分析：

第一份合同，奉新县全部被毁，无稻谷可产，可要求免除全部交货义务；第二份合同，存放在仓库的奉新大米，未受水灾破坏，但交通受阻，可要求推迟交货时间；第三份合同，因未指定产地，应以其他产地的大米交付，不能要求免责。

案情：

我某公司与外商订立一份出口合同，在合同中明确规定了仲裁条款，约定在合同的履行过程中如发生争议在中国仲裁。后来，双方对商品的品质发生争议，对方在其所在地法院起诉我方，法院也发来了传票，传我国的公司出庭应诉。对买方的做法，你认为应该如何处理？

分析：

应出庭抗诉，向对方法院出示仲裁协议即仲裁条款，要求法院停止诉讼程序，将该项争议移交合同规定的仲裁机构进行仲裁。

关键名词

索赔　理赔　法定检验　不可抗力　仲裁

第七章

合同条款技能训练

实训模块一　国际贸易术语的运用

目的要求

学会运用国际贸易术语的表达方式。

背景材料

下列为我方出口报价，如有问题请予更正。

1. USD55.00 PER YARD FOB BEIJING
2. GBP100.00 PER CASE CFR ENGLAND
3. USD6.00 PER DOZEN FOB KOBE
4. USD20.00 PER PIECE FOB LESS 1% DISCOUNT
5. JPY2 000.00 PER SET CIFC3% DALIAN

操作指南

1. 国际贸易术语是进出口商品单价的重要组成部分。单价包括计价货币、单位价格金额、计量单位和贸易术语。

2. 国际贸易术语的使用有其自身规范。如 FOB 后面应跟装运港的名称，CIF 和 CFR 术语后面应跟目的港的名称。

因此上述出口报价应表述为：

1. USD55 PER YARD FOB DALIAN
2. GBP100.00 PER CASE CFR LONDON
3. USD6.00 PER DOZEN FOB SHANGHAI
4. USD20.00 PER PIECE FOB TIANJIN LESS 1% DISCOUNT

5. JPY2 000.00 PER SET CIFC3% OSAKA

实训模块二　国际贸易术语的选用

目的要求

学会选用国际贸易术语的基本方法。

背景材料

2006年3月3日，中国甲贸易公司（买方）与加拿大乙农产品贸易公司（卖方）签订一笔小麦进口合同，合同条件CIF宁波，支付条件为不可撤销即期信用证，交货期为2006年5月20日。中国甲贸易公司4月1日向对方开出信用证，加拿大乙农产品贸易公司按照合同规定的时间与装运条件发运了货物。5月22日，加拿大乙农产品贸易公司以传真通知中国甲贸易公司："装运给贵公司的1万吨小麦与发运给广西北海港的5 000吨小麦同装在SXJ船上。"中国甲贸易公司收到传真后，立即通知加拿大乙农产品贸易公司，这条船应先靠宁波港再驶往北海。加拿大乙农产品贸易公司回复传真说，"我们已按贵公司要求传真通知船公司，请SXJ船先靠宁波港"。但该船实际上先靠了北海港，并且在北海停留卸货与检修了近1个月后才驶往宁波港。这时国际市场小麦价格已下降，国内买家以未按期交货为由要求终止合同并索赔，最后中国甲贸易公司只能以降价了结。结果使得中国甲贸易公司不但得不到预期利润10万元人民币，反而损失10万元人民币，共计损失20万元人民币。于是，中国甲贸易公司以对方违约迟延交货为由向加拿大乙农产品贸易公司索赔，加拿大乙农产品贸易公司认为在CIF合同下，作为卖方，其已经在合同规定的期限内在装运港把货物装上船，即已经完成了交货义务。至于货物何时抵达目的港，系船方所为，并非加拿大乙农产品贸易公司所能控制的，拒绝了中国甲贸易公司的要求。中国甲贸易公司将争议提交仲裁庭进行仲裁。

仲裁庭经合议，裁决如下：

（1）加拿大乙农产品贸易公司在合同规定的期限内，将合同货物装上船，并向议付行提交了装运单据。为此，加拿大乙农产品贸易公司已经完成了CIF条件下的交货义务。

（2）依据国际贸易习惯，发货人没有义务，也无法保证载货船舶何时抵达何港口或先靠何港口，除非发货人作了明确的承诺，它不应对此承担责任。本案发货人加拿大乙农产品贸易公司通知收货人中国甲贸易公司"我们已按贵公司要求传真通知船公司，请SXJ船先靠宁波港"。加拿大乙农产品贸易公司已尽到责任，通知了船公司，但这并不构成发货人的正式承诺。因此，它对载货船舶先靠北海港这一事实不应承担责任。

因此，仲裁庭驳回了中国甲贸易公司的申诉，并承担仲裁费用。

操作指南

不同的贸易术语买卖双方承担不同的义务。采用何种贸易术语，既关系到双方的利益所在，也关系到能否顺利履约。在洽谈交易时，双方应恰当地选择贸易术语。

对于广大企业而言，较多使用象征性交货的术语、即以装运港交货的方式成交。根据交易的具体情况，慎重选择适当的贸易术语对于防范收汇风险，提高经济效益是十分必要的。我国外贸企业在进出口业务中，对贸易术语的选用主要考虑下列因素：

（1）有利于我国远洋运输业和保险业的发展，增收减支。我国在进口贸易中，争取使用 FOB 术语；在出口贸易中，则争取使用 CIF 术语。

（2）重视规避风险。在大宗进口合同中，为控制交货期，要慎用、少用 CIF 术语，而应用 FOB 术语（买方租船订舱）。CIF 条件在进口中，一般适用于小宗、零星货物进口或使用班轮运输条件的情况。大宗进口合同如使用 CIF 术语，为保证到货安全，有必要在合同中规定外方（卖方）租用信誉好的船公司承运我进口货物，以防船公司为补充燃料或以其他理由单方面决定“合理”停靠低价燃料港或途中拉拢其他客户而耽误船期。

实训模块三 品质、数量和包装的订立

目的要求

学会对品质、数量和包装条款的订立，并对其进行审核，对不准确、不合理、不周到的地方加以修改。

背景材料

一、品质条款：根据下列资料起草品质条款

1. 品名：炼钢生铁

规格：C：3.3%（最大） SI：1.25%（最大） P：0.15%（最大）

S：0.05%（最大） MN：0.05%（最大） 块重：45 公斤以下

2. 品名：皮鞋

货号：JB602

采用凭样品买卖

二、数量条款：根据下列资料起草数量条款

数量：3 000 公吨（允许有 5% 的增减幅度）

三、包装条款：根据下列资料起草包装条款

1. 散装
2. 纸箱包装，每箱 12 双装，混码包装，尺码配比：1 3 4 2 2 39 40 41 42 43

唛头：ABCD CO.
01ASB0701
NEW YORK
C/NO. 1－500

3. 我某公司与韩国客商 ABV Co. 签订一份皮鞋合同，共计 2 500 件，合约号为 2008ABV01，价格条件 CIF 釜山。根据以上资料制作一个标准唛头。

操作指南

一、关于品质条款

（1）表示商品品质的方法不同，合同中的品质条款也各不相同。在凭样品买卖时，合同中除了要列明商品的品名外，还应列明样品的编号，必要时还要列出寄送的日期。在凭文字说明买卖时，应针对不同交易的具体情况在买卖合同中明确规定商品的品名、规格、等级、标准、品牌或产地等内容。在凭说明书表示商品品质时，还应在合同中列出说明书、图样的名称、份数等内容。

（2）在国际货物买卖中，卖方交货品质必须严格与买卖合同规定的品质条款相符。但是，某项商品由于生产过程中存在自然损耗，以及受生产工艺、商品本身特点等诸多因素的影响，难以保证交货品质与合同规定的内容完全一致，对于这些商品，如果条款规定过于死板或把品质指标订得绝对化，必然会给卖方的顺利交货带来困难。为此，订立合同时可在品质条款中作一些变通规定，卖方所交商品品质只要在这规定的灵活范围内，就可以认为交货品质与合同相符，买方无权拒收。常见做法是规定品质机动幅度和品质公差。

（3）采用凭样交易时，为了便于合同的履行，应在合同中加列“品质与样品大致相同（Quality to be about equal to the sample）”的条款，

（4）在凭规格交易时，对商品的品质规格应当规定得既明确又灵活，所以，应加列品质机动幅度条款。

因此上述品质条款应表述为：

1. Commodity：Foundry Pig Iron
   Spec：C：3. 3% Max
   SI：1. 25% Max
   P：0. 15% Max
   S：0. 05% Max
   MN：0. 05% Max

Piece Weight: 45KG Max

2. Commodity: leather shoes

   Art No. JB602

   Quality of goods delivered to be about equal to the confirmation sample

二、关于数量条款

国际货物买卖合同的数量条款主要由成交数量和计量单位组成。按重量成交的商品，一般还应规定计算重量的方法。如合同中没有明确表示计算重量的方法，即以净重为准。

在货物买卖合同中，为了便于合同的履行，一般都订有数量机动幅度条款，即溢短装条款或约字条款。约字条款常用在信用证支付方式下。而溢短装条款适用范围较广。溢短装条款是指在买卖合同的数量条款中明确规定可以增减的百分比。即卖方交货时有权根据具体情况多交或少交一定数量的货物，但以不超过规定数量的百分比为限。溢短装条款包括溢短装的幅度、溢短装部分的决定权和溢短装部分的计价等内容。关于溢短装部分的决定权，一般情况下，采用 FOB 术语时由买方决定；而采用 CIF、CFR 术语时由卖方决定。

因此上述数量条款应表述为：

Quantity: 3 000M/T ±5% At Sellers' option

3 000M/T ±5% At Buyers' option

三、关于包装条款

（1）包装条款是合同的重要组成部分，在国际货物买卖合同中，包装条款包括包装材料、包装方式、包装规格、包装标志等内容。如果是买卖没有包装的货物，应明确规定散装。

（2）联合国欧洲经济委员会简化国际贸易程序工作组在国际标准化组织（ISO）和国际货物装卸协调协会的支持下，制定了标准唛头向各国推荐使用。该标准唛头标志包括：① 收货人或买方名称的英文缩写字母或简称；② 参考号，如提单号、订单号或发票号；③ 目的地；④ 件号。该标准唛头由 4 行组成，每行不得超过 17 个英文字母。

因此上述包装条款应表述为：

1. Packing: In Bulk

   Shipping Mark: N/M

2. Packing: in carton, 12pairs to a carton, size assorted,

   1 3 4 2 2

   size run: --

   39 40 41 42 43

   Shipping Mark: ABCD CO

   01ASB0701

   NEW YORK

C/NO. 1 - 500

3. ABV Co

2008ABV01

Busan

C/No. 1—2500

实训模块四　出口商品成本核算与报价

目的要求

掌握出口业务中的盈亏核算及 FOB、CFR、CIF 常见贸易术语的价格构成及不同价格的换算方法。

背景材料

一、出口盈亏率核算

某外贸公司出口某商品，其出口总价：USD73 000CIF 纽约，其中运费 USD1 540，保险费 USD443。进价 574 980 元（含增值税 17%），费用定额率 6%，出口退税率 9%。当时人民币市场汇价银行美元买入价为 8.30 元。试求该批商品的盈亏率。（保留 2 位小数）

二、出口换汇成本核算

某外贸公司出口某商品 1 000 箱，该货每箱收购人民币价 100 元，国内费用为收购价的 15%，出口后每箱可退税 7 元人民币，外销价为每箱 19.00 美元 CFR 曼谷，每箱货应付海运运费 1.20 美元，试计算该商品的出口换汇成本。（保留 2 位小数）

三、实际成本核算

某出口公司采购一批篮球，每只篮球的购货成本是 200 元人民币，其中包括 17% 的增值税，若篮球出口可以有 8% 的退税，求每只篮球的实际购货成本。

四、出口报价核算

某食品进出口公司收到日本商人求购 17 公吨冷冻水产（计一个 20 英尺集装箱）的询盘，经了解该级别水产品每公吨的进货价格为 5 600 元人民币（含增值税 17%）；出口包装费每吨 500 元；该批货物国内运杂费计 1 200 元；出口商检费 300 元；报关费 100 元；港区港杂费 950 元；其他各种费用共计 1 500 元。该食品进出公司向银行贷款的年利率为 8%；预计垫款时间 2 个月；银行手续费率为 0.5%（按成交价格计）；出口冷冻水产的退税率为 3%；海洋运费从装运港青岛至日本神户一个 20 英尺冷冻集装箱的包箱费率是 2 200 美元，用户要求按成交价的 110% 投保，保险费率 0.85%；日本商人要求在报价中包括 3% 的佣金，若该食品进出口公司的预期利润是 10%（以成交金额计），人民币对美元汇率为 8.25 比 1，试报出每公吨水产出口的 FOB，CFR 和 CIF 价格。为保持数据的相对准确性，运算过程保留四位小数，最终报价保留两位小数。

操作指南

为了实现企业的经济效益，避免不计成本、不计亏损、单纯追求成交量的偏向，应对每笔交易进行成本核算。尤其是在出口业务中，为了确保盈利，应该在对外成交前进行盈亏核算。

一、出口盈亏率核算

出口盈亏率是盈亏额与出口总成本的比例，用百分比表示，它是衡量出口盈亏程度的一项重要指标。其计算公式为：

出口盈亏率 = 出口盈亏额 ÷ 出口总成本 × 100%

= (出口销售人民币净收入 − 出口总成本) ÷ 出口总成本 × 100%

若计算结果为正，则为盈利率；若为负，则是亏损率。

其中：

（1）出口总成本（退税后）= 出口商品采购价格（含增值税）+ 国内定额费用 − 出口商品增值税退税收入

（2）国内定额费用 = 出口商品采购成本 × 费用定额率

（3）出口退税收入 = 出口商品采购成本（含增值税）÷ (1 + 增值税税率) × 退税率

（4）出口销售人民币净收入是指出口外汇净收入按当时外汇牌价折算的人民币数额。

（5）出口销售外汇净收入是指出口外汇总收入中扣除劳务费用如运费、保险费、佣金等非贸易外汇后的外汇收入，即以 FOB 价成交所得的外汇收入。如以 CFR 或 CIF 术语成交，价格中去除国外运费、保险费后，为出口外汇净收入。以含佣价成交的，还要去除佣金。

故本题计算如下：

解： 1. 出口销售人民币净收入 = (73 000 − 1 540 − 443) × 8.3 = 589 441.1 元

2. 出口总成本 = 574 980 + 574 980 × 6% − 574 980 ÷ (1 + 17%) × 9%

= 565 249.57 元

3. 盈亏额 = 589 441.1 − 565 249.57 = 24 191.53 元

4. 盈亏率 = 盈亏额 ÷ 出口总成本 × 100% = 24 191.53 ÷ 56 249.57 × 100% = 43.01%

答： 该批出口商品的盈利率为 43.01%。

二、出口换汇成本核算

出口换汇成本是指出口商品净收入1单位外汇所需的人民币成本，在我国，一般是指出口商品每净收入1美元所耗费的人民币成本，即用多少人民币换回1美元。它是衡量出口交易盈亏的重要指标。其计算公式为：

出口换汇成本＝出口总成本(人民币)÷出口外汇净收入(美元)

其中：

(1) 出口总成本(退税后)＝出口商品采购价格(含增值税)＋国内定额费用－出口商品增值税退税收入

(2) 国内定额费用＝出口商品采购成本×费用定额率

(3) 出口外汇净收入是指出口外汇总收入中扣除劳务费用如运费、保险费、佣金等非贸易外汇后的外汇收入，即以FOB价成交所得的外汇收入。如以CFR或CIF术语成交，价格中去除国外运费、保险费后，为出口外汇净收入。以含佣价成交的，还要去除佣金。

故本题计算如下：

解： 1. 出口总成本＝1 000×100＋1 000×100× 15% － 1 000×7＝108 000元

2. 出口销售外汇净收入＝1 000×(19.00－1.20)＝17 800美元

3. 出口换汇成本＝出口总成本(人民币)÷出口外汇净收入(美元)

＝108 000元÷17 800美元＝6.07元/美元

答： 该商品的换汇成本为6.07元/美元

三、实际成本核算

对于从事贸易的出口商而言，商品成本即为采购成本，是贸易商向供货厂商购买货物的支出。一般来讲，供货厂商所报的价格就是贸易商的采购成本。然而，供货厂商报出的价格一般包含税收，即增值税。增值税是以商品进入流通环节所发生的增值额为课税对象的一种流转税。由于出口商品是进入国外的流通领域，因此，许多国家为降低出口商品的成本，增强其产品在国际市场上的竞争力，往往对出口商品采取增值税款全额或按一定比例退还的做法。在实施出口退税制度的情况下，出口商在核算价格时，为了增加其产品在售价上的竞争力，往往会将含税的采购成本中的出口退税部分予以扣除，从而得出实际购货成本。我国目前对不同的商品实施不同的退税率。

实际成本＝采购成本(含税)－出口退税收入

＝采购成本(含税)－采购成本(含税)÷(1＋增值税率)×退税率

＝采购成本(含税)×(1＋增值税率－退税率)÷(1＋增值税率)

故本题计算如下：

解： 实际成本＝采购成本(含税)×(1＋增值税率－出口退税率)÷(1＋增值税率)

＝200×(1＋17% － 8%)÷(1＋17%)＝186.32元/只

答： 每只篮球的实际购货成本是186.32元。

四、出口报价核算

各种贸易术语所代表的价格构成都包括三部分：实际成本、费用和净利润。

实际成本是出口商品购货成本扣除出口退税收入。

费用是价格构成中最复杂的部分，通常包括国内费用和国际费用两部分。国内费用有加工整理费用、包装费用、保管费用、国内运输费用、装船费、证件费、银行费用、预计损耗邮电费等。国外费用主要有国外运费、国外保险费、佣金（如以含佣价成交）。

净利润是进出口价格的三要素之一。利润作为企业自己的收入，其核算的方法由企业自行决定，通常采用百分比作为经营的利润来核算。计算利润的基数一般是出口成本，也有采用成交价格计算的，由企业自定。

FOBC、CFRC、CIFC 三种术语的价格构成：

1. FOBC = 实际成本 + 国内费用 + 佣金 + 出口利润
2. CFRC = 实际成本 + 国内费用 + 国外运费 + 佣金 + 出口利润
3. CIFC = 实际成本 + 国内费用 + 国外运费 + 国外保险费 + 佣金 + 出口利润

故本题计算如下：

解：

实际成本 = 采购成本（含税）－ 出口退税收入

= 采购成本（含税）－ 采购成本（含税）÷（1 + 增值税率）× 退税率

= 采购成本（含税）×（1 + 增值税率 － 退税率）÷（1 + 增值税率）

$= 5\ 600 \times (1 + 17\% - 3\%) \div (1 + 17\%)$

$= 5\ 600 \times 1.14 \div 1.17 = 5\ 456.410\ 3$ 元/吨

费用：

国内费用 $= 500 + (1\ 200 + 300 + 100 + 950 + 1\ 500) \div 17 + 5\ 600 \times 8\% \div 6$ + 报价 $\times 0.5\%$

$= 812.902$ + 报价 $\times 0.5\%$

客户佣金 = 报价 × 3%

出口运费 $= 2\ 200 \div 17 = 129.411\ 8$ 美元 $= 1\ 067.647\ 3$ 元

出口保费 = CIF 价 × 110% × 0.85%

利润 = 报价 × 10%

1. FOB 报价

设 FOBC3% 青岛价为 x

FOBC3% = 实际成本 + 国内费用 + 佣金 + 预期利润

$x = 5\ 456.410\ 3 + 812.902 + x \times 0.5\% + x \times 3\% + x \times 10\%$

$x = (5\ 456.410\ 3 + 812.902) \div (1 - 0.5\% - 3\% - 10\%)$

$= 6\ 269.312\ 3 \div 0.865$

=7 247.759 9 人民币/公吨

FOBC3% =7 247.759 9 人民币/公吨 ÷8.25

=878.52 美元/公吨

2. CFR 报价

设 CFRC3% 神户价为 x

CFRC3% =实际成本+国内费用+出口运费+佣金+预期利润

$x=5\ 456.410\ 3+812.902+1\ 067.647\ 1+x\times0.5\%+x\times3\%+x\times10\%$

$x=(5\ 456.410\ 3+812.902+1\ 067.647\ 1)\div(1-0.5\%-3\%-10\%)$

$=7\ 336.959\ 4\div0.865=8\ 482.034\ 0$ 人民币/公吨

CFRC3% =8 482.034 0 人民币/公吨 ÷8.25

=1 028.13 美元/公吨

3. CIF 报价

设 C2FC3% 神户价为 x

CIFC 3% =实际成本+国内费用+出口运费+佣金+出口保险费+预期利润

$x=5\ 456.410\ 3+812.902+1\ 067.647\ 1+x\times0.5\%+x\times3\%$

$+x\times110\%\times0.85\%+x\times10\%$

$x=(5\ 456.410\ 3+812.902+1\ 067.647\ 1)\div(1-0.5\%-3\%-110\%\times0.85\%$

$-10\%)$

$=7\ 336.959\ 4\div0.855\ 65=8\ 574.720\ 3$ 人民币/公吨

C2FC3% =8 574.720 3 人民币/公吨 ÷8.25

=1 039.36 美元/公吨

通过以上计算,17 吨冷冻水产品的出口报价如下:

USD878.52 PER METRIC TON FOBC3% QINGDAO

USD1 028.13 PER METRIC TON CFRC3% KOBE

USD1 039.36 PER METRIC TON CIFC3% KOBE

实训模块五　价格条款的订立

目的要求

掌握价格条款的正确表达。

背景材料

根据下列资料起草价格条款。

1. 1 000 公吨，每公吨 200 美元，装运港为上海港，目的港为旧金山，采用 FOB 合同。

2. 2 000 公吨，每公吨 100 美元，装运港为大连港，目的港为纽约，佣金率为 3%，采用 CIF 合同。

3. 200 台，每台 2 500 港元，装运港为盐田港，目的港为香港，折扣率为 4%，采用 CFR 合同。

操作指南

（1）国际货物买卖合同中的价格条款包括单价和总值。单价包括计价货币、单位价格金额、计量单位、贸易术语四部分，缺一不可；总值是单价与交易数量的乘积。

（2）佣金（Commission）是指交易通过中间商或代理商进行，而由中间商或代理商收取的酬金。有文字说明、缩写和绝对数三种表示方法。

（3）折扣（ Discount）是指卖方给予买方的价格减让。一般以百分比表示。

因此上述价格条款应表述为：

1. 单价：每公吨 200 美元 FOB 上海

Unit Price：USD 200 per M/T FOB Shanghai

At USD 200 per M/T FOB Shanghai

总值：200 000 美元

Total Amount：USD 200 000. 00

2. 单价：每公吨 100 美元 CIF 纽约包括 3% 佣金

Unit Price：USD100 PER M/T CIF NEW YORK INCLUDING 3% COMMISSION

USD100 PER M/T CIFC3% NEW YORK

总值：200 000 美元

Total Amount：USD 200 000. 00

3. 单价：每台 2 500 港元 CFR 香港减让 4% 的折扣

Unit Price：HKD2 500 PER SET CFR HONGKONG LESS 4% DISCOUNT

总值：500 000 港元

Total Amount：HKD 500 000. 00

实训模块六　装运、保险、支付条款的订立

目的要求

学会对装运、保险、支付条款的订立，并对其进行审核，对不准确、不合理、不周到的地方加以修改。

背景材料

一、装运条款：根据下列资料起草装运条款

装运期最迟为 2008. 6. 16；装运港：天津；目的港：利物浦；分批装运：可以；转运：可以。

二、保险条款：根据下列资料起草保险条款

（1）采用 CIF 出口某商品；投保险别为一切险加战争险；一成；采用中国保险条款。

（2）采用 FOB、CFR 进口某商品。

三、支付条款：根据下列资料起草支付条款

（1）采用 T/T 方式，付款时间截止到 2008. 5. 16，金额为货款的 100%。

（2）采用托收方式，付款时间为即期。

（3）采用信用证方式，开证时间截止到 2008. 10. 31，不可撤销的即期议付信用证，金额为发票金额，有效期和到期地点为装运期后 15 天在中国到期。

操作指南

一、关于装运条款（TIME OF SHIPMENT）

合同中的装运条款应包括装期、装运港、目的港、能否分批装运和转运等内容。因此上述支付条款应表述为：

装期：不得晚于 2008 年 6 月 16 日。允许分批装运和转运，由天津至利物浦。

SHIPMENT:

Not later than June 16th, 2008 with partial shipments and transhipment allowed.

Port of Loading & Destination: from Tianjin to Liverpool.

二、关于保险条款（INSURANCE）

（1）在国际货物运输保险业务中，以 CIF 术语成交，条款内容要明确卖方办理保险、保险险别、保险金额、使用的保险条款以及保险条款的生效日期等内容。以 FOB、CFR 术语成交，条款内容只要明确买方办理保险即可。

（2）在实际业务中，多数使用中国保险条款，即 C. I. C 条款，也可使用英国协会货物条款，即 I. C. C 条款。

（3）关于保险金额的问题，按照国际贸易惯例，保险金额一般是货价的 110%。也有的商人要求只保货价的 100%，还有的买方由于某种特别原因，要求保险金额至货价的 110% 以上，只要提出正当理由，保险公司也愿意承保，则卖方也可照办。

因此上述支付条款应表述为：

（1）保险由卖方按发票金额的 110% 投保一切险、战争险，以 1981 年 1 月 1 日中国人民保险公司海洋货物运输保险条款为准。

INSURANCE: To be covered by the Sellers for 110% of the invoice value covering ALL RISKS AND WAR RISK as per Ocean Marine Cargo Clauses of the People's Company of China dated 1/1/1981。

（2）保险由买方办理。

INSURANCE: To be covered by the Buyers.

三、关于支付条款（TERMS OF PAYMENT）

（1）汇付方式下的支付条款：采用汇付方式时，应在合同中明确规定汇付的时间、具体的汇付方式和汇付的金额等。

因此上述支付条款应表述为：

买方应于 2008 年 5 月 16 日前将全部货款用电汇方式付给卖方。

The buyer shall pay the total value to the seller in advance by T/T not later than May 16th, 2008.

（2）托收方式下的支付条款：采用托收方式时，应在买卖合同中明确规定交单条件、方式和买方的付款或承兑责任以及付款期限等。

因此上述支付条款应表述为：

买方凭卖方开具的即期跟单汇票，于第一次见票时立即付款，付款后交单。

Upon the first presentation, the buyers shall pay against documentary draft by the sellers at sight. The shipping documents are to be delivered against payment only.

（3）信用证方式下的支付条款：采用信用证方式时，应在合同中明确开证时间、信用证的种类、金额、有效期和到期地点等方面的内容。

因此上述支付条款应表述为：

买方应在 2008 年 10 月 31 日前将不可撤销的、100% 发票金额的即期议付信用证开到卖方，信用证议付有效期为装运期后 15 天在中国到期。如未按期开来信用证，卖方对交货延迟将不负任何责任，并有权取消合同并保留索赔权利。

By 100% Irrevocable Sight Letter of Credit opened by the buyer to reach the Seller not later than Oct. 31st. 2008 and to be available for negotiation in China until the 15th day after the date of shipment. In case of late arrival of the L/C, the Seller shall not be liable for any delay in shipment and shall have the right to rescind the contract and or claim for damages.

实训模块七　信用证的审核

目的要求

掌握信用证审核的原则、方法和技巧。

背景材料

根据所给信用证填制下面的审证记录单：

FM：1552 16AIBKIE2DAXXX97778
AIBKIE2DXXX
+AIB BANK
+DUBLIN

MT：700

27：SEQUENCE OF TOTAL：
1/1

40A：FORM OF DOC. CREDIT：
IRREVOCABLE

20：DOC. CREDIT NUMBER：
08－67247

31C：DATE OF ISSUE：
080115

31D：DATE AND PLACE OF EXPIRY：
080330 IN CHINA

50：APPLICANT：
BLACKTORN SHOES LTD.，COES ROAD，
DUNDALK，CO. LOUTH，REPUBLIC OF IRELAND

59：BENEFICIARY：
LILIN TRADING CO.，LTD.
18 YINGZE STREET，TAIYUAN CHINA.

32B：AMOUNT：
CURRENCY：USD
AMOUNT：144 000

41D：AVAILABLE WITH/BY：
ANY BANK
BY NEGOTIATION

42C：DRAFTS AT...：
SIGHT

42D：DRAWEE：
AIBKIE2D
SX42：AIBKIE2DXXX
AIB BANK
DUBLIN

43P：PARTIAL SHIPMENTS：
ALLOWED
43T：TRANSHIPMENT：
ALLOWED
44A：LOADING IN CHARGE：
TIANJIN，CHINA
44B：FOR TRANSPORT TO...：
DUBLIN
45A：SHIPMENT OF GOODS：
9600 PAIRS OF MENS WORKING BOOTS
CIF DUBLIN
46A：DOCUMENTS REQUIRED：
+SIGNED INVOICES IN TRIPLICATE
+FULL SET OF CIMBINED TRANSPORT BILLS OF LADING CONSIGNED TO ORDER. BLANK ENDORSED. MARKED FREIGHT PREPAID AND NOTIFY APPLICANT.
+CHINESE INSURANCE POLICY/CERTIFICATE BLANK ENDORSED FOR THE FULL INVOICE VALUE PLUS 10 PER CENT COVERING ALL RISKS AND WAR RISKS AS PER OCEAN MARINE CARGO CLAUSES AND WAR RISKS（1.1.81.）OF THE PEOPLES INSURANCE CO OF CHINA
+CERTIFICATE OF CHINESE ORIGIN，ISSUED BY COMPETENT AUTHORITY.
+PACKING LIST.
47A：ADDITIONAL COND：
71B：DETAILS OF CHARGES：
ALL CHARGES OUTSIDE IRELAND FOR ACCOUNT OF BENEFICIARY.
48：PRESENTATION PERIOD：
15 DAYS FROM DATE OF ISSUANCE OF TRANSPORT DOCUMENT.
49：CONFIRMATION：
WITHOUT
78：INSTRUCTIONS：
DISCREPANCY HANDLING FEE OF IEP20.00 OR EQUIVALENT WHICH WILL BE FOR ACCOUNT OF BENEFICIARY.
57：ADVISE THROUGH：BANK OF CHINA，SHANXI BRANCH.
72：BANK TO BANK INFO：THIS CREDIT IS ISSUED SUBJECT TO
THE U.C.P. FOR DOCUMENTARY CREDITS.
2007 REVISION. I.C.C. PUBLICATIONS NO.600.

表 7－1 **单证记录单**

<table>
<tr><td colspan="9">信用证号码：</td><td colspan="9">合同号码：</td></tr>
<tr><td colspan="9">开证日期/地点：</td><td colspan="9">收证日期：</td></tr>
<tr><td colspan="9">开证银行：</td><td colspan="9">通知行：</td></tr>
<tr><td colspan="9">开证申请人（Applicant）：</td><td colspan="9"></td></tr>
<tr><td colspan="9">汇票付款人（Drawn On）：</td><td colspan="9"></td></tr>
<tr><td colspan="9">汇票期限：</td><td colspan="9"></td></tr>
<tr><td colspan="9">议付行限制：</td><td colspan="9"></td></tr>
<tr><td colspan="9">装运港：</td><td colspan="9"></td></tr>
<tr><td colspan="9">运输方式：</td><td colspan="9"></td></tr>
<tr><td colspan="9">可否分批：</td><td colspan="9"></td></tr>
<tr><td colspan="9">装运日期：</td><td colspan="9"></td></tr>
<tr><td colspan="9">交单天数：</td><td colspan="9"></td></tr>
<tr><td colspan="9">提单抬头（Consignee）</td><td colspan="9"></td></tr>
<tr><td colspan="9">保险条款：
保险特殊条款：
赔款地点/币别：</td><td colspan="9"></td></tr>
<tr><td colspan="9">数量溢短装：</td><td colspan="9"></td></tr>
<tr><td colspan="9">原证金额：</td><td colspan="9"></td></tr>
<tr><td colspan="18">唛头：　　品名：
货号：　　规格：
数量：　　件数：　　单价：　　总值：</td></tr>
<tr><td colspan="18">信用证中所要求的单据名称份数：</td></tr>
<tr><td></td><td>提单</td><td>发票</td><td>保险单</td><td>装箱单</td><td>重量单</td><td>尺码单</td><td>一般产地证</td><td>普惠制产地证</td><td>卖方产地证</td><td>品质证</td><td>重量证</td><td>海关发票</td><td>装运通知</td><td>电抄</td><td>受益人声明</td><td>船方声明</td><td>其他单据</td></tr>
<tr><td>正本</td><td></td><td></td><td></td><td></td><td></td><td></td><td></td><td></td><td></td><td></td><td></td><td></td><td></td><td></td><td></td><td></td><td></td></tr>
<tr><td>副本</td><td></td><td></td><td></td><td></td><td></td><td></td><td></td><td></td><td></td><td></td><td></td><td></td><td></td><td></td><td></td><td></td><td></td></tr>
<tr><td colspan="18">单据寄往：　　需邮局收据否：　　需邮样证明否：</td></tr>
<tr><td colspan="18">发票一般条款：</td></tr>
<tr><td colspan="18">公共附注（除汇票所有单据注明）：</td></tr>
<tr><td colspan="9">受益人声明内容：</td><td colspan="9">有关单据特殊条款：</td></tr>
<tr><td colspan="9">信用证特别条款：</td><td colspan="9">改正情况：</td></tr>
</table>

操作指南

不符点单据的产生以及提交后被银行退回，多数是卖方在收到信用证后检查不够造成的。往往使一些本来可以纠正的错误，由于审核不及时没能加以及时地修改，给企业造成了损失。因此，在实际业务中，在收到信用证的当天应对照有关的合同及《UCP600》认真地按照下列各条仔细检查，这样可以及早发现错误，并采取相应的补救措施。

1. 信用证本身内容的审核

（1）审核信用证的有效性，确保信用证为不可撤销信用证；（2）开证申请人、受益人名称及地址是否完整和准确；（3）信用证的金额、币制，必须与合同金额相一致，如合同内订有商品数量的“溢短装”条款时，信用证金额也应规定相应的机动条款；（4）有效期、交单期和装运期。按照《UCP600》规定，一切信用证均须规定一个有效期，即交单付款、承兑或议付的到期日。未规定有效期的信用证，是无效信用证，不能使用。凡超过有效期提交的单据，开证银行有权拒绝接受。交单期是指运输单据出单日后必须向银行提交单据要求付款、承兑或议付的特定期限。如果信用证明确规定交单期，出口企业应于交单期内交单，晚于交单期交单，银行有权拒收。如果信用证中没有规定交单期，按照《UCP 600》规定，银行将不予接受迟于装运日后 21 天提交的单据，但是，不能迟于信用证的到期日。按照《UCP 600》规定，如来证未规定装运期，则信用证的有效期为最后的装运期。

2. 对汇票条款的审核

在审核汇票条款时要特别注意汇票的付款人应为开证行或指定的付款行，付款期限应与合同规定或实际业务相符。

3. 关于货物的审核

信用证关于货物描述应包括品名、品质、数量、包装、唛头、单价等内容，上述内容必须和合同规定相符。

4. 装运条款

装运条款应包括装运港、目的港、装期、转运和分批装运等条款，必须与合同规定相符。

5. 单据要求

这是出口审证的重点，又是难点，审核技巧一般有：

（1）审核来证要求提供的单据种类和份数及填制方法；（2）审核单据填制或议付中的陷阱条款，如 1/3 正本提单直接寄送客户的条款，如果接受此条款，将随时面临货款两空的危险。又如将客户检验证作为议付文件的条款，接受此条款，受益人正常处理信用证业务的主动权很大程度上掌握在对方手里，影响安全收汇。

6. 检查信用证中有无矛盾条款

如：明明是空运，却要求提供海运提单；明明价格条款是 FOB，保险应由买方办理，而信用证中却要求提供保险单。

7. 特殊条款

有些信用证往往有一定的特殊条款，常见有对装运有特殊的要求、提交特殊的单据等，应特别注意。

8. 费用条款

银行费用一般包括通知费、保兑费、承兑费、议付费、修改费、邮费等，我国的习惯做法是出口地的银行费用由出口商承担，进口地的银行费用由开证申请人负担。

9. 检查有关信用证是否受国际商会丛刊第600号《跟单信用证统一惯例》的约束

实训模块八　合同背面条款的订立

目的要求

学会对合同背面条款即商检、索赔、仲裁和不可抗力条款的审核。

背景材料

一、商品检验条款

买卖双方同意货物在装运港（地）装运前由中国出入境检验总局进行检验，签发的品质和重量（数量）检验证书作为信用证项下议付单据的一部分，允许买方有权对货物运抵目的港（地）卸货后经双方同意的检验机构进行复验。如发现货物的质量、数量和包装不符合合同规定时，买方有权向卖方索赔，并提供经卖方同意的公证机构出具的检验报告，索赔期限为货到目的港（地）后20天内。

Both Buyer and Seller agree to inspect the goods before shipment at the port of shipment. The quality and weight (quantity) certificate issued by State General Administration of the People's Republic of China for Quality Supervision and Inspection and Quarantine will be regarded as a part of documents presented for negotiation under the L/C. The Buyer has the right to reinspect the goods delivered at the port of destination by an inspection bureau agreed by both parties. In case the quality, quantity and package of the goods are found not in accordance with those stipulated in the contract, the Seller should provide the inspection report issued by authority agree by the Seller the duration for lodging claims should be within twenty days after the arrival of the goods at the destination port.

二、索赔条款

如质量或数量有异议，买方应在货物到达目的港30天内向卖方提出索赔，并同时向卖方提供由卖方认可的检验机构出具的检验报告。如系卖方责任造成质量或数量的问题，卖方应在收到索赔通知后20天内向买方提供解决异议的建议。

Claim: In case of quality or quantity discrepancy, claim should be filed by the buyer within 30 days after the arrival of the goods at the port of destination. The claim must be accompanied by the Survey Reports of Recognized Public Surveyors agreed to the Sellers. Should the responsibility of the subject under claim be found to rest on the part of the Sellers, the sellers shall, within 20 days after receipt of the claim, send their reply to the Buyers together with suggestion for settlement of the discrepancy.

三、不可抗力条款

如由于战争、地震、水灾、暴风雨、雪灾或其他不可抗力原因，致使卖方不能全部或部分装运或延迟装运合同货物，卖方对于这种不能装运或延迟装运本合同货物不负责任。但卖方必须用电传通知买方，并在15天内以航空挂号信件向买方提交由中国国际贸易促进委员会出具的证明此类事件的证明书。

Force Majeure: If the shipment of the contract goods is prevented or delayed in whole or in part by reason of war, earthquake, flood, fire, storm, heavy snow or other cause of Force Majeure, the Seller shall not be liable for non-shipment or late shipment of the goods of this contract. However, the Seller shall notify the Buyer by telex and furnish the latter within 15 days by registered airmail within a certificate issued by the China Council for the Promotion of International Trade attesting such event or events.

四、仲裁条款

凡因执行本合同或有关事项所发生的一切争执，应由双方通过友好方式协商解决。如协商不能解决时，应提交中国国际经济贸易仲裁委员会根据中国国际经济贸易仲裁委员会的有关仲裁程序规则进行仲裁。仲裁决定是终局的，对双方具有同等约束力。

Arbitration : All disputes in connection with this Contract or the execution there of shall be settled amicably through friendly negotiations between two parties. If no settlement can be reached through negotiation, the case under dispute shall then be submitted for arbitration to China International Economic and Trade Arbitration Commission in accordance with the rules of arbitration of China International Economic and Trade Arbitration Commission in accordance with the rules of arbitration of China International Economic and Trade Arbitration Commission. The decision made by the arbitration organization shall be taken as final and binding upon both parties Additional clauses.

操作指南

（1）商检、索赔、仲裁、不可抗力条款往往印在合同的背面，因此称其为背面条款，合理订立商检、索赔、仲裁、不可抗力条款对履约有着非常重要的意义。而我国出口合同对于商检、索赔、仲裁、不可抗力条款一般都有固定格式。

（2）国际货物买卖合同中检验条款的主要内容包括检验时间和地点、检验机构、检验标准和方法、检验证书以及复验的时间和地点。

（3）国际货物买卖合同中索赔条款可根据不同的业务需要做不同的规定，通常采用的有“异议与索赔条款”和“罚金或违约金条款”两种。异议与索赔条款（Discrepancy and Claim Clause），一般是针对卖方交货品质、数量或包装不符合同规定而订立的，主要内容包括索赔的依据和索赔的期限等，有的合同还规定索赔金额和索赔办法。

（4）国际货物买卖合同中的不可抗力条款主要包括不可抗力事故的范围、不可抗力事故的法律后果、不可抗力事故的出证机、不可抗力事故发生后通知对方的期限与方式。

（5）国际货物买卖合同中的仲裁条款通常包括仲裁地点、仲裁机构、仲裁程序与规则、仲裁裁决的效力、仲裁的费用等方面的内容。

实训模块九　合同条款案例分析

一、商品质量不符引起的纠纷案

我生产企业向马来西亚客户出口汽车配件，品名为 YZ－8303R/L，但生产企业提供了 YZ－8301R/L，两种型号的产品在外形上非常相似，但却用在不同的车型上，因此客户不能接受，要求我方调换产品或降低价格。我方考虑到退货相当麻烦，费用很高，因此只好降低价格 15%，了结此案。

案情分析

品质条款是国际货物买卖合同中不可缺少的一项主要交易条件，是买卖双方交接货物的基本依据。根据《联合国国际货物销售合同公约》规定：卖方交货必须符合约定的质量，如卖方交货不符合约定的品质条件，买方有权要求损害赔偿，也可要求修改、交付替代货物或减价，甚至拒收货物和撤销合同。

二、货物的数量不符引起的纠纷案

某公司定购钢板 400M/T，计 6 英尺、8 英尺、10 英尺、12 英尺四种规格各 100M/T，并附每种数量可增减 5% 的溢短装条款，由卖方决定。但卖方实际交货为：6 英尺，70M/T；8 英尺，80M/T；10 英尺，60M/T；12 英尺，210M/T，总量未超过 420M/T 的溢短装上限的规定。对于出口商按实际装运数量出具的跟单汇票，进口商是否有权拒付？

案情分析

国际贸易中，一般对溢短装条款解释为不但总量受其约束，所列每种具体规格和数量亦受其约束。案例中虽然总量符合要求，但卖方所交每种具体规格的钢板均与5%的约定相差甚大，其中12英尺钢板超装运110%，这是违反合同的。所以买方对于其所开票据完全有理由拒付。

三、货物的包装不符引起的纠纷案

某年，我某出口公司对外出口果脯，合同中规定包装条款：纸箱装，每箱20千克，内装20小盒，每盒1千克。但交货时恰逢此种包装短缺，该公司便以每箱为20千克，但内装40小盒，每盒0.5千克的货物发出，总量并不短缺。但是货到后，买方提出包装不符，拒绝收货。我公司认为数量完全相符，要求对方付款。你认为责任在谁，应如何处理？

案情分析

责任在卖方。根据《联合国国际货物销售合同公约》第35条中的有关规定，卖方交付的货物必须与合同规定的数量、质量和规格相符，并需按照合同所规定的方式装箱或包装。

在本案例中，合同规定：每箱20千克，内装20小盒，每盒1千克，而我实际交货虽然每箱为20千克，但内装40小盒，每盒0.5千克，与包装条款不符，显然是我方违反了合同。尽管从总量上并不短缺，但可能会给对方带来意想不到的损失。因为买方订购商品时对包装的要求，是有一定的商业目的的，包括适销对路，适应消费者的爱好和习惯，对付竞争对手等。而我方的包装，很可能使其商品滞销，让买方原来的商业目标落空，造成损失。

在国际货物买卖中，包装是说明货物的重要组成部分，包装条件是合同中的一项主要条件。按照某些国家的法律规定，如卖方未按约定的条件包装，买方有权拒收货物。本案中，责任在我方，我出口公司应主动向对方道歉，以求买方的谅解。

四、贸易术语引起的纠纷案

我方与荷兰某客商以CIF条件达成一笔交易，合同规定以信用证为付款方式。卖方收到买方开来的信用证后，及时办理了装运手续，并制作好一整套结汇单据。在卖方准备到银行办理议付手续时，收到买方来电，得知载货船只在航海运输中遭受意外事故，大部分货物受损，据此，买方表示将等到具体货损情况确定后，才同意银行向卖方支付货款。

问：（1）卖方能否及时收回货款？（2）买方应如何处理此事？

案情分析

（1）卖方可以及时收回货款。因为，按CIF术语成交属于象征性交货，买卖双方风险划分的界限以装运港船舷为界，其特点是卖方凭单交货，买方凭单付款。本案中，卖方收到买方开来的信用证后及时办理了装运手续，并制作好一整套结汇单据，说明卖方已完成了交货义务且风险也已转移给了买方，因此，只要卖方提交的单据符合信用证的规定，卖方就可以及时收回货款。

（2）买方应及时与保险公司取得联系，凭保险单及有关的证明向保险公司提出索赔，以弥补意外事故造成的货物损失。

五、国际货物运输引起的纠纷案

我国某出口公司与伦敦B公司按CIF条件签订出口焦炭合同，计5 000公吨，价值81 050 000美元。装运期为当年12月至次年1月。但由于原定的装货船舶出现故障，只能改装另一艘外轮，至使货物到2月11日才装船完毕。在我公司的请求下，外轮代理公司将提单的日期改为1月31日，货物到达伦敦后，买方对装货日期提出异议，要求我公司提供1月份装船证明。我公司坚持提单是正常的，无需提供证明。结果买方聘请律师上货船查阅船长的船行日志，证明提单日期是伪造的，立即凭律师拍摄的证据，向当地法院控告并由法院发出通知扣留该船，经过4个月的协商，最后，我方赔款20 000 000美元，买方方肯撤回上诉而结案。

案情分析

倒签提单是一种违法行为，一旦被识破，产生的后果是严重的。但是在实际业务中，倒签提单的情况还是相当普遍的。尤其是当延期时间不多的情况下，还是有许多出口商会铤而走险。但是当倒签的日子较长的情况出现下，就容易引起买方怀疑，最终可以通过查阅船长的航行日志或者班轮时刻表等途径加以识破。

六、国际货物保险条款导致纠纷案

G公司以CIF价格条件引进一套英国产检测仪器，因合同金额不大，合同采用简式标准格式，保险条款一项只简单规定“保险由卖方负责”。到货后，G公司发现一部件变形影响其正常使用。G公司向外商反映要求索赔，外商答复仪器出厂经严格检验，有质量合格证书，非他们责任。后经商检局检验认为是运输途中部件受到振动、挤压造成的。G公司于是向保险代理索赔，保险公司认为此情况属“碰损、破碎险”承保范围，但G公司提供的保单上只保了“协会货物条款”（C），没保“碰损、破碎险”，所以无法索赔付。G公司无奈只好重新购买此部件。既浪费了金钱，又耽误了时间。

案情分析

G公司业务人员想当然地以为合同规定卖方投保，卖方一定会保“一切险”或伦敦“协会货物条款”（A），按照《INCOTERMS 2000》的解释，在CIF条件下，如果合同没有具体规定，卖方只需要投保最低责任范围险别，即平安险或伦敦“协会货物条款”（C）就算履行其义务。

解决办法：

（1）当进口合同使用 CIF 术语由卖方投保时，一定要在合同上注明投保金额、投保的险别。

（2）进口合同尽量采用 FOB 术语，由买方在国内办理保险。

（3）根据货物的特点选择相应险别。

七、货款的支付引起的纠纷案

国外一家贸易公司与我国某进出口公司订立合同，购买小麦 500 公吨。合同规定：2008 年 5 月 20 日前开出信用证，6 月 5 日前装船。5 月 28 日买方开来信用证，有效期至 6 月 10 日。由于卖方按期装船发生困难，故电请买方将装船期延至 6 月 17 日并将信用证有效期延长至 6 月 20 日，买方回电表示同意，但未通知开证银行。6 月 17 日货物装船后，卖方到银行议付时，遭到拒绝。

问题：（1）银行是否有权拒付货款？为什么？（2）作为卖方，应当如何处理此事？

案情分析

（1）银行有权拒付货款。理由如下：根据《UCP600》的规定，信用证虽是根据买卖合同开立的，但一经开出就成为独立于买卖合同的另一种契约。银行只受信用证条款约束，而不受买卖双方之间合同的约束。合同条款改变，信用证条款未改变，银行就只按原信用证条款办事。买卖双方达成修改信用证的协议并未通知银行并得到银行同意，所以，银行可以拒付。

（2）作为卖方，当银行拒付时，可依修改后的合同条款，直接要求买方履行付款义务。

八、货物的检验引起的纠纷案

韩国 A 公司出售一批电视机给香港 B 公司，B 公司又把这批电视机转口给泰国 C 公司。在韩国货物到达香港时，B 已发现货物质量有问题，但 B 公司仍将这批货物转船直接运往泰国。泰国公司收到货物后，经检验，发现货物有严重的缺陷，要求退货。于是 B 公司转向 A 公司提出索赔，但是遭到韩方 A 公司的拒绝。问韩方有无权利拒绝？为什么？

案情分析

韩方有权利拒绝。B 公司在接受货物时已发现货物有瑕疵，应于约定的检验期限内或法律规定的期间内通知 A 公司，但 B 公司将货物在已知有缺陷时仍然转船直运泰国，视为承认货物无瑕疵。

九、货物的索赔引起的纠纷案

2007 年 11 月，我某公司与香港一公司签订进口香烟生产线合同，设备是二手货，共 18 套生产线，由 A 国某公司出售，总价值 100 多万美元。合同规定：出售商保证该设备在拆卸之前均能正常运转，否则更换或者退货；合同同时规定，如果有部件损坏，货到目的港后 14 天内出具商检证明，办理更换或者退货。货物于 2008 年 3 月 5 日运抵目的港后，经过一系列的报关程序，买方于 3 月 9 日派人到港口提货。货物运抵工厂之后，由于厂房的建设滞后拖期，直至 3 月 24 日该设备才进入安装阶段。在安装调试过程中，我公司发现其中一个关键部件存在一处不易发现的损坏，随后向香港公司提出退换要求。香港公司随后提出反驳，声称索赔期限已过，所以不能承担责任。我公司自知理亏，不得不自费向国外生产厂商采购一个新部件加以替换，共计额外付出费用近 10 万美元。请问：我公司应该吸取的教训有哪些？

案情分析

我公司应该吸取的教训有：

在进口业务中，应在检验条款中规定我方有复验权，即进口货物到达目的港（地）后允许我方复验，经复验如发现所交货物与合同不符，有权向国外商人提出索赔或退货。同时，应根据进口货物的实际情况规定复验期限和地点，进口成套设备的复验地点应在最终用户所在地，复验期限应更长一些，因必须经过安装、试车和正式投产几个阶段，才能确定其质量。

本案例的问题出在合同中的检验索赔的时间地点规定得不合理和买方的麻痹大意上。合同的签订者把引进设备仅仅看作订立合同、交货、收货几个简单环节上，没有足够重视检验、索赔两个重要环节。特别是索赔的有效期问题，合同条款定得再好，索赔有效期定得不合理，质量条款就成为一句空话。实际业务操作中，外商在索赔期限上提出不合理的意见，往往其目的就是为了掩盖自己产品的缺陷。

本案例中，我公司一方面不应该接受卖方提出的以货到目的港作为计算提出商检证明的起算日期；另一方面即使接受前述起算日期，其规定的提出商检证明的期限也太过短暂。对于一些机械设备进口的有效期，一般应该分为数量和质量两部分，其中数量问题，索赔的有效期限可以定为货物到达目的港（或者最终用户所在地）后 60 天左右；而对于质量问题则一般是需要在安装完成之后，才能够发现，所以索赔的期限应规定为自货物到达最终用户所在地，甚至是安装之后的一段较长的时间，例如一年甚至一年以上。我公司在接受了对方的索赔检验期限之后，已经处于比较被动的地位。但是其仍然没有觉察，所以其准备工作才严重不足，致使设备 3 月 24 日才进入安装阶段，实质上使自己仅有的几天索赔检验期完全丧失，最终造成巨大损失，其教训是深刻的。

十、不可抗力引起的纠纷案

国内某研究所与日本客户签订一份进口合同，欲引进一台精密仪器，合同规定9月份交货。9月15日，日本政府宣布该仪器为高科技产品，禁止出口。该禁令自公布之日起15日后生效。日商来电以不可抗力为由要求解除合同。日商的要求是否合理？我方应如何妥善处理？

案情分析

日商的要求不合理。理由如下：该禁令自公布之日起15日后生效，即要到9月30日后才生效，而合同规定在9月份交货，所以日商不能以不可抗力为由要求解除合同。

十一、仲裁引起的纠纷案

甲方与乙方签订出口某种货物的买卖合同一份，合同中的仲裁条款规定："凡因执行本合同所发生的一切争议，双方同意提交仲裁，仲裁在被诉人所在国家进行。仲裁裁决是终局的，对双方具有约束力。"在履行合同的过程中，乙方提出甲方所交的货物品质与合同规定不符，于是双方将争议提交甲国仲裁。经仲裁庭调查审理，认为乙方的举证不实，裁决乙方败诉，事后，甲方因乙方不执行裁决向本国法院提出申请，要求法院强制执行，乙方不服。问：乙方可否向本国法院提请上诉？为什么？

案情分析

乙方不可向本国法院提请上诉。因为，仲裁授予仲裁机构对争议案件的管辖权，排除法院对该案件的管辖权，仲裁裁决的效力是终局的，对争议双方具有约束力。本案中乙方败诉，应按裁决的内容执行。

2

第二篇 交易磋商与合同签订

本篇主要对交易磋商应做的各项准备工作、商务谈判的一般环节及国际货物买卖合同的签订做了全面的阐述，尤其就交易磋商环节中发盘和接受应具备的条件及效力做了重点讲解，并对书面合同的形式及主要内容做了介绍。本篇最后一章还有针对性地通过函电分析的训练、合同条款的签订及案例分析供学生进行模拟操作。通过本篇知识的学习，使学生掌握交易谈判和签订合同的方法和技巧，以便在未来的实际工作中加以运用。

第八章

交易磋商与合同签订

学习目标

通过本章学习，了解在出口交易前应做好哪些准备工作，特别是如何进行成本核算；掌握进出口交易磋商所要经过的主要环节，以及《联合国国际货物销售合同公约》对此做出的相关规定。

重点难点

1. 出口成本核算；
2. 交易磋商的一般程序；
3. 《联合国国际货物销售合同公约》对发盘和接受所作的规定。

第一节　出口交易前的准备工作

在出口贸易中，对手多为外国商人，而国际市场情况错综复杂，变化多端。为了保证每一笔业务获得成功，给贸易方和贸易国带来应有的贸易利益，在正式交易前，应做好以下几个方面的工作。

一、选择目标市场

在洽商交易之前，要做好国际市场的调查研究工作，通过各种途径了解市场供销状况，价格动态以及各国的政策、法规及贸易习惯做法，以便选择合适的目标市场。对国际市场进行调研，主要包括以下几个方面。

（一）国别（地区）调研

这方面的调研主要包括对方国家的对外政策，对外贸易、经济发展水平等情况及其特点。目的是选择适宜的市场，并在交易磋商中更好地贯彻对外方针政策，创造有利条件，发展我国的对外贸易。

（二）商品市场调研

主要是调研相关商品在国际市场的生产、销售、价格等情况，以便掌握出口商品的价格及其他的交易条件。同时还要摸清市场对不同产品的适销情况，研究市场畅销品种，积极主动地适应市场需要，扩大我们的出口。

（三）市场供求调研

国际商品市场的供求关系是经常变化的，应根据市场的供求变化规律，结合我国市场对商品的供需，选择适宜的市场。对市场供求的调研，主要是获取三方面的信息：供给信息、需求信息和价格信息。

二、选择交易对象

在交易磋商之前，通过各种途径调研客户的政治文化背景、资信情况、经营范围和能力等方面的情况，从而选择合适的客户。

了解客户的途径很多。例如：通过我驻外商务机构、领事馆；通过实际业务的接触和交往，从中考察；通过国内外举办的交易会、展览会、技术交流会，主动接触客户并进行了解；通过有关国家的商会、工业协会、国际友好组织，介绍了解客户。对客户有所了解后，要正确地选择和利用客户，建立客户档案，对不同类型的客户进行分类。争取在国际市场上建立一个广泛、稳定的客户群。

三、出口成本核算

出口商品的交易主要包括：货源采购、出口报关、货交买方三个基本阶段。即由此产生的成本、费用是构成出口商品价格的主要因素，加强成本核算，掌握出口总成本，出口销售外汇（美元）净收入和人民币净收入的数据，对估算和比较各种商品出口的盈亏情况，具有现实的意义。

（一）换汇成本核算

换汇成本是指某出口商品换回一单位外汇需要多少元人民币成本，也就是说，用多少人民币（出口总成本）可换回单位外币（净外汇收入）。在我国，一般是指出口商品每净收入 1 美元所耗费的人民币成本，即用多少人民币换回 1 美元。换汇成本反映出口商品换取外汇的能力。

$$换汇成本=\frac{出口总成本（人民币）}{出口外汇净收入（美元）}$$

从公式中可以看出，换汇成本与出口总成本成正比，与外汇净收入成反比。

我们一般将换汇成本同美元与人民币的汇率比较来决定盈亏，出口商品换汇成本小于外汇汇率则为盈利，反之为亏损，并且换汇成本越高，盈利越小或亏损越大；换汇成本越低，亏损越小或盈利越大。

（二）盈亏率的计算

出口商品的盈亏率是考核出口商品的盈亏程度，根据以下公式计算，结果为正，为盈利率；结果为负，则为亏损率。

$$盈亏率=\frac{出口销售人民币净收入-出口总成本（人民币）}{出口总成本（人民币）}\times100\%$$

$$盈亏率=\frac{汇率-换汇成本}{换汇成本}\times100\%$$

在实际定价时，必须以出口成交价为基础，认真核算出口换汇成本和出口盈亏率，在确保盈利的前提下达成交易，杜绝不计成本、不算盈亏和不讲效益的做法。

四、制定出口经营方案

为了更有效地做好交易前的准备工作，也为了更好地完成某种出口商品的经营意图，实现预定目标，一般都需要预先制定经营方案。不同的商品，经营策略方法不同、步骤不同、内容繁简不同，产品经营方案也不同。一般来说出口产品经营方案的主要内容有：

（一）市场情况

包括国外市场的情况，主要是国外市场需求情况和价格变动的趋势，还有国内市场的货源情况。

（二）市场经营情况

包括出口成本、盈亏率的情况。

（三）推销计划和措施

包括商品推销的计划进度、贸易方式及运用的收汇方式等。

（四）分析世界经济贸易动向和价格趋势等其他相关的问题

商品经营方案所涉及的产品可以是一种，也可以是一类。一般对大宗商品通常是逐个制定出口商品的经营方案，而对其他一般商品可以按商品大类制定经营方案。而对于一些小商品，则是制定简单的价格方案即可。

第二节　交易磋商的一般程序

进出口交易磋商，从其进行的基本程序来看，一般要经过询盘、发盘、还盘和接受四个环节，其中发盘和接受是达成交易的决定性环节，是合同成立的重要条件。

一、询盘

询盘（Inquiry），也称询价或邀请发盘，是指交易一方向另一方询买或询卖某项商品的交易条件，可用口头或书面方式表示。询盘的内容包括商品的品质、规格、数量、包装、价格、装运等成交条件或索取样品。询盘在法律上称为要约邀请（Invitation to offer）。

在实际业务中，当事人除以口头或书面形式向对方作出探询交易条件和交易意图的意思表示外，往往还会采用寄送报价单、询价单、商品目录、价目表等方式，这些方式也属于书面形式。我国《合同法》明确规定：寄送的价目表、拍卖公告、招标公告、招股说明书、商业广告等为要约邀请。

由于询盘人的地位不同，询盘可分为两种：一是买方询盘，又称“邀请发盘”。二是卖方询盘，又称“邀请递盘”。

[例 8-1]

飞鸽牌自行车请报盘。

PLEASE OFFER FLYING PIGEON BRAND BICYCLES.

[例 8-2]

可供 1 000 辆飞鸽牌自行车 5 月份装运请递盘。

CAN SUPPLY 1 000PCS FLYING PIGEON BRAND BICYCLES MAY SHIPMENT PLEASE BID.

在实际业务中，询盘只是探询交易的可能性，所以不具有法律上的约束力，也不是每笔业务的必经程序。

二、发盘

发盘（Offer），也称发价（Quotation）或报价，是指交易的一方向另一方提出买入或卖出某种商品的各项交易条件，并愿意按这些交易条件达成交易、订立合同的一种肯定表示。发盘在法律上称为“要约”，发盘可用口头或书面方式表示。

根据发盘人的地位不同，发盘可分为两种：一是由卖方发盘，又称“售货发盘”（Selling Offer）。二是由买方发盘，又称“购货发盘”（Buying Offer），习惯上称为“递盘”。

[例 8-3]

可供中国东北大豆 1 000 公吨 FOB 大连每公吨 320 美元质量依 10 月 10 日所提供样品 2010 年 12 月底前装船不可撤销信用证支付限 30 日复到。

OFFER 1 000M/T NORTHEAST SOYBEAN USD 320 PER M/T FOB DALIAN QUALITY ACCORDING TO THE SAMPLE OFFER ON OCT 10TH SHIPMENT FOR THE END OF DEC IN 2010 IRREVCABLE L/C FOR PAYMENT OFFER SUBJECT REPLY REACHING US 30TH.

在实际业务中，发盘对发盘人具有法律的约束力，即在发盘有效期限内，发盘人不得随意撤销或修改其内容。如果在发盘有效期内，受盘人表示接受发盘，发盘人必须承担按发盘条件与对方订立合同的法律责任。发盘是交易磋商必经的一个环节。

三、还盘

还盘（Counter Offer），也称还价，是指受盘人对发盘内容不完全同意，而提出修改或变更的表示，还盘可用口头或书面方式表示。

[例 8-4]

你方 2 日电还盘 30 英镑 CIF 伦敦限 8 日我方时间复到有效。

YOUR CABLE 2TH COUNTER OFFER STERLING30 CIF LONDON REPLY HERE 8TH.

还盘是对发盘中的条件进行添加、限制或其他更改的答复，属于新的发盘，对原发盘人无约束力，双方也不能据此成立合同。受盘人的答复，在实质上若变更了原发盘的条件，就构成对原发盘的拒绝，并构成还盘。《联合国国际货物销售合同公约》规定：有关货物价格、付款、货物的质量和数量、交货的地点和时间、一方当事人对另一方当事人的赔偿责任范围或解决争端等条件作了添加或修改，则构成实质上变更发盘的内容。我国《合同法》对此也规定：有关合同标的、数量、质量、价款或者报酬、履行期限、履行地点和方式、违约责任和解决争议方法等的变更，是对要约内容的实质性变更。

在实际业务中，还盘总是受盘人作出，还盘既是受盘人对发盘的拒约，也是受盘人以发盘人的地位提出的新的发盘。新的受盘人又可以对还盘进行还盘，这种称为再还盘。再还盘就是对还盘的还盘。一项交易的达成往往经过若干次的反复还盘。

还盘并不是每一笔交易磋商的必经环节，但多数情况下，一笔交易的达成往往离不开还盘。

四、接受

接受（Acceptance），是指交易的一方同意对方发盘中提出的交易条件，并愿意按这些交易条件达成交易，订立合同的一种肯定表示，接受在法律上称为“承诺”，它与发盘一样，接受一经作出，也就承担了与对方订立合同的法律责任，接受是交易磋商的最后一个环节，是交易磋商必经的一个环节。

[**例 8－5**]

你方 6 日电接受。

YOUR CABLE 6TH ACCEPTED.

第三节 发 盘

一、构成发盘的条件

根据《联合国国际货物销售合同公约》第 14 条第一款规定：“向一个或一个以上特定的人提出订立合同的建议，如果十分确定并且表明发盘人在得到接受时，承受约束的意旨，即构成发盘”。《联合国国际货物销售合同公约》第 15 条第一款规定：“发盘于送达被发盘人时生效”。据此，可以归纳构成发盘的四个条件。

（一）发盘应向一个或一个以上特定的人提出

即发盘必须指定受盘人，可以是一个人也可以是多个，但必须向有名有姓的公司或个人提出，受盘人不指定，只能视为发盘的邀请。

（二）发盘的内容必须十分确定

根据《联合国国际货物销售合同公约》的规定，所谓“十分确定”，是指应在发盘内容中至少包括以下三个基本要素：（1）应写明货物的名称；（2）应明示或默示地规定货物的数量或确定数量的方法；（3）应明示或默示地规定货物的价格或确定价格的方法。关于构成一项发盘究竟应包括哪些内容，各国法律解释不一致，按照我国对外贸易实践要求，一项有效的发盘除应列明货物的品名、数量和价格外，还应包括有关货物的质量、包装、交货的时间和地点以及支付的方式等相关交易条件。

（三）发盘应表明订约的意旨

即发盘人必须表明其发盘一旦被受盘人接受，就承担与受益人按发盘条件订立合同的责任。发盘只是订立合同的建议，如果根本没有“承受约束”的意思，就不能被认为是一项发盘。例如：在订约建议中加注“仅供参考”、“以……确认为准”等保留条件，都不是一项发盘，只是邀请对方发盘。

（四）发盘应传达到受盘人

根据《联合国国际货物销售合同公约》规定，发盘只有被送达到受盘人时才生效。

二、发盘的有效期

发盘的有效期是指受盘人接受发盘的期限，超过发盘规定的时限，发盘人即不受其约束，也就是说，受盘人在有效期内接受发盘，发盘人须承担按发盘人条件与之订立合同的责任；而受盘人超过有效期作出接受，发盘人就不承担与之订立合同的义务。发盘的有效期对发盘人和受盘人而言，既是一种限制又是一种保障。

在国际货物买卖中，对发盘的有效期可作明确规定，也可以不作明确规定。不作明确规定有效期的发盘，按法律在“合理时间”内有效，关于“合理时间”，国际上并无统一规定，容易引起纠纷，我们对外发盘，一般采用明确有效期的方法。

值得注意的是，在实际业务中发盘的有效期虽然不是构成发盘的必要条件，但由于当事人对合理时间很难把握，因此，通常在发盘中明确规定发盘的有效期。

[例 8－6]

发盘限 10 月 5 日复到。

OFFER SUBJECT REPLY HERE OCTOBER 5TH.

三、发盘的撤回和撤销

《联合国国际货物销售合同公约》分别对发盘的撤回和撤销进行了详细地解释和说明，参见表 8－1。

表 8－1　　发盘的撤回和撤销的比较

	含　义	《联合国国际货物销售合同公约》的规定
发盘的撤回	是指发盘送达受盘人之前将其取消，以阻止其生效。	发盘可以撤回，但撤回通知应早于或同时于发盘到达受盘人。
发盘的撤销	是指发盘生效后将其取消，以阻止其继续生效。	被接受前可撤销。但撤销通知必须在发出接受通知前到达受盘人。在下列情况下不可撤销：① 发盘规定了有效期或以其他方式表明发盘是不可撤的；② 受盘人有理由信赖该发盘不可撤销，且已本着该信赖行事。

四、发盘的失效

发盘失效是指发盘的法律效力消失，即发盘人不再受发盘的约束；受盘人失去接受该发盘的权利。关于发盘效力终止的原因，一般有下列几种情况。

1. 过期

发盘超过规定的有效期或未规定有效期，超过合理时间，发盘即告失效。

2. 受盘人拒绝或还盘

若受盘人对发盘予以拒绝或还盘，则在拒绝通知或还盘通知送达发盘人时原发盘失效。

3. 发盘被撤回或撤销

撤回和撤销都可以使发盘失效，但撤回要收回的是尚未生效的发盘，而撤销要收回的是已经生效的发盘。

4. 发盘人发盘后，发生了不可抗力事故

如发盘人所在国政府对发盘中的商品或所需外汇发布禁令等，则按不可抗力出现后可免除责任的一般原则，发盘的效力即告终止。

5. 发盘人或受盘人在发盘被接受前丧失行为能力

如自然人丧失民事行为能力或法人被宣告破产等，则该发盘的效力也可能终止。但应注意的是，该发盘并非当然失效。若丧失行为能力的自然人的监护人愿意承认该发盘的效力，则该发盘仍然有效。

第四节 接　　受

一、构成有效接受的条件

根据《联合国国际货物销售合同公约》的规定，构成有效接受应具备以下四个条件。

（一）接受必须由指定的受盘人做出

发盘是向特定的受盘人做出，与其相对应，接受必须由指定的受盘人做出，除受盘人之外的第三者做出的接受都不是有效的接受。

（二）接受必须表示出来

根据《联合国国际货物销售合同公约》的规定，缄默与不行动本身不等于接受，接受必须以声明或行为表示出来。声明是指以口头或书面形式向发盘人表示接受；行为是指根据发盘的意思或依据当事人之间已有的约定或当事人之间以往所确立的习惯做法和惯例所做出的行为，而并非任意的行为。

（三）接受必须是同意发盘所提出的交易条件

根据《联合国国际货物销售合同公约》的规定，受盘人必须无条件地、全部同意发盘的条件，才能表明有关的交易条件达成一致，合同才能成立。所以接受必须是绝对地、完全地和无保留地符合发盘要求。

（四）接受必须在发盘的有效内送达发盘人

在发盘中通常都规定了有效期，有效期既是对发盘人约束的期限，又是受盘人接受发盘的期限。受盘人只有在有效期内接受发盘，发盘人才承担按发盘条件与之订立合同的责任，超过有效期的接受无效。如果发盘中未规定有效期，则在合理时间内接受方为有效。

二、有条件的接受

有条件的接受是指受盘人在答复发盘时，使用了“接受”（Accepted）字样，但又对接受的发盘内容做出某些添加、限制或其他更改。从法律上讲，有条件的接受，只能是还盘，双方当事人之间的合同不能成立。但是如果接受的内容只是对发盘稍作修改，且发盘人没有表示反对，则不影响合同的成立。对此《联合国国际货物销售合同公约》做了如下的规定，参见表 8－2。

表 8－2　有条件的接受

情　况	《联合国国际货物销售合同公约》规定
若受盘人在表示接受时，对发盘内容提出实质性的修改（如对货物的价格、付款、质量和数量、交货地点和时间、赔偿责任范围或解决争端等方面的变更）	构成还盘
若受盘人在表示接受时，对发盘内容提出某些非实质性的添加、限制和更改（如要求提供重量单、装箱单、原产地证明等单据，或增加某单据的份数等附加条件）	除非发盘人在不过分迟延的时间内表示反对其间的差异外，仍可构成一项有效的接受，从而使合同得以成立

三、逾期接受

逾期接受（Late Acceptance），又称迟到的接受，是指受盘人发出的接受通知超过发盘人规定的有效期或发盘中未明确规定有效期而超过合理时间才送达发盘人。《联合国国际货物销售合同公约》做了如下的规定，参见表 8－3。

表 8－3　逾期接受

根据《联合国国际货物销售合同公约》规定：逾期接受一般无效。但是在下列两种情况下，仍然有效。	
情　况	《联合国国际货物销售合同公约》规定
受盘人原因导致的逾期接受	如果发盘人毫不迟延地用口头或书面形式将该项逾期接受仍然有效的意见通知受盘人
传递过程的原因导致的逾期接受	除非发盘人毫不延迟地用口头或书面方式通知受盘人，他认为发盘已经失效

总之，一项逾期接受是否有效，关键在于发盘人的态度。我国《合同法》对此也有相同的规定。

四、重新接受

重新接受是指受盘人接到一项发盘时，首先做出了拒绝或还盘，然后又表示接受。这种接受是否有效，要根据情况而定，如果受盘人采用更加快捷的传递方式将接受通知发出，并使其先于拒绝或还盘送达发盘人，则该项接受有效；如果接受通知与拒绝或还盘同时送达发盘人，或者迟于拒绝或还盘送达发盘人，则此项接受无效。因为拒绝或还盘一旦送达发盘人，发盘即告失效，受盘人已经没有接受的权利。

五、接受的撤回

接受的撤回是指接受生效之前给予取消，以阻止其生效。根据《联合国国际货物销售合同公约》规定："接受得予撤回，如果撤回通知于接受原应生效之前或同时送达发盘人"。

这一规定说明，受盘人发出接受通知之后，如果反悔，他可以撤回其接受，只要撤回的通知在接受到达发盘人之前或同时到达发盘人。但这种可能性仅限于类似《联合国国际货物销售合同公约》对接受采用"到达生效"原则的国家。

值得注意的是：在满足一定条件时接受可以撤回，但接受却不能撤销。因为，接受一经生效，合同即告成立。接受的撤销实质上是受盘人单方面的毁约，要承担相应的法律责任。

第五节　合同的签订

经过交易磋商，一方的发盘或还盘被对方有效地接受后，就算达成了交易，双方之间就建立了合同关系。《联合国国际货物销售合同公约》以及西方大多数国家的法律对买卖合同的形式，虽然原则上不加以限制，但在实际业务中，买卖双方的习惯做法，依然是在达成协议之后，再签订一份书面合同，将各自的权利和义务用书面方式加以明确。

一、签订合同的意义

（一）书面合同是合同成立的证据

国际贸易实践中，买卖双方达成交易后，一般均以书面合同形式作为合同成立的依据，特别是对于通过口头协商达成的交易，其作用更为明显。尽管许多国家的合同法中并不否认口头合同的效力，但在国际贸易中一般都要签订书面合同，当双方事后发生争议提交仲裁或诉讼时，仲裁员和法官也要先确定双方之间是否已建立了合同关系，可见其重要性。

（二）书面合同是履行合同的依据

国际货物买卖合同的履行环节复杂，涉及的部门多，若只有口头协议，或凭分散于往来函电中的协议条款履行合同，将会给履行工作带来麻烦。因此，为了给履行合同提供方便，使履行合同准确及时地进行，无论通过什么方式达成的协议，最好把双方协商一致的条件用文字归纳记录，并由双方签字确认，作为履行合同的依据。

（三）书面合同有时是合同生效的条件

《联合国国际货物销售合同公约》和大多数国家的合同法规定，只要接受生效，合同即告成立。但在有些情况下，书面合同则是合同成立的必备条件。如我国在加入《联合国国际货物销售合同公约》时就明确表示只承认书面形式订立的国际货物买卖合同的法律效力。

二、合同的形式

在国际贸易中，有关货物买卖书面合同的名称和形式，均无特定的限制，有合同、确认书、协议书、备忘录和订单等。

（一）合同

合同（Contract）的特点在于：内容比较全面，对双方的权利、义务以及发生争议后如何处理，均有较详细的规定。大宗商品或成交金额较大的交易，多采用此种形式的合同。

我国在对外贸易中使用的合同，分为销售合同（Sales Contract）和购买合同（Purchase Contract），又称出口合同（Export Contract）和进口合同（Import Contrat）。这两种合同的格式和主要内容基本一致，其中包括商品的名称、品质、数量、包装、价格、装运、保险、支付、商检、索赔、仲裁、不可抗力等条款。

合同有正本和副本之分。在我国的对外贸易业务中，通常由我方缮制合同正本一式两份，经双方签字后，买卖双方各保存一份，合同副本与正本同时制作，无需签字，亦无法律效力，仅供交易双方内部留作参考资料，其份数视双方需要而定。

（二）成交确认书

成交确认书（Confirmation）是合同的简化形式。它所包括的条款比合同简单，一般只就主要的交易条件作出规定，对买卖双方的义务描述不很详细。这种形式的合同适用于金额不大、批数较多的商品，或者已订有代理、包销等长期协议的交易。

我国在对外贸易业务中使用的确认书，分为销售确认书（Sales Confirmation）和购买确认书（Purchase Confirmation）。这两种确认书的格式基本一致。当达成交易时，通常也由我方填制一式两份，经双方签字后，各自保存一份。它无正本与副本之分。

上述两种形式的合同，即正式的合同和确认书，虽然在格式、条款项目和内容繁简上有所不同，但在法律上具有同等效力，对买卖双方均有约束力。在我国对外贸易业务中，书面合同主要采用这两种方式。

（三）协议

在法律上，协议（Agreement）一般与合同同义。书面文件冠以“协议”或“协议书”的名称，只要其内容对买卖双方的权利和义务都作了明确、具体的规定，它就与合同一样对买卖双方具有法律约束力。但是，如果交易洽商的内容比较繁杂，双方商定了一部分条件，还有一部分条件有待进一步洽商，于是先签订一个“初步协议”，在协议书中也作了协议属初步性质的说明，这种协议就不具有合同的性质。

（四）备忘录

备忘录（Memorandum）是指进行交易洽商时用来记录洽商的内容，以备今后核查的文件。如果双方当事人把洽商的交易条件完整、明确、具体地记入备忘录，并经双方签字，那么这种备忘录的性质和作用就与合同无异。如果双方洽商后，只是对某些事项达成一致或一定程度的理解，并记入备忘录，甚至冠以“理解备忘录”的名称，则这种备忘录不具有法律约束力。

（五）订单

订单（Order）是指进口商或实际买家拟制的货物订购单。在我国外贸实践中，有的客户往往发出订单，要求我方签回。这种经洽商成交后发出的订单，实际上是国外客户的购买合同或购买确认书。

三、合同基本的内容

国际货物买卖合同通常由三部分内容组成，即：前言或约首、合同条款及约尾，有时合同还载有附言。

前言或约首是合同的开始部分，通常载有合同的名称、合同的编号、订约的日期和地点。当事人的名称和地址及订约理由等。

合同条款是合同的主体部分，用以规定当事人的权利和义务。主要包括商品的名称、品质、数量、包装、单价、运输、保险、支付方式、商检、不可抗力、索赔、仲裁、单据等内容。

约尾一般包括合同的正本份数、使用的文字及效力、合同的准据法等问题，并由双方当事人签名。

重点知识展示

询盘、发盘、还盘、接受的性质

(1) 询盘的性质：没有法律上的约束力，询盘内容可繁可简，询盘不是必备环节。

(2) 发盘的性质：发盘是法律行为，对当事人有法律上的约束力。

(3) 还盘的性质：原发盘人的发盘已失效，其不受约束，有效的还盘是新的发盘，对还盘人/新的发盘人具有约束力，还盘可以在交易之间反复进行，还盘是非必备环节。

(4) 接受的性质：接受是法律行为，接受做出即达成交易，合同关系成立。

经典案例分析

案情：

我某外贸公司打算进口一批罐装鱼片，请国外某公司发价，5 月 1 日国外公司发出报价：“每箱 2 美元 CFR 中国口岸，共 200 箱。7 月份纽约港装运，限 5 月 5 日复到有效。”第二天（5月2日），我公司回电：“对你方5月1日的报价还盘为每箱1.8美元，共200箱，纽约港装运，如有争议在中国仲裁。”5月5日我仍未收到回电，鉴于该货价有上涨的趋势，我于5月6日又向对方去电：“你5月1日报盘，我方无条件接受，信用证已开出。”但国外客户不理睬我方接受，退回信用证。为什么？

分析：

外商退回信用证是有道理的。

我5月2日对外商发电，属于交易磋商的还盘行为，还盘就是受盘人对发盘内容不完全同意并提出修改或变更的表示，是受盘人对发盘的拒绝，发盘一经还盘，原发盘即失去效力。同时还盘又是受盘人以发盘人的地位所提出的新发盘，直至5月5日，我方也未收到对方答复，也就是说对方并没有接受我方5月2日向其提出的新发盘。

由于价格上涨，我5月6日又向对方发电，无条件接受对方5月1日的发盘，这实质是对已失效发盘表示接受。因此，这次接受是无效的。双方之间不能成立合同。因此，双方并没有产生任何关系，由于货价上涨，对方完全可以不理睬我方，所以退回信用证。

关键名词

发盘　还盘　询盘　接受　逾期接受　重新接受

第九章

交易磋商与合同签订技能训练

实训模块一　函 电 分 析

目的要求

正确分析对方的来电，特别要判断对方的条件能否接受，以便作出及时的、对自己有利的答复。

背景材料

某进出口公司在与国外买方进行交易磋商的过程中，收到对方关于要求降低价格的还盘，要求业务员对其进行分析。

Dear Sirs,

RE: COUNTER-OFFER FOR BICYCLES

Thank you for your letter about the offer for the captioned bicycles. Although we appreciate the quality of your bicycles, their price is too high to be acceptable . Referring to the Sales Confirmation No. 2008SP-001, you will find that we ordered 1 000bicycles with same brand as per the terms and conditions stipulated in that Sales Confirmation, but the price was 10% lower than your present price. Since we placed the last order, price for raw materials has been decreased consider ably. Retailing price for your bicycles here has also been reduced by 5% . Accepting your present price will mean great loss to us , let alone profit. We would like to place repeat orders with you if you could reduce your price at least by 1. 5% . Otherwise, we have to shift to the other suppliers for our similar request. We hope you take our suggestion into serious consideration and give us your reply as soon as possible.

yours truely

操作指南

（1）分析对方来函时，先要准确地理解对方来函，再对对方的价格和其他各项条件进行认真的分析。一定要注意根据市场行情，参透对方隐含的意图。

（2）把握住成交的原则与尺度，结合我方的经营意图进行磋商。

（3）示范：上述背景材料中的还盘提出了要求降低价格的要求。卖方应详细了解市场行情，结合实际，以做出对自己有利的答复。

附：参考译文

自行车还盘

______________________：

谢谢你们对标题下的自行车报价的来信。

我们虽然赞赏你们自行车的质量，但价格太高不能接受。请参阅2008SP－001号销售确认书，按此销售书我方订购了相同牌号的自行车1 000辆，但价格比你方现报价格低10%，自从上次订购以来，原材料价格跌落很多，这里你们自行车的零售价也下跌了5%。接受你方现时的报价意味着我们将有巨大亏损，更不用谈利润了。然而如果你们至少降价1.5%，我们非常愿意向你方续订。否则，我们只能转向其他供应者提出类似需求。我们希望你们认真考虑我方建议，并及早答复我方。

实训模块二　合同签订

目的要求

要求学生根据往来电传填制销售合同。

背景材料

买卖双方经函电往来磋商交易，电文如下。

June 20, 2008

Dear sirs,

Thanks for your Acceptance of Jan 18th. And hereby we are pleased to send you our sales confirmation No. 08DRA201 for your signing, please.

Portable Mixer Pm－23	$23 FOB Tianjin/Set	100Sets	$2 300.00
Vacuum Cleaner Vc－18	$47 FOB Tianjin/Set	100Sets	$4 700.00

Port of Loading: Tianjin

Port of destination: Tokyo, Japan

Time of shipment: Before the end of July, 2008, with partial shipments and transhipment allowed.

Term of payment: L/C AT SIGHT

Inspection: Certificate of quality and quantity issued by AQSIQ at loading ports.

We hope that the goods will be shipped by Aug. 30th. And we ensure L/C will reach you not later than July 1.

Yours Faithfully,
(signature)
Buyer: ABC CO. LTD.
C. P. O. BOX 5555 SOSAKA, JAPAN

Seller: SHANXI TEXTILES IMPORT & EXPORT CORP.
4 YING ZE STREET, TAIYUAN, CHINA

山 西 纺 织 品 进 出 口公 司

SHANXI TEXTILES IMPORT & EXPORT CORP.

4 YING ZE STREET, TAIYUAN, CHINA

合　　同

CONTRACT

合同号：　　　　　　　　签字日期：
Contract No:　　　　　　　Signing Date:
The Seller:
The Buyer:
双方同意按下列条款由卖方出售买方购进下列货物：
The Seller agrees to sell and the Buyer agrees to buy the under – mentioned goods on the terms and conditions stated below:

(1) 货物名称及规格 Description of Commodity, Specifications	(2) 数量 Quantity	(3) 单价 Unit Price	(4) 总值 Total Amount

（5）唛头：
Shipping Mark：：
（6）装运口岸：
Port of Loading：
（7）目的口岸：
Port of destination：
（8）装运期限：
Time of shipment：
（9）付款条件：
Term of payment：
（10）商品检验：
Inspection：
（11）索赔：如质量或数量有异议，买方应在货物到达目的港30天内向卖方提出索赔，并同时向卖方提供由卖方认可的检验机构出具的检验报告。如系卖方责任造成质量或数量的问题，卖方应在收到索赔通知后20天内向卖方提供解决异议的建议。
Claim：In case of quality or quantity discrepancy, claim should be filed by the buyer within 30 days after the arrival of the goods at the port of destination. The claim must be accompanied by the Survey Reports of Recognized Public Surveyors agreed to the Sellers. Should the responsibility of the subject under claim be found to rest on the part of the Sellers, the sellers shall, within 20 days after receipt of the claim, send their reply to the Buyers together with suggestion for settlement of the discrepancy.
（12）仲裁：凡因执行本合同或有关事项所发生的一切争执，应由双方通过友好方式协商解决。如协商不能解决时，应提交中国国际经济贸易仲裁委会根据中国国际经济贸易仲裁委会的有关仲裁程序规则进行仲裁。仲裁决定是终局的，对双方具有同等约束力。
Arbitration：All disputes in connection with this Contract or the execution there of shall be settled amicably through friendly negotiations between two parties. If no settlement can be reached through negotiation, the case under dispute shall then be submitted for arbitration to China International Economic and Trade Arbitration Commission in accordance with the rules of arbitration of China International Economic and Trade Arbitration Commission in accordance with the rules of arbitration of China International Economic and Trade Arbitration Commission. The decision made by the arbitration organization shall be taken as final and binding upon both parties Additional clauses

卖方：山西纺织品进出口公司	买方：
The Seller：	The Buyer：
SHANXI TEXTILES IMPORT & EXPORT CORP.	

操作指南

详见第七章　合同条款技能训练

实训模块三　案例分析

我国某公司与外商洽谈进口交易一宗，经外来电传磋商，就合同的主要条件全部达成交易，但在最后一次我方所发的表示接受的电传中列有“以签订确认书为准”。事后对方拟就合同草稿，要求我方确认，但由于对某些条款的措词尚待进一步研究，故未及时给予答复。不久，该商品的市场价格下跌，外方催我方开信用证，我方以合同未有效成立拒绝开证，试分析我方的做法是否有理？

案情分析

我方拒绝开证有理，依据有三：（1）我方在最后所发电传中列有“以签订确认书为准”，这是有条件的接受；（2）事后外商提出书面合同草稿，我方尚未答复，再次说明合同成立的条件不具备；（3）合同既未成立，外商催我方开证，理应拒绝。

3

第三篇 合同履行

合同的履行是国际贸易实务课程的核心环节。合同的履行涉及很多环节和部门，把所涉及的各个部门和环节有机地结合起来是合同履行的关键所在，而每一个环节的流程将起着十分重要的作用。本篇就货（备货、检验检疫)、证（催证、审证、改证)、船（租船订舱、报关、保险)、款（制单结汇）四个环节的履行程序做了全面阐述。其中结合外贸实践，重点对审证、制单结汇的方法做了细致的讲解。考虑到进口合同的履行与出口合同的履行是一个问题的两个方面，故对进口合同履行只做了简单介绍。本篇最后一章还有针对性地通过对常见合同履行程序的训练、重要单据（汇票、商业发票、提单、保险单）的缮制及案例分析供学生进行模拟操作。通过本篇知识的学习，学生可以掌握常见合同的履行程序及主要单据的缮制的方法和技巧，以便在未来的实际工作中加以运用。

第十章

出口合同的履行

学习目标

通过对出口合同履行全过程的学习，了解合同履行的重要意义；通晓全部出口结汇业务单证的处理技术，尤其是审核各种类型的信用证并根据所给信用证缮制全套出口结汇单据；掌握出口合同的基本履行程序，协调好各个环节所涉及的相关部门的业务工作。

重点难点

1. 审核、修改信用证与《UCP600》的有关规定；
2. 根据所给的信用证准确缮制全套出口结汇单据；
3. 备货、报验、报关、租船订舱、制单结汇、核销、退税的流程。

第一节　出口合同履行程序

买卖合同一经有效成立，卖方即应履行合同规定的义务，以换取约定的货款。根据《联合国国际货物销售合同公约》的规定，卖方应承担的基本义务为交付货物，移交一切与货物有关的单据并转移货物的所有权。同时，还要督促对方按照合同规定履行支付货款和收取货物的义务。

我国对外签订的出口合同，一般按 CIF 或 CFR 条件成交并按信用证方式付款。履行这类出口合同，必须涉及诸多环节，办理诸多手续，归纳起来一般要包括：备货、催证、审证、改证、租船订舱、报关、报验、保险、装船、制单结汇等工作环节。在这些环节中，以货（备货）、证（催证、审证和改证）、船（租船订舱）、款（制单结汇）四个环节的工作最为重要。各环节之间是相互联系、相互依存、环环紧扣的，只有做好每个环节的工作，才能防止“有货无证”、“有证无货”、“有货无船”、“有船无货”情况的发生，最大程度地实现企业的经济效益。

图10－1展示的是以CIF成交、凭信用证方式付款、属于法定检验商品的出口合同履行程序。

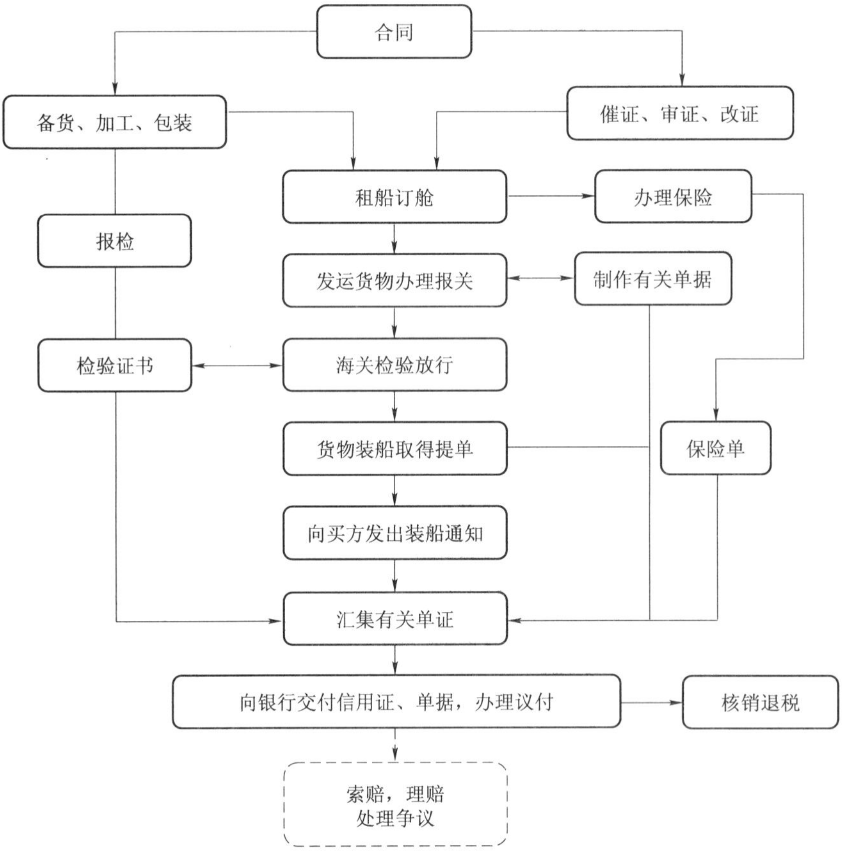

图10－1 CIF、L/C方式下出口合同履行程序图

第二节 催证、审证和改证

一、催证

按信用证付款条件成交，按时开立信用证是买方的一项基本义务，是卖方履行合同的前提条件，尤其是大宗交易或按买方要求而特制的商品交易，买方及时开证更为必要，否则，卖方无法安排生产和组织货源。在实际业务中，由于种种原因买方不能按时开证的情况时有发生，在下列情况下，卖方应注意向买方发函提醒或催促对方开立信用证，以利于合同的履行。

（1）在合同规定的期限内，买方未及时开证。如果卖方不希望中断交易，可在保留索赔权的前提下，催促对方开证。

（2）签约日期和履约日期相隔较远，卖方应在合同规定开证日之前，发函表示对该笔交易的重视，并提醒对方及时开证。

（3）卖方货已备妥并打算提前装运，可去函征求对方是否同意提前开证。

（4）买方资信欠佳，及时去函提示，督促对方履行合同义务。

二、审证

审证是指审核信用证，是信用证业务中极其重要的一个环节。信用证是依据买卖合同开立的，信用证的内容应与合同条款一致。但在实际业务中，由于种种原因，如贸易习惯的不同、市场行情的变化、工作的疏忽、电文传递的错误或买方利用开证的主动权加列对其有利的条款等，往往会出现开立的信用证条款与合同条款规定不符的情况。为确保收汇安全和合同的顺利执行，防止在经济上和政治上对卖方造成不应有的损失，一定要仔细对来证进行审核。

（一）审证方法及要求

审证是一项原则性和技术性很强的工作。审核时应十分谨慎、仔细。在我国，审核信用证是银行（通知行）和出口企业的共同责任。审核的方法和要求如下所述。

（1）银行（通知行）负责审核信用证的真实性，包括开证行的政治背景、资信能力、印签、密押是否相符，索汇线路是否正确，付款责任是否明确等等。资信不好的银行开出的信用证，其收汇风险很大。如果开证行的资信不好，出口方应要求进口方对其信用证加以保兑，由资信好的银行加保。经保兑行保兑的信用证，可以规避开证行资信不好带来的收汇风险，且出口企业需要融资时，也容易办到。

（2）出口企业根据合同条款全面审核信用证条款。按照合同上的签约人、商品描述、价格条款、支付条款、装运条款、保险条款、商检、仲裁等全部内容，全面仔细地审核信用证中的受益人名称、品名、价格、货币、金额、包装、运输方式、装运路线、装期、效期、交单期、信用证到期地点、保险险别、投保加成等条款，把合同条款与信用证条款一一对应起来审核，逐条检查信用证条款是否符合合同条款、信用证是否符合《UCP 600》及业务实际和商业习惯的解释和规定。

出口企业对信用证条款的审核要点具体可归纳为以下几点。

第一，信用证的性质和开证行的付款责任。根据《UCP 600》规定，信用证均为不可撤销性质。但值得注意的是，有时开证行在信用证中加列“限制性”或“保留性”条件的条款，如“以领到进口许可证后通知对方时方能生效”、“等收到货物样品，并以函/电确认后方能生效”、“信用证项下的付款要在货物清关后才支付”等类似条款，这就是常说的信用证软条款。“信用证软条款”是比较常见的信用证风险，它限制了出口方对信用证操作的主动权，出口方在履约操作过程中，很难获得或者根本就不能获得符合信用证规定的单据，威胁到信用证收汇的安全，出口方应当提高警惕，一般不能接受，以免遭受不必要的损失。

第二，信用证的金额与币制。信用证总金额与币制应与合同规定一致。信用证金额的大小写必须一致。信用证金额是银行承担付款责任的最高金额，因此，汇票金额不能超过信用证规定的金额，否则将被拒付。按照《UCP 600》的规定，商业发票可接受超过信用证允许的金额，但条件是超过部分不支付，否则也将被拒付。如合同中定有溢短装或约字条款，信用证金额也应规定相应的机动条款。还应注意单价与数量的乘积应与总金额一致。如总金额小于合同总金额，应查明是否是扣佣后的净额。

第三，信用证的有效期、装运期、交单期及到期地点。有效期是指信用证的有效期限。未规定有效期的信用证为无效的信用证。凡晚于有效期提交的单据，银行有权拒收。

装运期是指货物装运的期限。原则上应与合同规定一致。如果不一致，有利于出口企业交货的可以接受；不利于出口企业交货的应要求对方修改装运期。如出于生产或船舶等原因，出口企业无法在信用证规定期限内装运，应尽早要求对方展延装运期，并同时展延信用证有效期。按照《UCP 600》规定，如来证未规定装运期，则信用证的有效期为最后的装运期。信用证的有效期与装运期应有合理间隔期，一般为 15 天，以便于出口企业装运货物后有一段时间制单、审单、交单。如两者在同一天，则为“双到期”，出口企业应适当提前装运，便于在有效期内交单，如两者前后颠倒的，应请银行查明，要求修改。

交单期是指运输单据出单日后必须向银行提交单据要求付款、承兑或议付的特定期限。如果信用证明确规定交单期，出口企业应于交单期内交单，晚于交单期交单，银行有权拒收。如果信用证中没有规定交单期，按照《UCP 600》的规定，银行将不予接受迟于装运日后 21 天提交的单据，但是，不能迟于信用证的到期日。

信用证须规定到期地点，在我国出口业务中，一般要求对方开来的信用证明确规定到期地点为出口企业所在地，以利于出口企业及时办理交单结汇。

第四，开证申请人和受益人。主要审核其名称和地址是否与合同规定一致。如来证中有误，应及时要求修改更正，以免制单和寄单时发生误差，影响收汇。

第五，信用证的付款期限。信用证的付款期限必须与合同规定一致。如合同规定凭即期汇票付款，而信用证要求受益人签发远期汇票，就要看是否为假远期信用证，如果具备假远期信用证的条件，一般可以接受，除非开证行资信不良。

第六，商品的品名、规格、数量和包装条款。信用证中的品名、规格、数量和包装条款必须与合同规定一致，如有误差，且影响到出口企业顺利履约及安全收汇的，应要求对方修改。如小的讹误，且没有影响到出口企业顺利履约及安全收汇的，在制单时可把正确的用括号加在后面。特别要注意合同中未规定的特殊要求，应结合合同认真研究，凡不利于出口企业履约及安全收汇的条款应要求对方修改。

第七，运输条款。信用证中的启运地、目的地必须与合同规定一致，如有不同，应具体情况具体分析，考虑是否接受。如价格条款为 CIF Los Angeles，交货地点为 NEW YORK，两地运价不同，必须修改。信用证中的转运，分批装运条款也必须与合同规定一致，信用证中规定了分批出运的时间和数量，除非信用证另有规定，应严格执行《UCP 600》的规定，即任何一批未规定出运，信用证对本批及以后各批均告失效。信用证中规定不准转运的，要了解所去的港口有无直达船，如无直达船的，必须要求改证。有的信用证规定在某港口转运，或规定由某船公司接转等，要核实能否按信用证要求办理，能办到的可接受，办不到的应提出修改信用证。

第八，单据条款。对信用证中要求提供的单据种类和份数及填制方法等要进行仔细审核。如发现有异常规定，应慎重对待。凡不利出口企业顺利履约及安全收汇的，应要求对方修改更正。

第九，其他特殊条款。信用证中有时加列一些合同中未规定的特殊条款，如指定船籍、船龄、船级；要求提供装运通知电传、传真副本；要求刷制指定的运输标志或其他标志等等，上述内容均应认真审核。如能办到可以接受，如办不到应要求对方修改更正。

信用证审核过程中涉及的问题很多，不同的信用证其内容各不相同，稍有不慎，很可能酿成难以想象的后果。因此，必须认真、仔细、耐心地逐字逐句审核，必要时还要与有关部门联系研究以后决定是否接受。

（二）操作

结合所附信用证进行审证操作。

附：需修改信用证一份

Form of Doc. Credit	: DOCUMENTARY L/C
Doc. Credit Number	: 00001LCC0804610
Date of Issue	: 080426
Applicable Rules	: UCP LATEST VERSION
Expiry	: 080516 IN USA
Applicant	: GARICH (APPAREL) LTD. 4B, WAH HUNG CENTRE, 41 HUNG TO ROAD, KWUN TONG, KOWLOON, HONG KONG.
Beneficiary	: TAIYUAN XX IMPORT AND EXPORT CO., LTD. NO. 18 XINJIAN ROAD, TAIYUAN CITY, CHINA
Amount	: About 17 733.00
Max. Credit Amount	: NOT EXCEEDING
Available with/by	: ANY BANK IN USA BY NEGOTIATION
Drafts at	: SIGHT
Drawee	: BNPAHKHHXXX BNP PARIBAS HONG KONG (HONG KONG BRANCH)
Partial shipments	: NOT ALLOWED
Transshipment	: NOT ALLOWED
Loading in Charge	: XINGANG, CHINA
For Transport to	: LOS ANGELES, U. S. A.
Latest Date of Ship	: 080520
Description of Goods:	

DESCRIPTION : LADIES' 65 PCT POLYESTER 35 PCT COTTON VEST

P. O. NO　CUT NO.　STYLE NO.　QTY/PC　UNIT PRICE　TOTAL AMOUNT

GP0051	X41485	183SB -366	768	USD3.30	USD 2 534.40
GP0052	X41486	184SB -366	1470	USD3.10	USD 4 557.00
GP0053		185SB -366	768	USD3.10	USD 2 380.80
GP0057	X41491	183SC -268	696	USD3.30	USD 2 296.80
		183SC -286	348	USD3.30	USD 1 148.40
		183SC -488	1026	USD3.30	USD 3 385.80
		183SC -931	606	USD3.30	USD 1 999.80
			5682		USD18 303.00

FOB LOS ANGELES, CHINA

Documents required:

1. BENEFICIARY'S SIGNED COMMERCIAL INVOICE IN DUPLICATE
2. PACKING LIST IN DUPLICATE SHOWING GROSS WEIGHT, NET WEIGHT, AND MEASUREMENT PER CARTON
3. 1/2 SET OF ORIGINAL CLEAN SHIPPED ON BOARD MARINE BILLS OF LADING MADE OUT TO ORDER OF AMERICAN PUBLIC CO. INC., 485 7TH AVE., SUITE 800, NEW YORK, N.Y. 10018, U.S.A MARKED FREIGHT PREPAID AND NOTIFY MAY CORP./ROBINSONS, 6160 LAUREL CANYON BLVD., LOS ANGELES, CA. 91606, U.S.A (TEL NO. 818 -670 -5226).
4. INSPECTION CERTIFICATE ISSUED BY MR. ROGER OF APPLICANT
5. APPLICANT'S SIFNED STATEMENT CERTIFYING THAT THE FOLLOWING COCUMENTS HAVE BEEN RECEIVED BY COURIER WITHIN 5 DAYS AFTER DATE OF SHIPMENT
   A) SIGNED COMMERCIAL INVOICE TO CONSIGNEE IN 1 ORIGINAL AND 1 COPY ISSUED BY SHIPPER SHOWING FOB VALUE
   B) SIGNED PACKING LIST TO CONSIGNEE IN 1 ORIGINAL AND 1 COPY ISSUED BY SHIPPER.
   C) 2/3 SETS OF ORIGINAL OF BILL OF LADING
   D) SINGLE COUNTRY DECLARATION IN 1 ORIGINAL AND 1 COPY ISSUED AND SIGNED BY THE MANUFACTURER
   E) ORIGINAL CERTIFICATE OF ORIGIN SHOWING MADE IN CHINA
   F) TEXTILES DECLARATION IN 1 ORIGINAL AND 1 COPY ISSUED AND SIGNED BY TEXTILES COMPANY
   G) TEXTILES CECLARATION IN 1 ORIGINAL AND 1 COPY ISSUED AND SIGNED BY MANUFACTURER
6. PHOTOCOPY OF CERTIFICATE OF ORIGIN SHOWING MADE IN CHINA
7. BENEFICIARY'S SIGNED STATEMENT CERTIFYING THAT THE SHIPMENT

ADVICE HAVE BEEN SENT BY FAX MENTIONING THIS L/C NO., VESSEL NAME AND VOYAGE, ETD, ETA, SHIPPED QUANTITY AND NO. OF PACKAGES TO APPLICANT (FAX NO. 5695 7748) WITHIN 2 DAYS AFTER DATE OF SHIPMENT

8. INSURANCE POLICY COVERING ALL RISKS FOR 110% OF INVOICE VALUE

Additional Condition:

- AN EXTRA COPY OF INVOICE AND TRANSPORT DOCUMENTS, IF ANY, FOR L/C ISSUING BANK'S FILE ARE REQUIRED
- ALL CORRECTION OR AMENDMENT MUST BE STAMPLED AND INITIALED BY ISSUING PARTY.
- THIRD PARTY DOCUMENTS EXCEPT DRAFTS AND INVOICE ARE ACCEPTABLE
- INSURANCE TO BE COVERED BY ULTIMATE BUYER
- L/C OPENING CHARGES ARE FOR ACCOUNT OF BENEFICIARY. ON FIRST UTILIZATION OF THIS L/C, WE SHALL DEDUCT USD80.00 BEING L/C OPENING CHARGES FROM PROCEEDS OF BILLS BEFORE MAKING PAYMENT TO VENEFICIARY
- OVERDRAWN COMMISSION, IF ANY, IS FOR ACCOUNT OF BENEFICIARY
- A FEE OF USD50.00 OR ITS EQUIVALENT WILL BE DECUCTED FROM THE PROCEEDS OF EACH SET OF DISCREPANT DOCUMENTS, WHICH REQUIRE OUR OBTAINING ACCEPTANCE FROM APPLICANT
- " DOCUMENTS DESPOSAL CONDITIONS " -DISCREPANT DOCUMENTS PRESENTED WILL BE REJECTED AND HELD AT THE PRESENTER'S DISPOSAL. HOWEVER, IF OUR TRADE SERVICES DEPARTMENT DOES NOT ACTUALLY RECEIVE THE PRESENTER'S INSTRUCTION TO RETURN THE DOCUMENTS BY THE TIME THE APPLICANT HAS ACCEPTED AND /OR PAID FOR THE DOCUMENTS, WE, AT OUR SOLE DISCRETION, MAY RELEASE THE DOCUMENTS TO THE APPLICANT WITHOUT REFERANCE TO THE PRESENTER. IF THE DOCUMENTS ARE SO RELEASED, WE SHALL BE DEEMEND TO HAVE ACCEPTED THE DOCUMENTS BUT SHALL NOT BE UNDER ANY OTHER LIABILITIES TO THE BENEFICIARY, NEGOTIATING BANK, PRESENTER OR ANY PARTIES

Details of Charges: ALL BANKING CHARGES ARE FOR THE ACCOUNT OF BENEFICIARY.

Presentation Period: DOCUMENTS TO BE PRESENTED WITHIN 14 DAYS AFTER THE DATE OF SHIPMENT BUT WITHIN THE VALIDITY OF THE CREDIT

Confirmation: WITHOUT

Instructions:

- UPON RECEIPT OF DOCUMENTS CONFORMING TO THE TERMS AND CONDITIONS OF THIS CREDIT, WE SHALL PAY THE PROCEEDS AS DESIGNATED

- NEGOTIATINT BANK MUST FORWARD ALL DOCUMENTS TO US IN ONE LOT BY COURIER SERVICE AT BENEFICIARY'S EXPENSES（OUR ADDRESS：10/F, PCCW TOWER, TAIKOO PLACE, 878 KING'S ROAD, HONGKONG）
- REIMBURSEMENT UNDER THIS L/C, IF APPLICABLE, IS SUBJECT TO ICC UNIFORM RULES FOR BANK TO BANK REIMBURSEMENTS（PUBLICATION NO. 525）

第一，信用证的性质和开证行的付款责任。本信用证只写明“DOCUMENTARY L/C”未指明是“IRREVOCABLE”（不可撤销的）或“REVOCABLE”（可撤销的）。根据《UCP600》的规定，该信用证应视作不可撤销的信用证。另外，经仔细审阅，未发现该信用证内附有“保留”或“限制”性条款，所以，此信用证为有效信用证。

第二，信用证的金额与币制。该信用证的“AMOUNT”一栏内写有“ABOUT 17 733.00”，但同时“Max. Credit Amount”栏内却规定“NOT EXCEEDING”。根据《UCP600》的规定，信用证金额中有“约”，“近似”字样的，可有10%增减。所以，此金额应有10%的增额，而不是“NOT EXCEEDING”。另外，信用证必须有明确的币制，一般为美元USD。

第三，信用证的有效期、装运期、交单期及到期地点。该信用证规定的有效期及地点为“080516 IN USA”。首先，“IN USA”明显不合适我方交单议付，也不符合国际贸易中的习惯做法，应该请对方修改。其次，信用证规定的有效期“080516”早于装运日期“080520”，我方无法提交单据和收汇，应该请对方展延有效期。另外，注意在规定的交单期内提交单据，否则，银行有权拒收。

第四，开证申请人和受益人。一定要对照合同仔细审核名称和地址。如与合同有误差，务必与银行或开证申请人确认清楚，以免制单和寄单时发生差错，影响收汇。

第五，信用证的付款期限。应与合同规定一致。该信用证的付款规定为“DRAFT AT SIGHT”，可以接受。

第六，商品的品名、规格、数量、包装条款必须与合同一致。

第七，运输条款应与合同规定一致。该信用证规定目的地为“LOS ANGELES”，启运地为“XINGANG”，但在价格条款中规定“FOB LOS ANGELES, CHINA ”，必须要求修改。另外，信用证中的转运，分批装运条款也必须与合同一致。如所去的港口无直达船的，必须要求修改为“TRANSSHIPMENT ALLOWED”。

第八，单据条款。对信用证中要求提供的单据种类和份数及填制方法等一定要进行仔细审核。该信用证规定付款条件为“FOB XX”，但在要求提供的单据中却有“INSURANCE POLICY”，显然与规定不符，保险应该是由买方自行安排。另外，“BILL OF LADING ... MARKED FREIGHT PREPAID ...”也不符合实际情况。因FOB条件下，运费是由买方来承担，我方不需要预付，所以，应该请求修改。

第九，其他特殊条款。如该信用证要求受益人出具声明，证明在装船日期后的两天内，受益人已将写有信用证号码、船名及航班号、预计开船日和到达日期、装船数量和包装件数的装船通知以传真的形式发给开证申请人。这些条款都应该认真审核，如确实办不到的，应及时通知对方修改。

三、改证

出口企业对信用证全面审核后，如发现问题，必须要求国外客户通过开证行进行修改，并坚持在收到信用证修改通知书后，才能对外发货，以免造成出口企业工作的被动和经济上的损失。

（一）改证方法及注意事项

做好改证工作，一般应掌握以下几点：

（1）一份信用证如有几处需要修改，应集中一次通知开证申请人办理修改，避免一改再改，既增加双方费用又浪费时间，而且还会造成不良影响。

（2）开证行自发出修改书之时起，即不可撤销地受其约束。保兑行可将其保兑扩展至修改书，并自通知该修改时，即不可撤销地受其约束。但是，保兑行可以选择将修改通知受益人而不对其加具保兑。若然如此，其必须毫不延误地将此告知开证行，并在其给受益人的通知中告知受益人。

（3）修改信用证的途径：受益人提出→开证申请人同意 →开证行修改→通知行通知→通知受益人。

（4）对于不可撤销信用证中的任何条款的修改，都必须取得当事人的同意才能生效。

（5）根据《UCP600》的规定，收到修改书后，应及时检查修改内容是否符合要求，受益人应发出接受或拒绝修改的通知。如果受益人未发出接受或拒绝修改的通知，则取决于其提交的单据。如受益人未能给予通知，当交单与信用证以及尚未表示接受的修改的要求一致时，即视为受益人已作出接受修改的通知，并且从此时起，该信用证被修改。

（6）根据《UCP600》的规定，在受益人告知通知修改的银行其接受该修改之前，原信用证的条款对受益人仍然有效 。

（7）根据《UCP600》的规定，一份信用证修改通知书的内容要么全部接受，要么全部拒绝，不能接受其中一部分拒绝一部分。

（8）信用证修改通知书必须由原通知行转递或通知，如由开证申请人或开证行直接寄给出口企业的，应提请原证通知行证实。

在实际业务中，修改信用证时通常采用：受益人用电讯通知开证申请人，同时规定一个修改书的到达时限；收到信用证修改通知书后受益人应及时表态，以免影响合同的顺利履行。

（二）操作

根据上述审核信用证的要求对所附信用证进行审核后，我们发现了该信用证的一些错误或需要修改之处，写出修改函一份。

Dear Sirs,

RE：L/C NO. 00001LCC0804610

We have received your Letter of Credit No. 00001LCC0804610 with thanks, but we are regret to say that there are some discrepancies between your L/C and Sales Contract No. 0112. After careful confirmation, we think we need an amendment as follows,

(1) Expiry: 080606 IN CHINA

(2) Amount: ABOUT USD17 733. 00

(3) Max. Credit Amount: NOT EXCEEDING USD19 506. 30

(4) Available with/by: ANY BANK BY NEGOTIATION

(5) FOB XINGANG, CHINA

(6) Documents required:

3. 1/3 SET OF ORIGINAL... BILLS OF LADING... MARKED FREIGHT COLLECT AND...

8. INSURANCE POLICY COVERING ... "DELETED"

In order to effect shipment smoothly, please make necessary amendment accordingly to your L/C with the least possible delay.

Looking forward to your early reply.

Best regards

第三节　备货及报检

为了保证按时、按质、按量交付约定的货物，在订立合同之后，卖方必须及时落实货源，备妥应交的货物，并做好出口货物的报检工作。

一、备货

备货是指卖方根据出口合同和信用证的规定，按时、按质、按量地准备好应交货物的工作。备货流程为：筹资→安排生产 →货物包装→刷制唛头。筹资途径有自有资金；打包放款/信用证抵押贷款；凭国外开来信用证或履约率很高的出口合同向银行申请打包贷款；占用生产商资金；代理出口。为了使合同履行顺利进行，在备货工作中，应着重注意下列事项：

（一）按照约定装运期的要求备妥货物

装运期是国际货物买卖合同的主要交易条件，如有违反，买方不仅有权拒收货物并提出索赔，甚至还可宣告合同无效。因此，货物备妥的时间，必须适应出口合同与信用证规定的装运期。为防止出现船等货或货等船的情况发生，应结合船期将拟装运的货物备妥，并应适当留有余地。

如果出口合同规定装运期为收到信用证后若干天内装运，为了保证按时履约，避免被动，卖方应督促买方按照合同规定按时开来信用证，收到信用证后抓紧时间审核，如认可，则及时安排生产、组织进货和办理装运。

合同货物是全部一次装运，还是分期、分批装运，也必须按照合同规定办理。除非合同另有规定，卖方必须将合同货物全部一次装运。但是，有时由于交易数量较大，为了便于卖方备货、安排装运和适应买方使用或转销的需要，在买卖合同中，已经约定在一定期限内授权卖方酌情掌握是否分期或分批装运，或者具体规定了分期分批装运的时间和方法，则卖方就必须按照合同规定的分期时间和每批数量装运。如卖方对其中任何一期不按合同规定履行装运义务，买方就可根据合同条款和卖方违约的具体情况，要求损害赔偿和/或宣告合同无效。《UCP 600》规定，如信用证规定在指定的时间段内分期发运，任何一期未按信用证规定期限发运时，信用证对该期及以后各期均告失效。《联合国国际货物销售合同公约》规定，如果各批货物（例如成套机械设备）是相互依存的，不能单独用于双方当事人在订立合同时所设想的目的，则买方可对已交和未交各期的整个合同宣告无效。在此情况下，对已交付的货物买方有权退货，对已付的货款也可向卖方收回。

（二）按照合同规定的品质备货

品质是国际货物买卖合同的主要交易条件，故卖方必须按合同品质条款的规定备货。凡凭规格、等级、标准等文字说明达成的合同，交付货物的品质必须与合同规定的规格、等级、标准等文字说明相符。如系凭样品达成的合同，则必须与样品相一致。如既凭文字说明，又凭样品达成的合同，则两者均须相符。否则，买方有权拒收货物，提出索赔甚至撤销合同。

在凭文字说明达成的合同中，有时对商品质量仅作简化的规定，如仅列明货号、型号、商标牌名、产地名称等，则卖方有责任交付合同规定的货号、型号、商标牌名或产地名称等所应该具备的、为买卖双方所共知的或为同行业所公认的品质的货物。值得注意的是，卖方如在订约前向买方散发过各种宣传品，介绍合同商品的品质，则此种介绍的品质，也将成为对合同品质简化规定的补充，故卖方所交货物的品质，也应与这些宣传品中介绍的相符。

在这里需要特别指出的是，卖方备货的实际品质不得低于合同规定，但也不宜高于合同规定。低于合同规定是违约行为，高于合同规定有时也可能构成违约。

（三）按合同规定的包装条件备货

在国际货物买卖中，包装是作为货物说明的组成部分，包装条款是买卖合同中的主要条款，因此，卖方必须按照约定的包装方式备货。在备货过程中，对货物的内、外包装和装潢均必须认真进行核对和检查，如发现包装不良或有破损情况，应及时进行修整或更换包装，以利于取得清洁提单和顺利收汇。包装标志也应按照合同规定或客户要求刷制。运输标志（唛头）的式样，如合同有规定或客户另有指定的，则应按合同规定或客户指定的办理；如合同未规定、客户对此又无要求的，则卖方可自行选定刷制，自行选定的运输标志一般应包括收（发）货人缩写、目的港、件号、参考号等内容。如进口国有关当局规定包装标志必须使用特定文字的（如海湾国家要求用阿拉伯文），一般应予照办。标志的刷写部位和文字大小要适当，图案字迹要清楚，使用的颜料要不易褪色。在保护商品质量和不违反合同规定的前提下，还应尽可能压缩货物包装体积或降低包装的重量，以节省运输费用。

（四）所备货物要适合通常的用途和特定的使用目的

按照国际贸易法律的一般规则，卖方所备的货物要适合通常用途和订立合同时买方通知的特定用途，这是卖方应承担的两项极为重要的默示责任。《联合国国际货物销售合同公约》第35条明确规定：除双方当事人业已另有协议外，卖方交付的货物要适用于同一规格货物通常使用的目的；或者适用于订立合同时曾明示或默示地通知卖方的任何特定目的。否则，即为货物与合同不符，买方就有权拒收货物，并提出索赔。我国《合同法》第62条第一款也作了类似规定。所谓适合通常的用途，是指交付的货物具有“可销性”或“可转销性”，也就是具有“商销性”或符合“商销品质”。关于适用特定的使用目的，一般情况下，必须有待买方的事先通知，若卖方不能满足此项要求，也应在订约时告知买方，或在合同中订明排除此项特定用途。

（五）必须按照合同规定的数量备货

货物的数量是国际货物买卖合同中的主要交货条件之一，按约定数量交货是卖方的重要义务。如卖方不能按约定数量交货，将直接影响买方的利益，因此，《联合国国际货物销售合同公约》和各国法律对此都作了较严格的规定。为确保按合同规定的数量交货，在备货过程中，如发现货物数量不符合合同需要时，应及时采取有效措施予以补足。为便于补充储存中的自然损耗和搬运装货过程中的损耗，以及适应溢短装条款中溢装的需要，备货数量应略有余地为宜。此外，还要注意合同规定采用何种度量衡制度和计量方法，如按重量计量而合同中未订明采用何种方法计算重量的，则按惯例以净重计重。

（六）所备货物必须属于卖方所有并无侵犯他人权利的货物

《联合国国际货物销售合同公约》规定，卖方所交的货物，必须是第三方不能提出任何权利和要求的货物。我国《合同法》也规定，卖方出售的货物，应当属于卖方所有或者卖方有权处分，即卖方负有保证第三者不得向买方主张任何权利的义务。因此，备货时，要切实注意所备的货物是否符合有关法律的要求。

二、报检

报验是指出口方在货物备妥后，根据法律、法规、规章和合同约定向商品检验机构申请对出口货物进行检验的工作。出口货物报验流程为：报验→抽样→检验→签发证书。

报检范围包括：

（1）国家法律、行政法规或规章规定的应检对象；

（2）有关国际公约规定须经出入境检验检疫机构检验检疫的对象；

（3）输入国有规定或与我国有协议/协定，必须凭检验检疫机构出具有关证书（明）方准入境的对象；

（4）对外贸易合同、信用证规定由检验检疫机构出证的出入境对象；

（5）对外贸易关系人申请的鉴定业务；

（6）一般原产地证和普惠制产地证的签证业务。

出口商品的发货人可以自行办理报检手续，也可以委托代理报检企业办理报检手续；采用快件方式出口商品的，发货人应当委托出入境快件运营企业办理报检手续。出口商品的发货人办理报检手续，应当依法向出入境检验检疫机构备案。代理报检企业、出入境快件运营企业从事报检业务，应当依法经出入境检验检疫机构注册登记。未依法经出入境检验检疫机构注册登记的企业，不得从事报检业务。办理报检业务的人员应当依法办理报检从业注册，并实行凭证报检。未依法办理报检从业注册的人员，不得从事报检业务。

凡属法定检验的出口商品，根据《中华人民共和国进出口商品检验法》及其《实施条例》规定，出口商品的发货人应当在规定的时间和地点，持出口合同、信用证副本、发票、装箱单等有关单证向出入境检验检疫机构报验，经检验检疫合格后，由检验检疫机构发给检验证书或货物通关单。出口方应在检验检疫证书规定的有效期限内将货物装运出口。一般货物的检验检疫证书从发证日起两个月内有效，鲜果、鲜蛋等鲜活类商品检验证书两个星期内有效，动植物检疫证书 20 天内有效。

法定检验是指商检机构根据国家法律法规，对规定的进出口商品或有关的检验检疫项目实施强制性的检验或检疫。根据《中华人民共和国进出口商品检验法》规定，法定检验只能由出入境检验检疫机构实施。属于法定检验的出口商品，未经检验合格的，不准出口；实施法定检验的范围是指列入必须实施检验的进出口商品目录（简称“目录”）的进出口商品的检验和法律、行政法规规定实施检验的进出口商品或者检验项目。“目录”由国家商检部门制定和调整，并公布实施。

凡不属于法定检验范围的出口货物，根据《中华人民共和国进出口商品检验法实施细则》规定，国家实施抽查检验。在实际业务中，如出口合同约定由检验检疫机构检验的，须按合同规定，持买卖合同等有关单证向检验检疫机构报验；经检验合格并能证明货物符合合同的证书之后，方可凭以向买方收取货款，并以此作为交接货物的依据。不属于法定检验范围的出口货物，出口合同也未规定由检验检疫机构出证的，则应视不同情况，分别采取委托检验检疫机构检验，由生产部门、供货部门进行检验，或者由外贸企业自行检验，检验合格后方可装运出口。

凡属于危险货物，其包装容器应由生产该容器的企业向出入境检验检疫机构申请包装容器的性能鉴定。包装容器经出入境检验检疫机构鉴定合格并取得性能鉴定证书，方可用于包装危险货物。生产出口危险货物的企业，必须向出入境检验检疫机构申请危险货物包装容器的使用鉴定。如使用未经鉴定合格的包装容器的危险货物不准出口。

对装运出口易腐烂变质食品、冷冻品的船舱、集装箱等运载工具，承运人、装箱单位或其代理人，必须在装运前向出入境检验检疫机构申请清洁、卫生、冷藏、密固等适载检验，经检验合格并取得证书后，方可装运出口。

出口动植物及其产品，凡有检疫要求的，出口企业或其代理人应事先填具报检单，向检验检疫机构申请检疫，经检疫合格并取得检疫证书，方可出口。如经检疫发现有害病虫的，则不准出口。

应当指出，凡具有下列情况之一的，应重新报检，并交还原签发的证书或证单：

（1）超过检验检疫有效期限或逾期报运出境的；

（2）更改不同输入国或地区而有不同检疫要求的；

（3）出境改换包装或又重新拼装的货物需重新检验检疫的；

（4）报检后在 30 日内未联系检验检疫事宜或自动撤销报检的。

第四节 托运、报关及保险

一、托运

托运是指出口商委托外运公司或其他有权受理对外货运业务的单位办理海、陆、空等出口货物运输。

出口商在办理托运时，可以自己完成，也可以委托货运代理公司代办。由于办理运输涉及情况复杂，出口公司自己处理运输业务很麻烦，现在大多数出口公司都是通过货运代理公司办理运输。出口托运流程参见图 10－2。

图 10－2 出口托运流程图

二、报关

报关是指从事进出口贸易的有关当事人在货物进出境时向进出境地海关申报货物内容，按规定缴纳关税并请求海关查验放行的行为。根据《中华人民共和国海关法》（以下简称《海关法》）规定，进出境运输工具、货物、物品，必须通过设立海关的地点进境或者出境。在特殊情况下，需要经过未设立海关的地点临时进境或者出境的，必须经国务院或者国务院授权的机关批准，并依照本法规定办理海关手续。

我国自 2000 年 1 月 1 日起，全面实施先报验、后报关的通关模式。对实施检验检疫的货物，必须先在“出境货物通关单”上加盖了“检验检疫专用章”，海关才凭此放行货物。

我国《海关法》规定，出口货物，除另有规定的外，可以由发货人自行办理报关纳税手续，也可以由发货人委托海关准予注册登记的报关企业办理报关纳税手续。委托人委托报关企业办理报关手续的，应当向报关企业提供所委托报关事项的真实情况；报关企业接受委托人的委托办理报关手续的，应当对委托人所提供情况的真实性进行合理审查。

发货人、报关企业办理报关手续，必须依法经海关注册登记。报关人员必须依法取得报关从业资格。未依法经海关注册登记的企业和未依法取得报关从业资格的人员，不得从事报关业务。

目前，我国通过“中国电子口岸”的建设已实现了电子通关。出口企业可以通过“中国电子口岸”的“报关申报系统”在网上办理出口报关申报手续。采用“中国电子口岸”管理系统办理一般贸易出口报关流程为：网上预录入→报送单证→陪同查验→缴纳税费→结关放行。

流程说明：

（1）网上预录入：报关员通过“中国电子口岸”的报关申报系统进行网上录入、

申报、打印报关单以及网上查询海关回执等操作，提前办理出口申报手续。

（2）报送单证：报关员打印报关单后，连同其他单证送交出境地海关，海关对提交的单证进行审核。

（3）陪同查验：出口企业报送单证后，由报关员陪同海关工作人员到货物存放的现场进行查验。

（4）缴纳税费：货物查验无误后，报关员代表企业向海关缴纳出口关税。

（5）结关放行：缴纳税费后，出口企业按时将货物装运离境。

三、保险

在国际贸易中，货物从卖方到买方手中通常要经过长途的运输、装卸和存储等环节，在整个过程中货物可能会遇到各种各样的风险和遭受各种各样的损失，为了在货物受损时得到经济上的补偿，买方或卖方应在货物启运前向保险公司办理货物的运输保险。尤其是在履行以 CIF、CIP 贸易术语成交的出口合同时，出口企业应当根据出口合同及信用证的规定，在备妥货物及并已确定装运日期及运输工具后，按约定的保险险别和保险金额，及时地到保险公司办理货物的保险。

在国际货物买卖中，如交易双方按 CIF、CIP 贸易术语成交，则由卖方作为投保人向保险公司投保货物运输险，并从保险公司取得以其自身为被保险人（即保险受益人）的保险单据。在向进口商交单时，出口商要在保险单的背面做必要的背书，以便将保险单项下的保险利益转让给进口商。这样，一旦货物在运输途中发生了承保风险造成损失，进口商就可以向保险单上列明的保险代理要求索赔。下面结合图 10－3 介绍 CIF、CIP 贸易术语成交的出口投保流程。

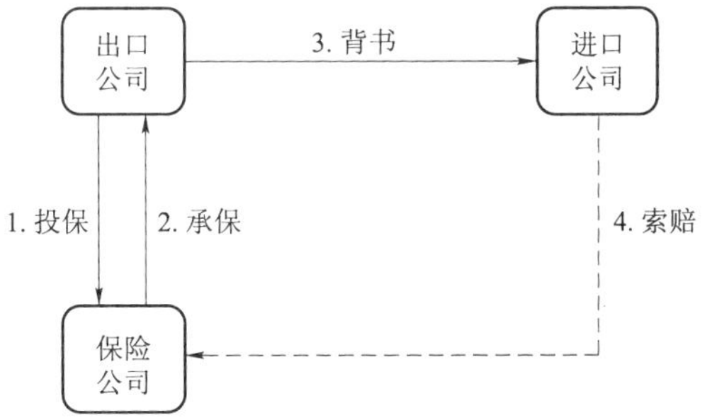

图 10－3 出口投保流程图

流程说明：

（1）投保：出口企业根据出口合同及信用证的规定，在备齐货物及并已确定装运日期及运输工具后，按约定的保险险别和保险金额，到保险公司正确填写保险单及交纳保险费为出口货物投保。

（2）承保：保险公司接受出口公司的投保，同时向出口公司出具保险单及保险凭证。

（3）背书：出口公司通过银行向进口公司交单时，出口公司在保险单的背面作必要的背书，以便将保险单项下的保险利益转让给进口公司。

（4）索赔：进口公司收货后，一旦发现进口货物在运输途中发生了承保风险造成的损失，就可以凭保险单向保险公司要求赔偿。

第五节 制单结汇

货物装运后，出口企业即应按照信用证的规定，正确缮制有关单据，并在信用证规定的到期日和交单期内，向银行提交单据，办理付款、承兑或议付和结汇手续。

一、出口单证的制作要求

对于结汇单据，要求必须做到“正确、完整、及时、简明、整洁”。

正确：制作的单据只有正确，才能够保证及时收汇。单据应做到单证一致和单单一致。此外，单据与货物也应一致。这样，单据才能真实地代表货物，以免发生错装错运事故。

完整：必须按照信用证的规定提供各项单据，不能短少。单据的份数和单据本身的项目，如产地证明书上的原产国别、签章、其他单据上的货物名称、数量等内容，也必须完整无缺。

及时：应在信用证的有效期内及时交单，以便银行早日寄单，按时收汇。此外，在货物出运之前，应尽可能将有关单据送交银行预审，如发现差错，可以提前改正，或与国外买方联系修改信用证，避免在货物出运后不能收汇。

简明：单据的内容，应按信用证要求和国际惯例填写，力求简明，切勿加列不必要的内容，以免弄巧成拙。

整洁：单据的布局要美观、大方，缮写或打印的字迹要清楚，单据表面要清洁，对更改地方要加盖校对图章。有些单据的主要项目，如金额、件数、重量等，一般不宜更改。

二、主要结汇单据的制作说明

结汇单据应视不同的交易和信用证规定而定。以下实际业务中常见的结汇单据在缮制中应注意的一些问题。

（一）汇票

汇票的缮制已在第五章做了详细的说明，不再赘述。

（二）商业发票（见样单 10－1）

发票（Invoice）通常指商业发票（Commercial Invoice），是指出口商向进口商开立的装运货物及凭以向进口商收取货款的价目清单，是装运货物的总说明。

目前发票还没有统一格式，但主要项目基本相同，主要包括：发票名称、发票编号、出具日期及地点、合同号码、收货人名称、运输标志、商品的品名、规格、数量、包装单价、总值和支付方式等十几项内容。

发票虽然没有统一格式，但其内容必须符合合同和信用证的规定，尤其文字描述必须与信用证完全一致。缮制时应注意以下内容：

[样单 10-1]

商 业 发 票

SHENZHEN FOREIGN TRADE XXX TRADING CO.

ROOM 1712, FOREIGN TRADE GROUP BLDG.,

239 ZHONGXING RD, SHENZHEN, 518001, CHINA

COMMERCIAL INVOICE

TO: MESSRS:　　INVOICE NO:

INVOICE DATE:

CONTARCT NO:

L/C NO:

SHIPMENT FROM　　TO　　BY

MARKS & NOS	DESCRIPTION OF GOODS	QTY	UNIT PRICE	AMOUNT

---

(1) 发票抬头人，即收货人，一般是进口商。在信用证支付方式下，应严格按信用证规定填写，根据《UCP 600》的规定：除非信用证另有规定，商业发票的抬头人必须是信用证的开证申请人（Applicant）。

(2) 发票号码、签发日期。发票号码由出口企业按照习惯编排，签发日期可以早于信用证的开证日期，但不能迟于提单签发日期，更不得迟于信用证规定的交单日期或信用证有效期。

(3) 信用证号码。按照信用证的规定填写。

(4) 起运地与目的地。按照合同和信用证的规定填写，注意应与贸易术语后的起运地（港）和目的地（港）相一致。

(5) 运输方式：按照合同填写。

(6) 唛头。合同或信用证指定唛头的，必须严格按照指定的唛头填写。如无指定，出口商可自行设计，其内容由进口商名称缩写、合同号（或发票号等）、目的港（地）和件号组成。

(7) 货物内容。这是发票的主要部分，应全面描述有关商品的名称、规格、数量、重量和包装，填写的内容必须与信用证所列各项要求完全相同，不能有任何的遗漏和改动。

(8) 价格条件、单价、总值。这也是发票的主要内容，单价、总值应按合同和信用证规定准确计算，正确填写。

(9) 签发人的签字或盖章。根据《UCP600》的规定，除非信用证另有规定，"无需签署"。但商业发票习惯上由出口公司的法人代表或经办制单人员代表公司签字，并注公司名称。

(三) 装箱单（见样单 10-2）

装箱单是常用的包装单据的一种。包装单据是指记载或描述商品包装材料情况的单据，是商业发票的附属单据和补充说明，也是货运单据中的一项重要单据。

包装单据的种类主要有：装箱单（Packing List）、包装说明（Packing Specification）、重量单（Weight List/Weight Note）和磅码单（Weight Meno）。

包装单据的缮制：包装单据无统一格式，所包含的内容也不尽相同，缮制时应注意以下内容：

［样单 10－2］

PACKING LIST

SHANGHAI TEXTILES IMPORT & EXPORT CORPORATION

SHANGHAI, CHINA

TO: MESSRS:

INVOICE No:

L/C No:

CONTARCT NO:

Date:

From　　To　　By

MARKS&NOS.	DESCRIPTION OF GOODS	QUANTITY	N. W	G. W	MRASUREMENT

TOTAL:

（1）装箱单着重表示包装情况，包括包装材料、包装方式等；重量单主要说明重量情况，包括毛重、净重等；而尺码单的重点是商品体积的描述，用立方米表示体积。

（2）毛、净重应列明每件的毛、净重及总的毛、净重数字，并必须与发票和运输单据、产地证、出口许可证、检验的数字相符。

（3）包装单据一般不显示货物的单价、总价，因为进口商把商品转售给第三者时只要交付包装单和货物，不愿泄露其购买成本。

（4）包装单据编号和制单日期、运输标志应与商业发票一致，注明合同和信用证号码。

（四）提单（见样单 10－3）

我国进出口贸易绝大部分采用海洋运输，其中使用最多的是海运提单，简称提单。缮制时应注意以下内容：

［样单10-3］

BILL OF LADING

SHIPPER	B/L NO.
CONSIGNEE	**COSCO** **中国远洋运输（集团）总公司** CHINA OCEAN SHIPPING (GROUP) CO. ORIGINAL Combined Transport BILL OF LADING
NOTIFY PARTY	
PLACE OF RECEIPT　　OCEAN VESSEL	
VOYAGE NO.　　PORT OF LOADING	
PORT OF DISCHARGE　　PLACE OF DELIVERY	

MARKS	NOS. & KINDS OF PKGS.	DESCRIPTION OF GOODS	G. W. (kg)	MEAS (m^3)
TOTAL NUMBER OF CONTAINERS OR PACKAGES (IN WORDS)				
FREIGHT & CHARGES	REVENUE TONS	RATE	PER	PREPAID COLLECT

PREPAID AT	PAYABLE AT	PLACE AND DATE OF ISSUE
TOTAL PREPAID	NUMBER OF ORIGINAL B (S) L	I
LOADING ON BOARD THE VESSEL		FOR THE CARRIER NAMED ABOVE FOR THE CARRIER OF THE AGENT CARRIER, COSCO
DATE	BY	

（1）托运人（Shipper/Consigner）。是指委托运输的人，一般即出口公司，也就是信用证中的受益人。

（2）收货人（Consignee）。这是提单中较重要的一栏，应严格按照信用证规定填写。一般采用指示式，即在收货人栏内填写：to order 或 to the order of ××bank。这种提单通过指示人即发货人或银行的背书方可流通转让。提单的背书有“空白背书”和“记名背书”两种。

（3）被通知人（Notify）。按照信用证规定填写，一般是货物进口人即开证申请人或其代理人，被通知人的地址一定要详细。

（4）收货地点（Place of Receipt）。如货物需转运，填写收货港口的名称或地点；

如货物不需转运，这一栏就不填。

（5）船名航次（Ocean Vessel Vov-No.）。如货物需转运，填写第二程船的船名；如货物不需转运，填写第一程船的船名。

（6）装货港（Port of Loading）。如货物需转运，填写中转港名称；如货物不需转运，填写装运港名称。

（7）卸货港（Port of discharge）。填写卸货港（目的港）名称。

（8）封志号、标记与号码（Seal No. Marks & Nos.）。按照信用证规定填写，如信用证未规定，则按发票上所列内容填写；如不使用唛头，注明“N/M”字样。

（9）商品名称。只要求填上货物的总名称即可。注意不要与信用证相抵触。

（10）货物包装及件数。按照货物装船时的实际情况填写总外包装件数，大小写应一致。

（11）运费条款。运费一般只填支付情况，按照信用证条款规定填写。一般 CIF 和 CFR 条件注明“运费已付”（Freight Prepaid）；FOB 条件下，注明“运费到付”（Freight Collect）。

（12）毛重（Gross Weight）。毛重一般以公吨为单位，小数点后保留三位。

（13）尺码（Measurement）。体积一般以立方米为单位，小数点后保留三位。

（14）正本提单的份数。如信用证对正本提单份数有规定，则应与信用证规定一致。例如，信用证规定“3/3 Bill of Lading”，就表明船公司为信用证项下的货物开立的正本提单必须是三份，而且三份正本提单都要提交给银行作为结算的单据。根据《UCP600》的规定，银行接受全套正本仅有一份的正本提单或一份以上的正本提单，以防止正本提单被其他人凭以提取货物。

（五）保险单（见样单 10－4）

保险单是保险人（即保险公司）与被保险人之间订立的保险合同的证明。当被保险货物遭受保险合同责任范围内的风险而发生损失时，保险单是被保险人向保险人提出索赔、保险人理赔的依据。采用 CIF 或 CIP 条件成交的合同，出口商在向银行或进口商收款时，应提交符合买卖合同及/或信用证规定的保险单据。这里简单介绍中国人民财产保险股份有限公司的海洋货物运输保险单的主要内容和填写方法：

[样单 10－4]

中国人民财产保险股份有限公司

PICC Property and Casualty Company Limited

货物运输保险单

CARGO TRANSPORTATION INSURANCE POLICY

保险单号（Policy No.）　　印刷号（Printed Number）

合同号（Contract No）

发票号（Invoice No.）

信用证号（L/C No）

被保险人（Insured））：________________

中国人民财产保险股份有限公司（以下简称本公司）根据被保险人的要求，以被保险人向本公司缴付约定的保险费为对价，按照本保险单列明条款承保下述货物运输保险，特订立本保险单。

THIS POLICY OF INSURANCE WITNESSES THAT THE PICC PROPERTY AND CASUALTY COMPNAY OF CHINA（HEREINAFTER CALLED "THE COMPANY"）AT THE REQUEST OF THE INSURED AND IN CONSIDERATION OF THE AGREED PREMIUM PAID TO THE COMPANY BY THE INSURED UNDERTAKES TO INSURE THE UNDERMENTIONED GOODS IN TRANSPORTATION SUBJECT TO THE CONDITIONS OF THIS POLICY AS PER THE CLAUSES PRINTED BELOW.

标记 MARKS & NOS.	包装及数量 QUANTITY	保险货物项目 GOODS	保险金额 AMOUNT INSURED

总保险金额：

Total Amount Insured：________________

保费（Premium）：________ 启运日期（Date of Commencement）：________

装在运输工具（Per Converyance）：________________

自： 经： 至：

From ________ Via ________ To ________

承保险别（Conditions）：

所保货物如发生保险单项下可能引起索赔的损失，应立即通知本公司或下述代理人查勘。如有索赔，应向本公司提交正本保险单（本保险单共有________份正本）及有关文件。如一份正本已用于索赔，其余正本自动失效。

IN THE EVENT OF LOSS OR DAMAGE WHICH MAY RESULT IN A CLAIM UNDER THIS POLICY, IMMEDIALE NOTIDCE MUST BE GIVEN TO THE COMPANY OR AGENT AS MENTIONED. CLAIMS, IF ANY, ONE OF THE ORIGINLAL POLICY WHICH HAS BEEN IN ________ ORIGINAL（S）TOGETHER WITH THE RELEVENT DOCUMENTS SHALL BE SURRENDERED TO THE COMPANY. IF ONE OF THE ORIGINAL POLICY HAS BEEN ACCOMPLISHED, THE OTHERS TO BE VOID.

保险人：

Underwriter：

电话（TEL）；

传真（FAX）：

地址（ADD）：

THE PEOPLE'S INSURANCE COMPANY OF CHINA,

SHANGHAI BRANCH

赔款偿付地点

Claim Payable at ________________

授权人签字：

签单日期（Issuing Date）________________

Authorized Signature：________________

核保人： 制单人： 经办人 www. picc. com. cn

（1）被保险人（Insured）。根据习惯，该栏一般填信用证受益人的名称，即出口公司的名称，如信用证另有规定，应按信用证规定填写。

（2）保险货物项目（Goods）。应与信用证上名称一致，最好与发票上的一致。

（3）保险金额（Amount Insured）。按照信用证规定加成，小数点后尾数一律进为整数，使用的币种应与信用证的币种一致。

（4）保费（Premium）。一般只写“按照约定”（As Arranged），但信用证要求标明保费时，则应填上具体数字。

（5）启运日期（Date of Commencement）。有确切日期的填写确切日期；无确切日期的填写“约×月×日”或“参照提单”（As per B/L）或其他相应运输单据。

（6）起迄地点（From... to...）。必须说明装运地（港）和目的地（港），一份保险单只能有一个装运地（港）和目的地（港），否则无法明确保险责任。如需转运，必须注明转运港名称，尤其是转到内陆目的地的，必须注明卸货港名称。

（7）承保险别（Conditions）。承保险别的内容应与信用证规定的内容相一致。如信用证未规定，应与合同规定一致；如信用证与合同均未规定，按国际惯例，只需填写最低险别即可。

（8）赔付地点（Claim Payable at）。必须是最终目的地。

（9）签单日期（Issuing Date）。填写投保日期，不迟于提单日期，但一般应晚于发票日期。因为银行有权将拒绝接受出单日期迟于装船或发运或接受监管的保险单。在实际业务中，保险日期一般早于提单日期2天或3天。

（六）产地证（见样单10-5）

产地证明书（Certificate of Origin），简称产地证，是指由一定的单位或机构签发的证明货物产地或制造地的书面证明，一些不使用领事发票的国家，根据产地证来确定对货物应征的税率。还有些由国家控制或禁止从某些国家或地区输入货物，往往也要求出口企业提供产地证明书。

产地证一般分为普通产地证、普惠制产地证以及政府间协议规定的特殊原产地证书。这些产地证书虽然都用于证明货物的产地，但使用的范围和格式不同。

1. 普惠制产地证（Generalized System of Preference Certificate of Origin）

普惠制的全称是普遍优惠制，它是发达国家给予发展中国家的出口商品（主要是工业制成品和半制成品）的一种关税优惠制度。

普惠制产地证格式A（G. S. P. Form A）由出口企业自行缮制，然后连同该证申请书及发票一份送交由我国政府授权的各地出入境检验检疫局审核签发。

普惠制产地证——Form A的主要内容和填写方法如下：

［样单 10－5］

G. S. P. Form A

ORIGINAL

<table>
<tr><td colspan="3">1. Goods consigned from (exporter's business name, address, country)</td><td colspan="3" rowspan="2">Reference No.
GENERALIZED SYSTEM OF PREFERENCE
CERTIFICATE OF ORIGIN
(combined declaration and certificate)
FORM A
Issued in THE PEOPLE'S REPUBLIC OF CHINA
(country)
See Notes Overleaf</td></tr>
<tr><td colspan="3">2. goods consigned to (Consignee's name, address, country)</td></tr>
<tr><td colspan="3">3. Means of transport and route (as far as known)</td><td colspan="3">4. For official use</td></tr>
<tr><td>5. Item Num ber</td><td>6. Marks &numbers of packages</td><td>7. Number and kind of packages; description of goods</td><td>8. Origin criterion (see Notes overleaf)</td><td>9. gross weight or other quantity</td><td>10. Number and date of invoices</td></tr>
<tr><td colspan="3">11. Certification
It is hereby certified, on the basis of control carried out, that the declaration by the exporter is correct.

Place and date, signature and stamp of certifying authority</td><td colspan="3">12. Declaration by the exporter
The undersigned hereby declares that the above details and statements are correct: that all the goods were
Produced in **CHINA**
(country)
and that they comply with the origin requirements specified for those goods in the Generalized System of Preference for goods exported to
(importing country)

Place and date, signature of authorized signatory</td></tr>
</table>

（1）证书号（Reference No.）。填写各地出入境检验检疫局所编的号码，签发地点须填“中华人民共和国”外文全称，填在“Issued in”后面。

（2）出口商名称、地址和所在国家（Exporter's Business Name, Address,

Country）。此栏是带强制性的，必须填上出口商的全称和详细地址，包括街道、门牌号码等。

（3）收货人名称、地址、国家（Goods consigned to ）。一般应该填给惠国的收货人名称，即信用证上指定的收货人。

（4）运输工具及路线（Means of Transport and Route）。应填起运地与目的地、起运日期及运输工具，如：By Vessel/Air/train 等，如中途转运，应加上转运地，如“via Hongkong”。

（5）唛头及包装号码（Marks and Numbers of Packages）。唛头及包装号码须与发票上的唛头及包装号一致。如货物无唛头，则填“N/M”。

（6）包装件数、种类及商品品名（Number and Kind of Packages, Description of Goods）。包装件数应包括大、小写两种方式，小写数字加括号，如“（100）One Hundred Packages”；商品名称应填写具体品种名称及规格。

（7）原产地标准（Origin Oriterion）。此栏是国外海关审核的重点项目，必须按规定如实填写，具体要求如下：① 完全自产、无进口成分，填写“P”。② 含有进口成分，但符合原产地标准，填写“W”。③ 发往加拿大的出口商品，含有进口成分（占产品出厂价的 40% 以下），填写“F”。④ 发往澳大利亚及新西兰的出口商品，不必填写此栏。

（8）毛重或其他数量（Gross Weight or Other Quantity）。此栏应填商品的正常数量，以重量计算的只填毛重（应与提单上的一致），只有净重的填净重也可以，但要注明 N. W。

普惠制产地证作为一种官方签发的证明文件不应随便涂改，尤其是数字、日期、唛头和包装号、原产地标准等，不允许更改，其他项目允许更改一次，由出入境检验检疫局加盖校正章。

2. 普通产地证

普通产地证除证书名称和号码外，需填制的内容有 12 个栏目，填写的方法大多与普惠制产地证差不多。

（七）装船通知及受益人证明

1. 装运通知（见样单 10 – 6）

装运通知（Shipping Advice），是指出口企业把货物装上船或交付承运人以后，通知进口方有关装船详细情况的证明。

装运通知的主要内容和填写方法如下：

（1）抬头人（To）：致 XXX，即收受该通知的人，按信用证要求填写。

（2）编号及金额（Nos and Value）：这些内容填在通知的右上角，按信用证要求填写。

（3）装船（Shipment）：填在编号的下面，包括如下内容：装运港名称；目的港名称；装运日期及出单日；装载船船名和中转港名称。

（4）货物内容：这些内容填在通知中，包括唛头、货名、规格、数量或重量等，填写时应参照发票、提单等单据的内容，不得有误。

［样单 10－6］

SHIPPING ADVICE

L/C No.: LC84E0074/08　　Contract No.: CH/08/66.809
To: Dalian Weida Trading Co., Ltd. No. 10 Yunming Road Xigang District Dalian China
From: Deling Trade bv P. O. Box 100 3700 GC Bunsten Holland
Commodity: DEMINERALIZED WHEY POWDER
Packing conditions: As called for by the L/C
4760 25kg in 4 – poly paper sacks with inner polyethylene liner and big bags in 7x20' containers
Quantity: 119.00 MT
Gross weight: 121 380 kgs
Net weight: 119 000 kgs
Total value: USD1 118 860.00
Please be informed that these goods have been shipped from Rotterdam to Dalian with mv Sea Nordica and Lindoe Maersk. Shipment date September 15, 2008.
B/L No.: SEAU871107101
We herewith certify this message to be true and correct.
Deling Trade bv as beneficiary　　Bunsten, September 17, 2008

ABC EXPORT AND IMPORT TRADING COMPANY
NO. 666 FAZHANG ROAD BEIJING CHINA

装运通知缮制好后应按照信用证规定的时限立即发出，不得逾期，然后把装运通知的副本或发出电传的证实书与其他单证一起提交银行议付。

2. 受益人证明

受益人证明根据合同或信用证的规定出具。常用的有寄单证明和寄样证明。

寄单证明（Beneficiary's Certificate for Despatch of Documents），是指出口方寄出合同和信用证规定的单据后出具的证明书，实际业务中出口方应按时限要求寄出规定的单据，然后出具寄单证明或将寄单证明内容列明在发票内，作为向银行议付或结汇或兑用的单据。

寄样证明（Beneficiary's Certificate for Dispatch of Shipment Samples），是指由受益人根据合同和信用证规定，签发寄出船样、样卡、码样等情况的证明。

（八）其他单据

1. 邮局收据或快递收据

邮局收据（Post Receipt）或快递收据（Courier Receipt），是指受益人根据合同和信用证要求用航空挂号或快邮、快递寄样品、寄单据，并要求提供邮寄收据或快递收据，受益人应在邮寄或快递时取得邮局或快递机构出具的收据。

2. 船公司证明

常见的有：

（1）船籍及航程证明：阿拉伯国家的来证常要求提供装运船只国籍及全部航程停靠港口的证明。

（2）船龄证明：中东某些地区的来证，常因保险费率的问题，规定装运船舶的船龄必须在 15 年以下，这样受益人必须要求船公司出具有关船龄的证明。

(3) 船级证明：船级证明是船级社通过技术评审、检验对船舶作出入级标准和技术规范的证书。我国的船级社称为“中国船级社”（China Classification Society，简称CCS)，已有30多年的历史，与世界上十多个船级社和有关组织签订了合作协议并受理签发入级证书和必要的文件。

三、交单结汇

信用证项下的出口单据经银行审核无误后，银行按信用证规定的付汇条件，将外汇结付给出口企业。在我国出口业务中，使用信用证方式收款，主要结汇方式如下：

1. 出口押汇

出口押汇又称买单结汇，即国际上银行界通常采所采用的“议付”做法，是指按汇票或发票面值，扣除从议付日起到估计收到开证行或偿付行票款之日的利息，将货款先行垫付给出口商（信用证受益人）。议付是可以追索的，如开证行拒付，议付行可向出口商追还已垫付之货款。银行做出口押汇，是为了对外贸公司提供资金融通，有利于外贸公司的资金周转。

2. 收妥结汇

是指收到单据后不叙做押汇，将单据寄交开证行，待开证行将货款划给议付行后再向出口商结汇。

第六节　出口收汇核销

出口收汇核销是以出口货物的价值为标准核对是否有相应的外汇或货物收回国内的一种监管措施。根据国务院、国家外汇管理局、国家税务总局的有关规定，我国出口企业在办理货物装运出口及制单结汇后，应及时办理出口收汇及外汇核销手续。

我国出口企业可以通过“中国电子口岸”在网上办理出口收汇核销。采用“中国电子口岸”管理系统办理出口核销流程为：核销备案→网上领单→口岸备案→网上交单→收汇核销。

第七节　出口退税

出口退税是指国家为帮助出口企业降低成本，增强出口产品的国际市场上的竞争能力，鼓励出口创汇而实行的由国内税务机关退还出口商品国内税的措施。

为了鼓励国内货物出口，出口国对已装运出口货物退还其按本国税法规定已缴纳的增值税及消费税。出口退税也是我国鼓励出口政策之一。根据国务院、国家税务总局的有关规定，对于已征增值税和消费税的出口产品（国家明确规定不予退还已征税款除外)，我国出口企业在办结出口收汇核销手续后，特申请办理出口退税。

我国出口企业可以通过“中国电子口岸”的“出口退税系统”在网上办理出口退税业务。采用“中国电子口岸”管理系统办理出口退税流程为：退税登记→领单→网上交单→退税审核→退税。

第八节　索赔和理赔

在出口合同履行过程中，交易双方难免会出现违约的情况。一定要分清楚责任，灵活处理，最大程度地实现企业的经济利益。

如属于国外买方未按合同规定履行义务，致使我方遭受损失，可根据不同对象、不同原因以及损失大小，向对方提出索赔。在向国外提出索赔时，要本着实事是的精神，尽可能通过友好协商的办法解决，做到既要维护我方的正当权益，又不影响双方的贸易关系。

如属于我方交货的品质、数量、包装不符合合同的规定，在买方享有复验权的情况下，国外客户即使已经支付货款，仍然可以向我方提出索赔。我们在处理索赔时，应注意下列各点：（1）要认真细致地审核国外买方提出的单证和出证机构的合法性。对其检验的标准和方法也都要一一核对，以防买方串通检验机构弄虚作假或国外的检验机构检验有误。（2）要认真作好调查研究，弄清事实，分清责任。为此，必须会同生产部门和运输部门对商品品质、包装、储存、摆货、运输等方面进行周密调查，然后把单证材料和实际情况结合起来，进行分析研究，查清货物发生损失的环节、原因，并确定责任属于何方。如果属于承运人或保险人的责任范围，交由进口商自己处理；如确实属于出口商的责任，我们就应实事求是地予以赔偿。对国外商人提出的不合理要求，我们必须根据可靠的资料，予以拒绝。

业务程序分析

案情：

出口人：南京思科纺织服装有限公司 NANJING SICO TEXTILE GARMENT CO. , LTD.

进口人：FASHION FORCE CO. , LTD. （简称 F. F. ）

交易商品：COTTON BLAZER 全棉运动上衣　　成交方式：CIF

付款方式：即期信用证（L/C AT SIGHT）　　出口口岸：上海

通知行：中国银行江苏省分行

货运代理公司：上海凯通国际货运代理有限公司

承运船公司：中国远洋集装箱运输有限公司

备注说明：这是一笔南京思科纺织服装公司和加拿大客户就女式全棉上衣交易的贸易实务案例。从本案例中，学生可以了解到贸易公司各部门以及货运代理公司等工作过程。对学生今后在贸易公司相关部门以及货运代理公司的工作有实务性的认识。

问题：试分析和讨论完成此笔交易需要经过的业务程序。

分析：

一、交易磋商

2006 年 12 月 2 日，F. F. 公司传真一份制作女式全棉上衣的指示书，并邮寄面料、色样及一件成衣样品给思科公司，要求思科公司 2007 年 3 月 25 日前交货。

经过多次磋商，12 月 26 日，双方最终确定以每件 USD12. 80 的报价成交。F. F. 公司要求思科公司根据该份报价单制作合同传真其会签，同时传真形式发票供其开具信用证。

二、落实信用证

2007年1月31日，中国银行江苏省分行通知思科公司收到F. F. 公司通过BNP PARIBAS（CANADA）MONTREAL银行开来的编号为63211020049的信用证电开本。

其中与缮制单据有关的条款如下：

1. 开证日期：2007年1月29日

2. 信用证有效期及地点：2007年4月10日，中国

3. 信用证金额：USD32 640.00

4. SALES CONDITIONS: CIF MONTREAL/CANADASALES CONTRACT NO. F01LCB05127LADIES COTTON BLAZER（100% COTTON，40SX20/140X60）STYLE NO. PO NO. QTY/PCS USD/PC46－301A 10337 2550 12.80

5. 不允许分批装运，允许转运，从中国运至加拿大蒙特利尔港口

6. 最后装船期：2004年3月25日

7. 议付单据要求：

（1）商业发票一式六份；（2）加拿大海关发票一式四份；（3）装箱单一式三份；（4）3/3全套正本已装船的清洁海运提单，抬头人为“TO THE ORDER OF BNP PARIBAS（CANADA）”显示运费预付，并通知开证申请人；（5）普惠制产地证副本一份（FORM A）；（6）输加拿大纺织品出口许可证副本一份；（7）证明装运后5天内，已经将有关单据用快递方式直接寄送给开证人的受益人证明一份；（8）提供开证人的传真确认函一份，确认货物在装运前生产的样品由开证人认可；（9）印有承运人抬头的证明一份；（10）客检证正本一份：要求出运前15天用DHL寄四件不同型号的成衣样品，经检验合格后由F. F. 公司出具客检证；（11）中国人民保险公司出具的保险单正、副本各一份。

三、出口备货

收到信用证后，2007年2月1日，思科公司立即与早已联络好的服装加工厂签订订购合同，指定服装厂使用百合纺织的面辅料。2月5日，服装厂正式投产。

四、租船订舱

2007年3月9日，服装全部生产、包装完毕，工厂制作装箱单传真给思科公司。单证储运部门将出口货物明细单传真上海凯通配船订舱。

五、出口报验

2007年3月9日，思科公司寄出商业发票、装箱单、报检委托书，委托服装加工厂向无锡市商检局申请出口检验。3月13日，此批货物经检验合格，无锡商检局出具换证凭单给工厂。当天，工厂将换证凭单寄给思科公司指定的上海凯通国际货运公司用于报关。

六、申请配额

2007年3月9日，思科公司向外经贸厅申领纺织品配额。3月13日，拿到已签发的输加拿大纺织品出口许可证。

七、出口报关

3月15日上午，上海凯通收到工厂寄来的商检换证凭单，当天下午即凭此单到上

海出入境检验检疫局换取出境货物通关单。3 月 16 日上午，思科公司根据上海凯通的送货通知按时将货物送到上海凯通指定的仓库。

八、出口保险

2007 年 3 月 16 日，思科公司按约定的保险险别和保险金额，向保险公司投保。

九、装船出运

2007 年 3 月 12 日，根据思科公司提供的出口货物明细单缮制集装箱货物托运单。

十、制单结汇

2007 年 3 月 20 日，上海凯通国际货运代理有限公司作为承运人中国远洋运输（公司）公司下属的中远集装箱运输有限公司的代理，签发了 COS6314623142 号提单。根据信用证的规定，思科公司备齐了全套议付单据（3/3 海运提单正本、商业发票、装箱单、普惠制产地证、受益人证明、客检证、货物运输保险单），于 4 月 2 日向议付银行—中国银行江苏省分行交单议付。

重点知识展示

CIF、T/T（预付货款）方式下出口合同履行程序示意

在实际业务中，国际货款的收付除了采用信用证支付，常见的还有电汇方式支付。下面就 CIF、T/T（预付货款）方式下出口合同的履行图进行总结。

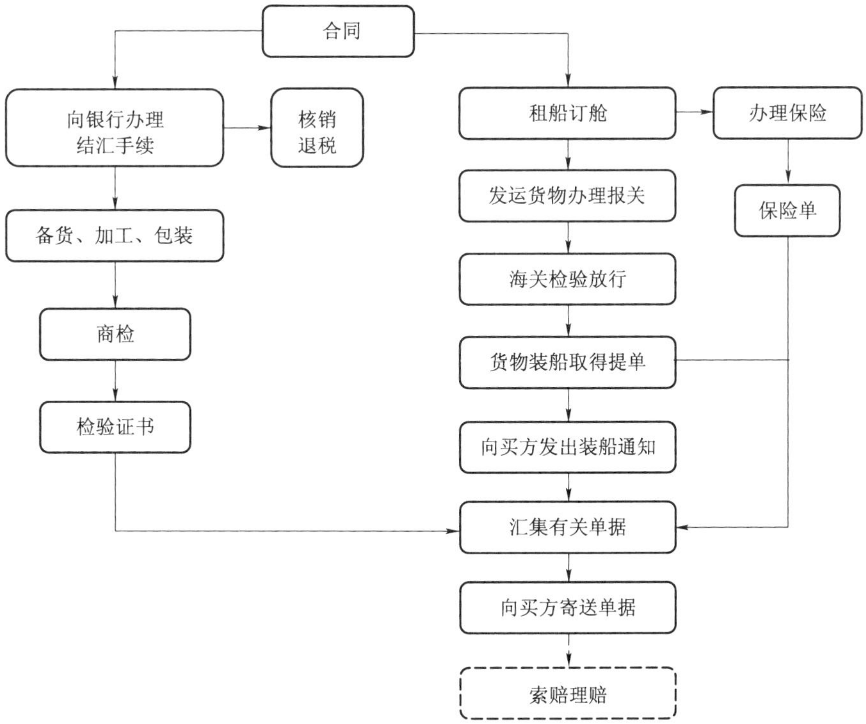

图 10－4　CIF、T/T（预付货款）方式下出口合同履行程序图

CIF、T/T（货到付款、凭单付款）方式下出口合同履行程序示意

在实际业务中，国际货款的收付除了采用信用证支付，常见的还有电汇方式支付。下面就 CIF、T/T（货到付款、凭单付款）方式出口合同的履行图进行总结。

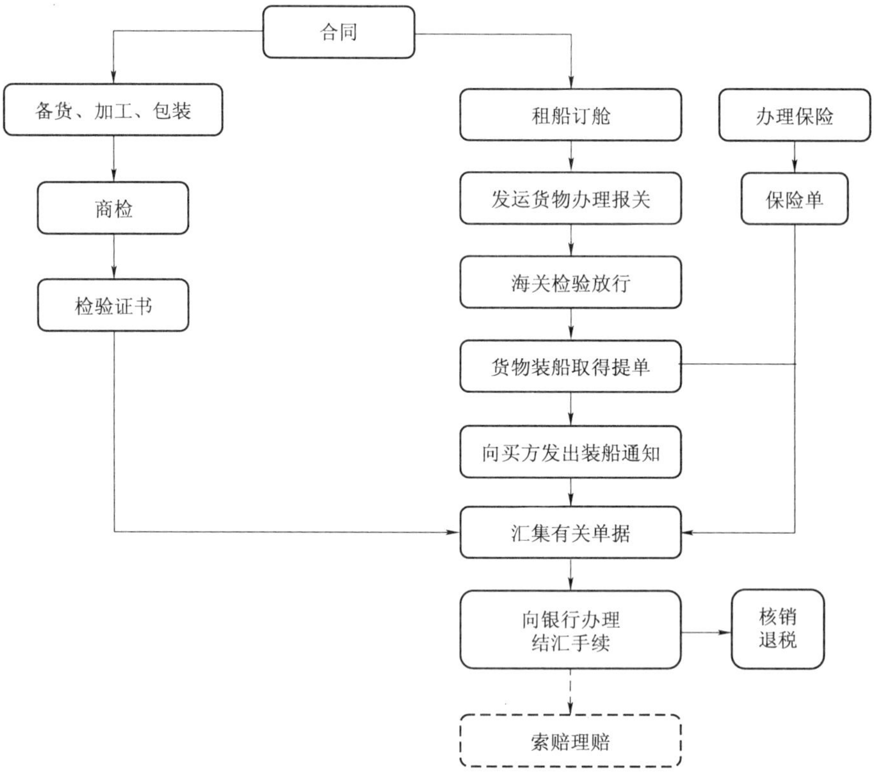

图 10－5 CIF、T/T（货到付款、凭单付款）方式下出口合同履行程序图

经典案例分析

案情：

我国 A 公司向巴基斯坦 B 公司以 CIF 条件出口货物一批。国外来证中单据条款规定："商业发票一式两份；全套（Full set）清洁已装船提单，注明了'运费预付'，做成指示抬头、空白背书；保险单一式两份，根据中国人民保险（集团）公司 1981 年 1 月 1 日海洋运输货物保险条款一切险和战争险"。信用证内并注明"按《UCP 600》办理"。A 公司在信用证规定的装运期限内将货物装上船，并于到期日前向指定行交单议付，该行随即向开证行寄单索偿。开证行收到单据后来电表示拒绝付款，其理由是单证有下列不符：(1) 商业发票上没有受益人的签字；(2) 正本提单是以一份组成，不符合全套要求；(3) 保险金额与发票金额相等，所以投保金额不足。试分析开证行单证不符的理由是否成立？并说明理由。

分析：

第一个理由不成立。《UCP 600》规定：除非信用证另有规定，商业发票无须签字。因此，商业发票上没有受益人的签字，应认为单证相符。

第二个理由不成立。《UCP 600》规定，全套正本提单可以是一份或一份以上正本提单。因此，本证下正本提单是一份组成，应属单证相符。

第三个理由成立。《UCP 600》规定，信用证未规定保险金额，则最低保险金额应为 CIF 或 CIP 金额加 10%。本案保险金额与发票金额相等，因此，投保金额不足，构成单证不符。

关键名词

汇票　商业发票　提单　押汇　报关　海关发票　装船通知　受益人证明

第十一章

进口合同的履行

学习目标

通过对进口合同履行全过程的学习，掌握进口合同履行的基本程序及其做法，协调好各个环节所涉及的相关部门的业务工作。

重点难点

1. 进口开证；
2. 进口索赔。

进口合同依法订立后，买方即应履行合同规定的义务，以换取约定的货物。根据《联合国国际货物销售合同公约》的规定，买方应承担的基本义务为支付货款和收取货物。同时，还要督促对方按照合同规定履行其交货、交单和转移货物所有权的义务。

在我国进口业务中，一般按照 FOB 条款、信用证付款方式成交。按照此条款签订的进口合同履行程序一般包括：开立与修改信用证，租船或订舱与催装，办理货运保险，审单与付款，报关与提货，报验与拨交货物等，可能还涉及进口索、理赔工作。各环节之间相互联系、相互依存、环环紧扣，只有做好每个环节的工作，才能防止“有货无证”、“有证无货”、“有货无船”、“有船无货”情况的发生，最大程度地实现企业的经济效益。

图 11－1 展示的是以 FOB 成交、凭信用证方式付款、属于法定检验商品的进口合同履行程序。

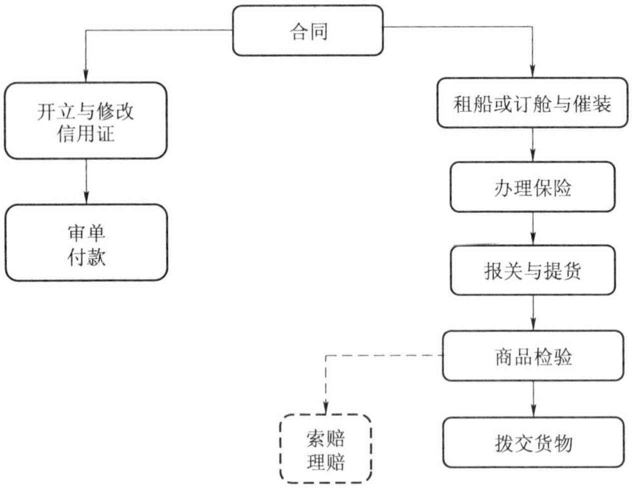

图 11－1　FOB、L/C 方式下进口合同履行程序图

第一节　开立与修改信用证

一、开立信用证

在信用证支付方式下，买方开立信用证是履行合同的前提，因此，在签订进口合同后，进口企业应按照合同规定的时间向开证行办理开证手续。如果合同规定在收到卖方货物备妥通知或者卖方确定装运期后开证，买方就应该在接到上述通知后即时办理开证手续；如果合同规定在卖方领到出口许可证或支付履约保证金后开立信用证，买方就要在收到卖方已经领到许可证通知或者银行告之履约保证金已经到位后即时办理开证手续。

在进口业务实践中，银行会按照开证申请人在银行的信用情况，对开证申请人提出的开证申请比例收取开证保证金，以确保在信用证提示或承兑时开证申请人及时付款赎单，以降低银行的风险。对于资信良好的开证申请人，银行会按照事先与其签订的授信合同的规定，在其具体申请开证时依比例减免开证保证金，最高可减免 100% 。

开证申请人在向开证行申请开立信用证时，应填写开证申请书，连同所需相关文件交开证行。开证行对其审核无误后，根据有关规定收取开证押金和开证手续费，按照开证申请书的要求开立信用证，采用惯例方式寄送通知行。

开证申请书是开证申请人对开证行的付款指示，是开证行开立信用证的依据，也是开证申请人和开证行之间的契约文件，具有法律效力，它规定了开证申请人与开证行的责任。通常银行要求进口企业在申请书上明确签字并加盖公章。

按照《UCP600》的规定，开证申请书的内容必须完整明确，为了防止混淆和误解，开证申请书中不应罗列过多的细节。开证申请书包括两个部分：第一部分是信用证的内容，包括受益人名称地址，信用证金额，汇票内容，货物描述，运输条件，所需单据种类份数，信用证的交单期、到期日和地点等。第二部分是申请人对开证银行的声明，其内容通常固定印制在开证申请书上，包括承认遵守《UCP 600》的规定，保证向银行支付信用证项下的货款、手续费、利息及其他费用等。

一般情况下，开证申请书都由开证银行事先印就，以便申请人直接填制。开证申请书通常为一式两联，申请人除填写正面内容外，还须签具背面的“开证申请人承诺书”。

附：开证申请书样本

APPLICATION FOR IRREVOCABLE DOCUMENTARY CREDIT

L/C No.

Date：

TO：

This application is Subject to the terms and conditions set out overleaf, please issue an irrevocable documentary credit with terms stated below marked with “ X ”

<table>
<tr><td>□Transferable</td><td colspan="2">Expiry Date and Place</td></tr>
<tr><td>Advising Bank (□at your bank's option)</td><td colspan="2">Applicant</td></tr>
<tr><td>Beneficiary (Full name and address)</td><td>Amount (in figures and words)</td><td>Allowance of
+/- ______%</td></tr>
<tr><td>Shipment from to Latest date of shipment
Price term：□FOB□CFR□CIF</td><td>Parital shipments
□Allowed
□Prohibited</td><td>Transshipment
□Allowed
□Prohibited</td></tr>
<tr><td>Credit available with □any bank □nominated bank ______________
by □Negotiation □acceptance
□sight payment □deferred payment
with ________ days</td><td colspan="2">Drafts□at sight/□at ________ days
Drawn on L/C issuing bank for % invoice value goods</td></tr>
</table>

续表

Documents required:

☐Signed Commercial Invoice in ____ originals and ____ copies indicating this L/ C No. and Contract No.

☐Signed Packing list in ____ copies indicating quantity/gross and net weights .

☐☐Full set/☐ ____ original and ____ copies of clean on board Ocean Bill (s) of Lading marked "☐Freight Prepaid☐Freight Collect " made out to order ____ and blank endorsed, notifying " ____ " .

☐Clean Air Waybills showing "☐Freight Prepaid☐Freight Collect" and consigned to ____ , notifying " ____ "

☐Rail Waybills showing "freight prepaid " and consigned to ____ .

☐Full set of Insurance Policy/Certificate blank endorsed for ____ % of the invoice value, showing claims payable at destination in currency of the draft, covering All Risks and War Risks and ____ .

☐Certificate of Origal in ____ copies issued by ____ .

☐Certificate of Quality in ____ copies issued by ____ .

☐Certificate of Quantity in ____ copies issued by ____ .

☐Other documents required:

Description of goods:

(Biref description without excessiive Detail)

Additional instructions:

☐All banking charges outside the Issuing Bank including reimbursing charges are for account of.

☐Documents must be presented within ____ days after the date of issuance of the transport documents but within the validity of this credit.

☐ Both credit amount and shipment quantity ____ % more or less are allowed.

☐Third party as shipper is not acceptable.

☐Short /Form / Blank Bank B/L is not acceptable.

☐Other terms and conditions (if any) .

☐In case of queries, please contact ourt Mr. /Ms __________ at Tel. No __________ .

如有问题，请联系我公司______________________，电话：______________________

We have carefully read and fully understood the terms and conditions overleaf. We hereby confirm that have raised this application voluntarity and the contents of this application expressed our true intention.

本公司确认已仔细阅读并完全理解和接受本申请书背面的开证申请人承诺书。本公司申请叙做本申请书项下的信用证业务是自愿的，本公司在本申请书项下的全部意思表示真实。

____

AUTHOTIZED SIGNATURE (S) AND STAMP OF APPLICANT

（一）开证申请书的内容说明

TO：填写开证行名称。

L/C No.：填写信用证号码，由银行填写。

Date：填写申请开证日期，如：080428。

Transferable：勾选此项，表示开具可转让信用证。

Expiry Date and Place：填写信用证有效期及地点，地点填受益人所在国家。如：080815 IN THE BENEFICIARY'S COUNTRY.

Advising Bank：勾选此项，表示由受益人指定往来银行为通知行。

Applicant：填写开证申请人名称及地址。开证申请人是指要求开立信用证的一方，一般为进口人，即买卖合同中的买方。

Beneficiary（Full name and address）：填写受益人全称和详细地址。受益人是指接受信用证并享受其利益的一方，一般为出口人，即买卖合同中的卖方。

Amount（in figures and words）：填写信用证金额，分别用数字小写和文字大写表示。包括币种与金额。如：USD89 600.00 U.S. DOLLARS EIGHTY—NINE THOUSAND SIX HUNDRED ONLY。

Allowance of +/- %：填写信用证金额的幅度范围。

Shipment from to ：填写装运港和目的港。

Latest date of shipment：填写最后装运期，如：080610。

Price term：根据合同内容价格条款勾选 FOB、CFR、CIF。

Parital shipments：分批装运条款。Allowed 勾选此项，表示允许分批装运；Prohibited 勾选此项，表示不允许分批装运。

Transshipment：转运条款。Allowed 勾选此项，表示允许货物转运；Prohibited 勾选此项，表示不允许货物转运。

Credit available with：指定的有关银行及信用证兑付的方式。any bank 勾选此项，表示任意银行。

nominated bank 勾选此项为指定______银行。

by sight payment：勾选此项，表示开具即期付款信用证。即期付款信用证是指受益人（出口商）根据开证行的指示开立即期汇票或无须汇票仅凭运输单据即可向指定银行提示请求付款的信用证。

by acceptance 勾选此项，表示开具承兑信用证。承兑信用证是指信用证规定开证行对于受益人开立以开证行为付款人或以其他银行为付款人的远期汇票，在审单无误后，应承担承兑汇票并于到期日付款的信用证。

by Negotiation 勾选此项，表示开具议付信用证。议付信用证是指开证行承诺延伸至第三当事人，即议付行，其拥有议付或购买受益人提交信用证规定的汇票/单据权利行为的信用证。如果信用证不限制某银行议付，可由受益人（出口商）选择任何愿意议付的银行，提交汇票、单据给所选银行请求议付的信用证称为自由议付信用证，反之为限制性议付信用证。

by deferred payment with days 勾选此项，表示开具延期付款信用证。延期付款信用证是指不需汇票，仅凭受益人交来单据，审核相符，指定银行承担延期付款责任起，延长直至到期日付款。如果开具这类信用证，需要写明延期多少天付款。

Drafts at sight 勾选此项，表示即期汇票；Drafts at days：勾选此项，表示远期汇票。

Drawn on L/C issuing bank for % invoice value goods：此栏表示汇票的付款人及汇票金额按发票金额的______%。

Documents required：

信用证需要提交的单据。根据国际商会《跟单信用证统一惯例》（《UCP600》）的规定，信用证业务是纯单据业务，与实际货物无关，所以信用证申请书上应按合同要求明确写出所应出具的单据，包括单据的种类，每种单据所表示的内容，正、副本的份数，出单人等。一般要求提示的单据有提单（或空运单、铁路运单）、发票、箱单、重量证明、保险单、数量证明、质量证明、产地证、装船通知、商检证明等等以及其他申请人要求的证明等。

（1）Signed Commercial Invoice in originals and copies indicating this L/ C No. and Contract No.

经签字的商业发票注明正本副本的份数，标明信用证号和合同号。

（2）Signed Packing list in copies indicating quantity/gross and net weights .

经签字的装箱单注明一式______份及包装的数量、毛重和净重。

（3）□Full set/i□______ original and ______ copies of clean on board Ocean Bill（s）of Lading marked "□Freight Prepaid□Freight Collect " made out to order ______ and blank endorsed, notifying "______".

全套清洁已装船海运提单注明正本副本的份数，作成______抬头、空白背书，注明"运费到付或运费预付"，并通知______。

（4）Clean Air Waybills showing "freight " and consigned to , notifying " "

清洁的航空运单收货人为______，注明"运费______"，并通知______。

（5）Rail Waybills showing "freight prepaid " and consigned to.

铁路运单收货人为______，注明"运费预付，并通知______。

（6）Full set of Insurance Policy/Certificate blank endorsed for % of the invoice value, showing claims payable at destination in currency of the draft covering All Risks and War Risks and .

全套保险单/保险凭证，按发票金额的______%投保，注明赔付地在目的国，以汇票同种货币支付，空白背书，投保一切险、战争险和其它险别。

（7）Certificate of Origal in copies issued by.

原产地证明书一式______份，由______出具。

（8）Certificate of Quality in copies issued by.

品质证明书一式______份，由______出具。

（9）Certificate of Quantity in copies issued by.

数量证明书证一式______份，由______出具。

（10） Other documents required

其他单据。

Description of goods:

货物描述。

如：01005 CANNED SWEET CORN，3060Gx6TINS/CTN

QUANTITY：800 CARTON

PRICE：USD14/CTN

Additional instructions:

附加条款，是对以上各条款未述之情况的补充和说明，且包括对银行的要求等。

（1） All banking charges outside the Issuing Bank including reimbursing charges are for account of.

开证行以外的所有银行费用由______负担。

（2） Documents must be presented within days after the date of issuance of the transport documents but within the validity of this credit.

所需单据须在运输单据出具日后______天内提交，但不得超过信用证有效期。

（3） Both credit amount and shipment quantity % more or less are allowed.

数量及信用证金额允许有______% 的增减。

（4） Third party as shipper is not acceptable.

第三方为托运人不可接受。

（5） Short Form / Blank Back B/L is not acceptable.

简式/背面空白提单不可接受。

（6） Other terms and conditions （if any）.

其他条款。

（二） 操作：根据下述给出的合同资料填写开证申请书

合同资料

THE BUYER：ABC GENERAL TRADING CO.，LTD

ADDRESS：JHJ112 JALAN STREET，TORONTO，CANADA

THE SELLER：GREATWALL TRADING CO.，LTD.

ADDRESS：29TH FLOOR KINGSTAR MANSION，623JINLIN RD.，SHANGHAI，CHINA

NAME OF COMMODITY：MEN'S DENIMUTILITY SHORT

SPECIFICATIONS:

COLOR：MEDDEST SANDBLAS

FABRIC CONTENT：100% COTTON

QUANTITY：2000 CARTON

PRICE TERM：FOB NOW YORK

USD 285/ CARTON

TOTAL AMOUNT：USD570 000.00

COUNTRY OF ORIGIN AND MANUFACTURERS：UNITED STATES OF AMERICA，VICTORY FACTORY

PARTIAL SHIPMENT AND TRANSSHIPMENT ARE PROHIBITTED

SHIPPING MARK：ST

NO. 1…UP

TIME OF SHIPMENT：BEFORE JULY 15，2008

PLACE AND DATE OF EXPIRY：CHINA，JULY 30，2008

PORT OF SHIPMENT：NEW YORK

PORT OF DESTINATION：XINGANG PORT，TIANJING OF CHINA

INSURANCE：TO BE COVERED BY BUYER.

PAYMENT：BY IRREVOCABLE FREELY NEGOTIABLE L/C AGAINST SIGHT DRAFTS FOR 100PCT OF INVOICE VALUE AND THE DOCUMENTS DETAILED HEREUNDER.

DOCUMETNS：

1. INVOICES IN TRIPLICATE

2. PACKING LIST IN TRIPLICATE

3. FULL SET OF CLEAN ON BOARD BILL OF LADINGS MADE OUT TO ORDER AND BLANK ENDORSED NOTIFYING THE APPLICANT WITH FULL NAME AND ADDRESS MARKED FREIGHT COLLECT.

4. CERTIFICATE OF ORIGIN IN DUPLICATE

5. BENEFICIARY'S CERTIFIED COPY OF FAX TO THE APPLICANT WITHIN 1 DAY AFTER SHIPMENT ADVISING GOODS NAME OF VESSEL，INVOICE VALUE，DATEF OF SHIPMENT，QUANTITY AND WEIGHT.

OTHER TERMS AND CONDITIONS：

1. L/C TO BE ISSUED BY TELETRANSMISSION.

2. THE BUYER SHALL BEAR ALL BANKING CHARGES INCURRED INSIDE THE ISSUING BANK.

3. ALL DOCUMENTS MUST BE MAILED IN ONE LOT TO THE ISSUING BANK BY COURIER SERVICE.

4. PRESENTATION PERIOD：WITHIN 10 DAYS AFTER THE DATE OF SHIPMENT.

二、修改信用证

信用证开出后，开证申请人如发现信用证内容与开证申请书内容不符或因情况发生变化或其他原因需要修改信用证，应立即向开证行递交修改申请书，要求开证行修改信用证。

受益人收到信用证后，如果提出修改信用证，开证申请人应区别情况，同意或不同意对方的改证要求。如果同意修改，开证申请人应及时向开证行申请修改信用证；如果不同意修改，开证申请人应及时通知受益人，并敦促其按原证条款履行装货和交单义务。

我国进口企业对信用证的开立和修改应持慎重态度。在申请开立信用证时，应做到开证申请书与合同相符，以避免不必要的修改，并避免不符条款被受益人利用而遭受损失；在信用证正式开立之前，进口企业最好先传真一份开证申请书给出口方要求确认，这样可以避免修改信用证的麻烦，有利于交易双方相互取信并达成一致；在修改信用证时，也应注意修改内容的正确并应考虑到受益人有可能拒绝修改而仍按原证条款履行。

第二节　租船或订舱与催装

一、租船或订舱

进口企业在申请开立信用证的同时，应及时办理租船订舱手续。按照《2010 年国际贸易术语解释通则》的规定，采用 FOB 术语签订的进口合同，应该由买方负责办理租船订舱，安排船只到对方口岸接运货物。除非整船运输的情况下要办理租船手续，一般少量货物的进口，只需洽订舱位。在实际业务中，订舱工作通常是委托货运代理公司向船公司、船公司代理人或直接向船公司或其代理人办理。

进口企业向货运代理公司办理订舱手续时，应先填写《订舱委托书》，注明进出口企业名称地址、货物的名称、重量体积、运输方式、装运港和目的港、运输日期、分批装运和转运的要求等，并加盖公章交货运代理公司确认。在实际业务中，由于我国外贸企业习惯上不和货运代理公司签订单独的运输合同，因此订舱委托书具备发盘的性质，需要认真如实填写。如果遇到纠纷，这份委托书可以作为处理争议的依据。

二、催装

买方办妥订舱手续后应及时将船名、船期等通知卖方，以便卖方备货装船。同时，为了防止船货脱节和出现船等货的情况，还必须随时了解和掌握卖方备货和装船前的准备工作情况，通常在交货期前 45 天左右发出“催装通知”，督促对方按时装运货物。对成交数量大、金额大或重要、急需物质的进口，可请我驻外机构就地了解备货情况，督促卖方根据合同规定履行交货义务，或派专人前往装运地点监督装运，以防对方在装货时有作假行为。

第三节　办理货运保险

按 FOB 或 CFR 术语签订的进口合同，应该由买方负责办理货运保险。《2010 年国际贸易术语解释通则》规定，卖方装船后，应向买方发出货物已交至船上的充分通知，以利买方办理保险和接运货物。该装船通知一般应列明合同号、货名、数量、金额、船名及启航日期。

当买方收到卖方的装船通知后，应按照保险公司的要求办理投保手续。进口货物运输保险一般有两种方式：

一、预约保险

在货物运输保险中，一些有大量运输业务的单位逐笔业务进行保险，不仅烦琐，而且容易发生漏保等差错。为了简化投保手续，可以与保险公司签定预约保险合同。

预约保险合同一般要求投保单位所有的运输业务都要投保，双方约定保险标的、保险险别、保险费率、适用保险条款、保险费和赔款的支付方法等。遇特殊情况，即使未及时办理投保手续，只要货物装上保险单载明的运输工具，或被承运人收受签发运单，保险公司就自动承担了被保险人的货物风险责任。但这并不意味着可以不办投保手续，仍需向保险公司逐笔办理投保，只不过投保时限要求没有那么严格。同时，保险公司也会经常查核投保单位的账目，一旦发现漏保或未投保的货物，不论是否发生保险事故，即使货物已安全运抵，都会要求补办投保手续并收取相应的保险费。

我国部分进口企业和保险公司签订海运、空运和陆运货物的预约保险合同。根据预约保险合同，保险公司对有关进口货物负自动承保责任。即每批进口货物在收到国外装船通知后，将船名、提单号、开航日期、商品名称、数量、装运港、目的港等项内容通知保险公司，即为投保。一旦发生承保范围内的损失，由保险公司负责赔偿。

二、逐笔投保

在没有与保险公司签定预约保险合同情况下，对进口货物就需逐笔投保。进口企业在接到卖方的装船通知后，应当立即向保险公司办理保险手续，否则，货物于投保之前在运输途中发生的任何损失，保险公司均不予赔偿。

保险公司对海运货物保险的责任期限，一般是从货物在国外装运港装上海轮时起开始生效，到保险单据载明的国内目的地收货人仓库或储存处所为止，即采用“船至仓”条款。如未抵达上述仓库或储存处所的，则以被保险货物在最后卸离海轮后 60 天为止，如不能在此期限内转运，可向保险公司申请延期，延期最多为 60 天。

应当注意的是，散装货物以及木材、化肥等一些货物，保险责任均至卸货港的仓库或场地终止，不实行国内转运期间保险责任的扩展。

第四节　审单与付款

一、审单

在信用证支付方式下，国外发货人将货物交付装运后，即将汇票和/或各种单据提交开证行或保兑行（如有的话）或其他指定银行。

开证行或保兑行（如有的话）或其他指定银行在收到国外银行的汇票和单据后，必须合理审慎地审核信用证规定的一切单据，以确定单据表面上是否与信用证条款一致。按照我国进口业务的习惯做法，银行审核国外交来的单据后，无论其是否符合规定，通常都会交进口企业复核。由此可见，在我国，审核单据是银行与进口企业的共同责任，双方必须密切配合、在审单工作中，应注意以下事项：

（一）审单原则

根据《UCP 600》第2条规定：信用证“指一项不可撤销的安排，无论其名称和描述如何，该项安排构成开证行对相符交单予以交付的确定承诺”。“相符交单”是指“与信用证条款、本惯例的相关适用条款以及国际标准银行实务一致的交单”。

必须强调的是，银行确定是否在表面上构成相符交单，是有一定原则的。根据《UCP 600》的规定，单据中的数据在与信用证、单据本身以及国家标准银行实务参照解读时，无须与该单据本身中的数据、其他要求的单据或信用证的数据等同一致，但不得矛盾。从这点上来讲，《UCP600》的最大作用就是扶持信用证的使用，规范信用证业务的实施。

（二）单据审核

以信用证方式结算，出口商必须提交与信用证相符合的单据。开证行或保兑行（如有的话）或其指定的银行和进口方都必须对全套单据进行审核、银企双方应密切配合。现将主要单据审核要点简述如下：

1. 汇票

（1）信用证项下的汇票，应加列出票条款（Drawn Clause），说明开证行、信用证号码及开证日期。

（2）金额应与信用证规定相符，一般应为发票金额。如单据内含有佣金或货款部分托收，则按信用证规定的发票金额的百分比开列，金额的大小写应一致。

（3）汇票付款人应为开证行或指定的银行。若信用证未规定，应为开证行，不应以开证申请人为付款人。

（4）出票人应为信用证受益人，通常为出口商。

（6）出票日期必须在信用证有效期内不应早于发票日期。

2. 提单

（1）提单必须按照信用证规定的份数全套提交，如信用证未规定份数，则一份也可算全套。

（2）提单应注明承运人名称，并经承运人或其代理人签名或船长或其代理人签名 。

（3）除非信用证特别规定，提单应为清洁已装船的指示提单。

（4）以CFR或CIF方式成交，提单上应注明运费已付（Freight Prepaid）。

（5）提单的日期不得迟于信用证所规定的最迟装运日期。

（6）提单上所载件数、唛头、数量、船名等应和发票相一致、货物的描述可使用总称，但不得与发票货名相抵触。

3. 商业发票

（1）发票应由信用证受益人出具，无需签字，除非信用证另有规定。

（2）商品的名称、数量、单价、包装、价格条件、合同号码等描述，必须与信用证严格一致。

（3）发票抬头应为开证申请人。

（4）必须记载发票号和日期。

4. 保险单

（1）保险单正本份数应符合信用证要求，全套正本应提交开证行。

（2）投保金额、险别应符合信用证规定。

（3）保险单上所列船名、航线、港口、起运日期应与提单一致。

（4）应列明货物名称、数量、唛头等，并应与发票、提单及其他货运单据一致。

5. 产地证

（1）应由信用证指定机构签署。

（2）货物名称、品质、数量及价格等有关商品的记载应与发票一致。

（3）签发日期不迟于装船日期。

6. 检验证书

（1）应由信用证指定机构签发。

（2）检验项目及内容应符合信用证的要求，检验结果如有暇疵者，可拒绝受理。

（3）检验日期不得迟于装运日期，但也不得距装运日期过早。

（三）审单期限

开证行、保兑行（如有的话）或其他指定银行应各有一段合理时间审核单据，根据《UCP 600》的规定，银行的审单时间为不超过收到单据次日起的 5 个银行工作日，审核和决定接受或拒绝接受单据，并相应地通知交单方。

（四）对不合格单据的处理

如审单过程中发现不符之处，银行应与进口企业联系，作出适当处理。

（1）根据《UCP 600》的规定，如果开证行收到申请人放弃不符点的通知，则可以释放单据。在实际业务中，如进口企业愿意接受不符点，进口企业可指示银行对外付款，但在付款时应提出保留索赔权。

（2）根据《UCP 600》的规定，如果开证行或保兑行（如有的话）或其他指定银行决定拒绝接受单据，则必须在规定的审单期限内以电讯或其他快捷方式通知交单方，并注明全部不符点，同时还须说明持单听候交单人的处理、单据已代为保管直到开证申请人接受不符单据、径直退单，还是按照交单方事先的指示行事，否则，将无权宣称单据与信用证条款不符。

在实际业务中，如进口企业拒绝接受不符点，进口企业可采取以下几种处理办法：

① 通过银行通知出口商更正单据后再付款；

② 改为货到经检验合格后再付款；

③ 要求出口商凭国外出具的银行书面担保付款；

④ 拒付货款。

二、付款

在我国进口业务中，单据经银行审核和进口企业复核后，如果符合信用证条款或虽与信用证规定不符，但进口企业表示愿意接受，银行即应对外付款。同时，即通知进口企业按照人民币当日汇率向银行付汇赎单。如果属于代理进口，进口企业则凭银行出具的“付款通知书”与委托单位结算货款。开证行或保兑行（如有的话）经审单后付款即无追索权。

第五节　报关与提货

一、报关

我国自2000年1月1日起，全面实施先报验、后报关的通关模式。对实施检验检疫的货物，必须先在“入境货物通关单”上加盖了“检验检疫专用章”，海关才凭此放行货物。

进口货物运抵目的港后，买方可以自行报关，也可以委托货运代理公司或报关行代理报关。进口企业或其代理应在海关规定的期限内，凭规定的单证向海关办理进口申报手续。办理进口货物报关手续的基本程序是：申报、查验、纳税、放行。

我国《海关法》规定，进口货物收货人应当自载运该货物的运输工具申报进境之日起14日内向海关办理进口申报手续，超过14日期限未向海关申报的从第15日起按日征收CIF价格5%的滞报金。超过三个月未向海关申报的，除特殊原因，进口货物由海关提取变卖，所得价款在扣除运输、装卸、储存等费用和税款后，尚有余额的，自货物变卖之日起一年内，经收货人申请予以返还；逾期无人申请的，上缴国库。

进口报关需填写“进口货物报关单”，并随发票、装箱单、提单、保单等有效文件办理交税手续。进口货物接受查验，缴纳关税后，由海关在货运单据上签章放行，即为结关。

二、提货

一般情况下，进口货物经海关查验、放行后，进口企业或其代理即可凭海关已签章的提单提取货物。但如果卸货中发现货物短缺、残损或外表有异状，则必须先将货物存放于海关指定的仓库，待保险公司会同商检机构检验后，确认残损程度和原因，并由商检机构出证，以便向责任方索赔。

第六节　报检与拨交货物

一、报检

进口商品的收货人可以自行办理报检手续，也可以委托代理报检企业办理报检手续；采用快件方式进口商品的，收货人应当委托出入境快件运营企业办理报检手续。进口商品的收货人办理报检手续，应当依法向出入境检验检疫机构备案。代理报检企业、出入境快件运营企业从事报检业务，应当依法经出入境检验检疫机构注册登记。未依法经出入境检验检疫机构注册登记的企业，不得从事报检业务。办理报检业务的人员应当依法办理报检从业注册，并实行凭证报检。未依法办理报检从业注册的人员，不得从事报检业务。

对于法定检验或进口合同规定必须由商检机构检验出证的进口商品，进口企业或其代理应在规定的地点和期限内向指定的商检机构办理进口报检手续。办理进口商品的报检程序一般包括：申报、检验、出证。进口商申请报检时，应准确真实地填写入境商品报检单。检验检疫的地点可以在卸货港、用户所在地或其他允许指定的地方。检验检疫机构根据报检人的要求和合同的有关规定，对进口商品实施检验与鉴定，并签发需要的进口货物检验检疫证书/货物通关单或海损鉴定书。

法定检验是指商检机构根据国家法律法规，对规定的进出口商品或有关的检验检疫项目实施强制性的检验或检疫。根据《中华人民共和国进出口商品检验法》的规定，法定检验只能由出入境检验检疫机构实施。法定检验的进口商品的收货人应当持合同、发票、装箱单、提单等必要的凭证和相关批准文件，向海关报关地的出入境检验检疫机构报检；海关放行后20日内，收货人应当依照有关规定，向出入境检验检疫机构申请检验。属于法定检验的进口商品未经检验的，不准销售，不准使用。实施法定检验的范围是指列入必须实施检验的进出口商品目录（简称“目录”）的进出口商品的检验和法律、行政法规规定实施检验的进出口商品或者检验项目。“目录”由国家商检部门制定和调整，并公布实施。

《中华人民共和国进出口商品检验法实施条例》规定：“在我国进口贸易中，对属于法定检验范围内的关系国计民生、价值较高、技术复杂的以及其他重要的进口商品和大型成套设备，应当按照对外贸易合同约定监造、装运前检验或者监装”、“国家对可用作原料的固体废物实行装运前检验制度”、“对价值较高，涉及人身财产安全、健康、环境保护项目的高风险进口旧机电产品，应当依照国家有关规定实施装运前检验”。

对进口商品实施装运前检验，这是当前国际贸易中较普遍采用的一种行之有效的质量保证措施。装运前检验根据各进口国或进口商的要求，对进口商品在出口国进行货物发运前的检验，以保证进口商品的质量、规格等能符合要求。大多数贸易商和出口生产厂家，出于维护自身信誉和扩大贸易交往的目的，他们并不希望自己经营和生产的商品出口到国外后发生质量索赔事件。如果发生了质量索赔问题，需派人到进口国看货、交涉赔偿等，将造成人力、财力的浪费，甚至影响商品和贸易信誉。货到后，发现问题虽然可以索赔，但是，交涉过程费时、费力，既影响买卖双方的合作关系，又影响进口物资和设备及时交付使用。

二、拨交货物

货物办完进口报关和检检后，如该货物是进口企业自己用于加工或销售，也就不存在拨交环节。如果进口货物是受用货单位代理进口的，就需要将货物委托货运代理转运或交付用货单位。凡属必须在卸货港检验的商品，经指定的商检机构检验后，方可办理货物拨交。如果用货单位不在卸货港地区，则委托货运代理安排将货物运至用货单位所在地。至于与进口货物有关的税费，进口企业先与货运代理结算后，再向用货单位办理结算手续。

第七节　进口索赔

一、索赔对象

进口索赔一般是指货物自出口方交到进口方的过程中，由于人为、天灾或其他种种原因，使进口方收到的货物不符合合同规定或货物有其他损害，进口方依责任归属，向有关方面提出赔偿要求，以弥补其所受的损失。

（1）向卖方索赔。货物的品质、规格等不符合合同规定；交货数量不足，重量短少；掺杂使假，以次充好，以旧顶新；包装不良或不符合合同要求造成货物残损；凭样成交的商品，所交商品与成交样品不符；未按合同规定的交货期限交货或不交货等。可直接向出口商进行索赔。

（2）向承运人索赔。因短卸、误卸造成货物短少；托运货物在运输途中遗失；托运货物由于承运人配载不当、积载不良或装卸作业粗疏造成货物损毁；船舶不具适航条件，设备不良造成所装货物损毁等，可直接向承运人进行索赔。

（3）向保险公司索赔。货运途中发生保险范围内的风险导致的损失可向保险公司提出。

二、索赔注意事项

进口索赔工作应及时合理地开展。在我国进口业务中，属于承运人的责任，一般由外运公司或货代或船代代办索赔事宜；属于保险公司的责任，由进口商或货代代办索赔事宜；属于出口商的责任，则由进口企业直接与其交涉协商，或通过仲裁、诉讼的形式进行解决。在办理索赔时应该注意的事项：

（1）索赔依据。向出口商索赔应提交索赔清单和有关货运单据，如发票、提单（副本）、装箱单及商检机构出具的检验证书；向承运人索赔应提交索赔清单和有关货运单据，如发票、提单（副本）、装箱单及由承运人或有关当局（如海关、港务局等）签发的理货报告和货损货差证明；向保险公司索赔应提交索赔清单和有关货运单据，如发票、提单（副本）、装箱单、保险单正本及由保险公司或其检验理赔代理人出具的检验报告。

（2）索赔金额。向出口商索赔，索赔金额应按买方所受实际损失计算，包括货物损失和由此而支出的各项费用（如检验费、仓租费、利息等）；向承运人和保险公司索赔，索赔金额均按有关章程办理。

（3）索赔期限。向出口商索赔，应在合同规定的索赔期限之内提出。如商检工作确有困难可能需要延长时间的，可在合同规定的索赔有效期内向对方要求延长索赔期限，或在合同规定索赔有效期内向对方提出保留索赔权。如合同未规定索赔期限，按照《联合国国际货物销售合同公约》的规定，买方行使索赔期限自其收到货物之日起不超过两年；向船公司索赔期限为货物到达目的港交货后一年之内；向保险公司提出海运货损索赔的期限则为被保险货物在卸载港全部卸离海轮后两年。

（4）买方职责。买方在向有关责任方提出索赔时，应采取适当措施保持货物原状并妥为保管。按照国际贸易惯例规定，如买方不能按实际收到货物的原状归还货物，就丧失宣告合同无效或要求卖方交付替代货物的权利；按照保险公司规定，被保险人必须按保险公司的要求，采取措施避免损失进一步扩大，否则不予理赔。在实际业务中，对已经提出索赔的货物，进口企业必须妥善予以保管，在问题未解决之前，不得处置货物（使用或销售），以免对方要求实际考察损失情况时我方被动。如果提赔货物易于腐烂变质，进口企业应请公证部门检验并出具证明文件，然后再处置货物。

在进口合同的履行过程中，有时也会发生出口商以我方违反合同条款为由，向我方提出索赔的情况，此时，我方应根据有关法律和惯例，在查明事实，分清责任的基础上，实事求是地进行理赔。对确属于我方责任的，应赔付对方损失；如属于对方不合理的要求，我方必须据理力争，不予赔偿。

总之，进口索赔是一项比较复杂的工作，要做好进口索赔，不仅要熟悉国际贸易惯例和相关法律的规定、还需要进口企业、订货单位、运输机构、检验检疫机构等各有关单位的密切配合，维护国家和企业的权益，实现国家和企业的经济利益。

重点知识展示

不可撤销跟单议付信用证支付程序示意

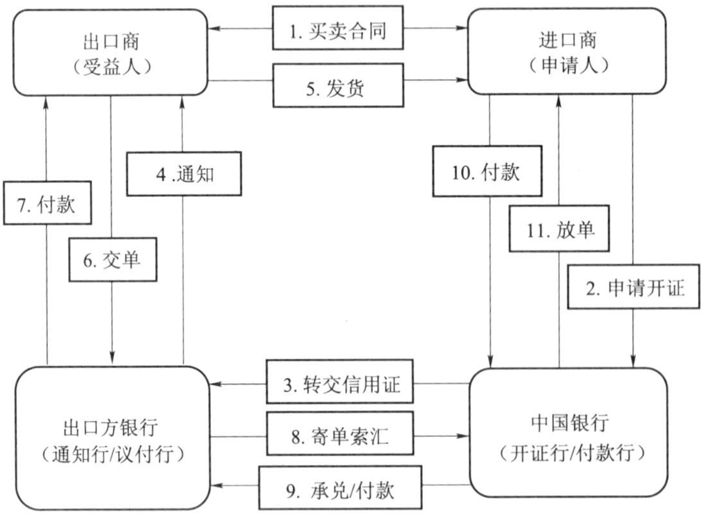

图 11－2 不可撤销跟单议付信用证支付程序图

FOB、T/T（预付货款）方式下进口合同履行程序示意

在实际业务中，国际货款的收付除了采用信用证支付，常见的还有电汇方式支付。下面就 FOB、T/T（预付货款）方式下进口合同的履行图进行总结。

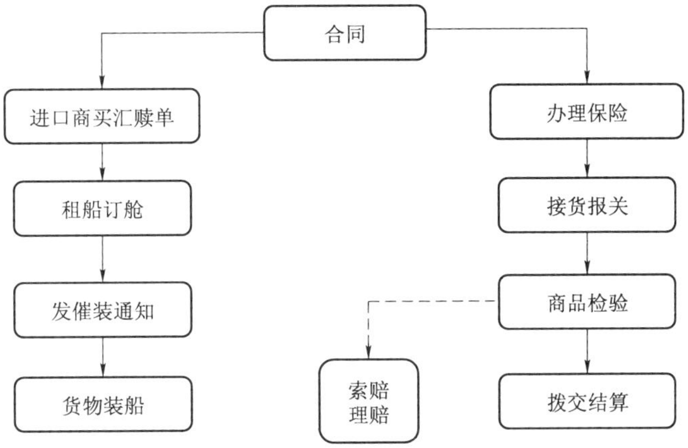

图 11－3　FOB、T/T（预付货款）方式下进口合同履行程序图

FOB、T/T（货到付款、凭单付款）方式下进口合同履行程序示意

在实际业务中，国际货款的收付除了采用信用证支付，常见的还有电汇方式支付。下面就 FOB、T/T（货到付款、凭单付款）方式下进口合同的履行图进行总结。

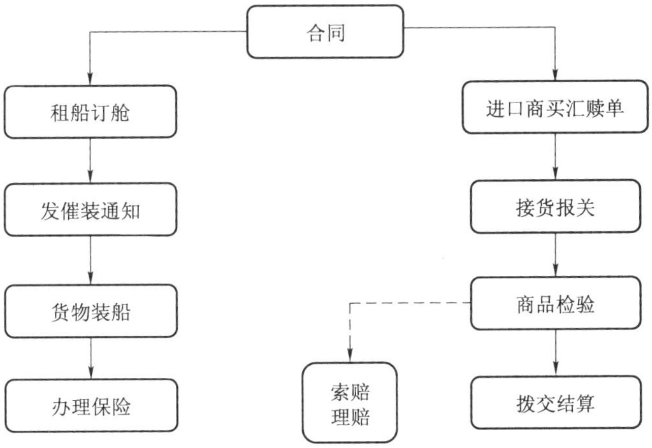

图 11－4　FOB、T/T（货到付款、凭单付款）方式下进口合同履行程序图

第十二章

合同履行技能训练

实训模块一　进出口合同履行程序训练

目的要求

熟悉并掌握常见合同的履行环节。

背景材料

附一份合同实例，见样单 12－1。

操作指南

建立交易小组。学生每 2～3 人为一方，分别扮演买方和卖方，要求学生进入角色，各自履行合同的义务，办理各环节的业务手续，出具有关业务单证，主张自己的权利。

一、CIF、L/C 方式下出口合同履行程序

催证、审证、改证→货源组织与跟踪→托运、报检、投保、报关→货物出运→制单、审单与收汇→出口善后

二、FOB、L/C 方式下进口合同履行程序

进口开证→进口货物运输、保险→审单付款→接货、报检、报关或转关→进口善后

［样单 12－1］

山西亿斯特实业贸易有限公司

SHANXI YIST INDUSTRIAL AND TRADING CORPORATION LIMITED

Add No. 15 Xinjian Road, Taiyuan, P. R. C

合　同

CONTRACT

合同号：YAST06C025　　签字日期：2008. 8. 8

Contract No：YAST06C025　　Signing Date：2008. 8. 8

The Seller：Shanxi Yist Industrial and Trading Corporation Limited

The Buye：ABC LINES INC.

双方同意按下列条款由卖方出售买方购进下列货物：

The Seller agrees to sell and the Buyer agrees to buy the under－mentioned goods on the terms and conditions stated below：

（1）货物名称及规格 Description of Commodity， Specifications	（2）数量 Quantity	（3）单价 Unit Price	（4）总值 Total Amount
（SAMPLE） NO COMMERCIAL VALUE GRILLE PACKING：IN ONE WOODEN CRATE	62SETS	CIF DETROIT，USA USD7. 26/KG	TOTAL： USD450. 00 CIF DETROIT，USA

（5）唛头：

Shipping Mark：N/M

（6）装运口岸：

Port of Loading：TIANJIN，，CHINA

（7）目的口岸：

Port of destination：DETROIT，U. S. A.

（8）装运期限：

Time of shipment：BEFORE THE END OF OCT.，2008.

（9）付款条件：

By 100% Confirmed Irrevocable Sight Letter of Credit opened by the buyer to reach the Seller not later than SEP. 31th. 2008 and to be available for negotiation in China until the 15th day after the date of shipment. In case of late arrival of the L/C, the Seller shall not be liable for any delay in shipment and shall have the right to rescind the contract and or claim for damages.

（10）商品检验：

Inspection：ACCORDING TO THE SAMPLE TAKEN BY BUYER.

(11) 索赔：如质量或数量有异议，买方应在货物到达目的港30天内向卖方提出索赔，并同时向卖方提供由卖方认可的检验机构出具的检验报告。如系卖方责任造成质量或数量的问题，卖方应在收到索赔通知后20天内向卖方提供解决异议的建议。

Claim: In case of quality or quantity discrepancy, claim should be filed by the buyer within 30 days after the arrival of the goods at the port of destination. The claim must be accompanied by the Survey Reports of Recognized Public Surveyors agreed to the Sellers. Should the responsibility of the subject under claim be found to rest on the part of the Sellers, the sellers shall, within 20 days after receipt of the claim, send their reply to the Buyers together with suggestion for settlement of the discrepancy.

(12) 仲裁：凡因执行本合同或有关事项所发生的一切争执，应由双方通过友好方式协商解决。如协商不能解决时，应提交中国国际经济贸易仲裁委会根据中国国际经济贸易仲裁委会的有关仲裁程序规则进行仲裁．仲裁决定是终局的，对双方具有同等约束力。

Arbitration : All disputes in connection with this Contract or the execution there of shall be settled amicably through friendly negotiaons between two parties. If no settlement can be reached through negotiation, the case under dispute shall then be submitted for arbitration to China International Economic and Trade Arbitration Commission in accordance with the rules of arbitration of China International Economic and Trade Arbitration Commission in accordance with the rules of arbitration of China International Economic and Trade Arbitration Commission. The decision made by the arbitration organization shall be taken as final and binding upon both parties Additional clauses.

卖方：山西亿斯特实业贸易有限公司　　　　买方：

The Seller: Shanxi Yist Industrial and Trading Corporation Limited　　　　The Buyer: ABC LINES INC.

实训模块二　单据制作

目的要求

掌握重要单据（汇票、商业发票、提单、保险单）的基本内容，学会根据信用证正确缮制单据。

背景材料

根据下列国外来证及有关信息制作商业发票、装箱单、提单、保险单、汇票。

(1) 发票号码为02W－13，装运日期为13 APR，08；船名：LANJING V.0213。

(2) 该批商品有关数据如下：MEAS＝7.2M3；

ART NO.425：8CRATES，NW＝8.480MT，GW＝8.800MT；

ART NO.424－2：8CRATES，NW＝8.480MT，GW＝8.800MT；

(3) 运输路线：FROM TIANJIN TO TORONTO CANADA。

PLEASE PASS FOLLOWING MESSAGES UNABLE TO CONTACT THANKS
MT700 ISSUED OF L/C
FROM BANK OF MONTREAL CANADIAN
TO BANK OF CHINA, SHANXI
AT THE START OF ANY TELEXED REPLAY PLEASE QUOTE 'QQQ' CR
DATE: 22 FEB. 08
40A: FORM OF L/C: IRREVOCABLE
20: L/C NO.: 001/02/14020X
31C: ISSUE DATE: 08.02.22
40E: APPLICABLE RUIES
UCP LATEST VERSION
31D: EXPIRY DATE/PLACE: 08.04.30 IN COUNTRY OF BENEFICIARY
50: APPLICANT: ALEXANDER FRASER AND SON LTD.
185/187 HIGH ROAD, MONTREAL
59: BENEFICIARY: SHANXI NATIONAL METALS AND MINERALS EXP & IMP CORP., 11 YINGZE STREET, SHANXI, CHINA
32B: L/C AMOUNT: USD15 002.88
41D: AVAILABLE WITH/BY: FREELY AVAILABLE BY NEGOTIATION
42: DRAFTS AT: SIGHT DRAWN ON: OURSELVES
43P: PARTIAL SHIPMENT: NOT ALLOWED
43T: TRANSSHIPMENT: ALLOWED
44: TRANSPORT DETAILS: FROM CHINESE PORT WHEN NOT LATER THAN 15TH APRIL 2008 TO TORONTO, CANADA
45A: DESCRIPTION OF GOODS: AS PER APPLICANT ORDER NO. PET/CAN/5
POLISHED MARBLE TILES, 30.5 × 30.5 × 1CM. PLUS OR MINUS 0.5 MM.
ART NO. 425: 312.56 SQM.
ART NO. 424 – 2: 312.56 SQM
TOTAL: 625.12 SQM AS PER S/C 87MAF4002 – 43 AND 87MAF4002 – 44
UNIT PRICE: USD24.00/ SQM CIF TORONTO
THE BUYER'S TELEX NO. 422.
46A: DOCUMENTS REQUIRED
+ COMMERCIAL INVOICES IN SIX COPIES QUOTING ORDER NO. MADE OUT IN NAME OF CONSIGNEE SHOWING THE CIF VALUE OF THE GOODS
+ PACKING LIST IN SIX COPIES
+ CERTIFICATE OF ORIGIN FORM A IN SIX COPIES
+ ALL RISKS AND WAR RISKS INSURANCE POLICIES OR CERTIFICATE IN DUPLICATE ENDORSED IN BLANK FOR NOT LESS THAN THE FULL CIF VALUE PLUS 10 PERCENT OF THE SHIPMENT IN THE CURRENCY OF THE CREDIT

+ COMPLETE SET OF NOT LESS THAN 3 ORIGINAL CLEAN ON BOARD OCEAN BILLS OF LADING MADE OUT TO ORDER AND BLACK ENDORSED MARKED "FREIGHT PREPAID" AND NOTIFY APPLICANT
+ BENEFICIARY'S CERTIFICATE IN REQUIRED EVIDENCING THAT ONE COMPLETE SET OF NON – NEGOTIABLE SHIPPING DOCUMENTS HAVE BEEN SENT BY AIRMAIL TO APPLICANT AFTER SHIPMENT BUT NOT LATER THAN DATE OF PRESENTATION OF NEGOTIABLE DOCUMENTS

47A：CONDITIONS：

+ BILL OF LADING TO EVIDENCE GOODS SHIPPED IN A 20 FEET CONTAINER.
+ GOODS MUSE BE PACKED IN WOODEN CRATES WITH PLASTIC FOAM BOX. PACKING LIST TO SHOW THIS EFFECT IS REQUIRED

71B：CHARGES：ALL BANK CHARGES OUTSIDE THE ISSUING BANK ARE FOR THE BENEFICIARY'S ACCOUNT

48：PRESENTATION PERIOD：DOCUMENTS TO BE PRESENTED WITHIN 15 DAYS AFTER THE DATE OF ISSUANCE OF THE SHIPPING DOCUMENT（S）BUT WITHIN THE VALIDITY OF THE CREDIT

49：CONFIRMATION INSTRUCTIONS：WITHOUT

操作指南

制单是出口商按照信用证或合同和其他有关单据，符合国际贸易惯例和进口国的有关法律，并根据货物的实际交易数量及运输情况，缮制各种单据的工作过程。在长期的外贸实践中，我国外贸企业总结出在制单工作中应严格遵循“三一致 、四要求”的原则。

一、“三一致”

“三一致”是指单据内容要做到“单证一致、单单一致和单货一致”。由于信用证业务纯属于单据业务，银行对信用证受益人（出口商）的付款承诺是以其提交单据完整性和表面真实性为前提。银行只考虑单据的表面真实性，而不考虑货物的实际交付情况，这就要求受益人提交的各类单据必须严格与信用证相符。因此，出口商制作的单据必须做到“单证一致、单单一致和单货一致”，才能保证收回货款。

（1）单证一致：是指单据的缮制必须严格按照信用证的要求办理。一是单据的有关规定与信用证不应矛盾；二是所有单据与信用证表面一致，即单据与信用证文字体现上没有冲突。贯彻“单证一致”的原则，并不意味着必须按照信用证的原文照写，而是要正确理解信用证的条款，按照信用证条款的文义制作。

（2）单单一致：是指同一个信用证项下要求提供的各种单据之间的相应项目的内容必须一致，不能彼此矛盾。尤其是各种单据的签发日期既要符合国际贸易惯例，又要符合逻辑性。通常提单日期是确定各种单据日期的关键。

① 发票日期应在各单据日期之首。

② 汇票日期应晚于提单、发票等其他单据，但不能晚于信用证的交单期和有效期。

③ 提单日期不能晚于信用证规定的装运期，也不得早于信用证规定的最早装运期。

④ 保险单的签发日应早于或等于提单日期（一般早于提单两天），不能早于发票日期。

⑤ 装箱单、重量单的签发日期应等于或迟于发票日期，但必须在提单日期之前。

（3）单货一致：是指单据上记载的内容必须与实际货物内容相一致。在信用证业务中，虽然信用证业务是单据业务，银行仅凭单据付款，而不管货物的实际交付情况，但信用证是依据买卖合同开立的，单货不一致，则极易造成所交货物与合同不相符合，从而导致违约情况的发生。同时，单货不一致也会在检验、报关时遇到麻烦。

二、“四要求”

“四要求”是指正确/准确、完整、及时和整洁。

（1）单据的正确性表现在两个方面：一是要求各种单据必须符合有关国际贸易惯例和进口国的有关法令和规定；二是要求各种单据就同一笔业务来讲必须做到“三相符”（即：单据与信用证相符、单据与单据相符和单据与货物相符）。

（2）完整：单据的完整性表现在三个方面：一是单据的内容要完整；二是单据的种类要完整；三是单据的份数要完整。

（3）及时：单据的及时性表现在两个方面：一是一笔业务的整套单据中，各种单据的出单日期必须合理，有序，即每一种单据的出单日期必须既符合国际贸易惯例、商业习惯和要求，又不能超出信用证或合同规定的有效期；二是全套单据的交单应及时。在信用证支付方式下尤其要注意交单议付日期不得超过信用证规定的有效期。如信用证规定了交单期，则必须在此期限前交单；如信用证没有规定交单期，按《UCP 600》的规定，银行将拒绝接受迟于装运日期后 21 天提交的单据，但无论如何，提交的单据不得迟于信用证的到期日。

（4）整洁：整洁是指要求单据的外观质量要简明、清洁。如果单据不整洁，除反映外观质量差、制单水平低之外，还给人以单据不真实的印象，从而影响收汇。

单据的整洁性要求如下：① 单据填写时应字迹清晰、易认，语法正确，语句流畅；② 单证内容应力求简化；③ 尽量减少或杜绝差错涂改现象。一份单据不允许多次涂改，个别需要涂改，应加盖校对章；有些单据的栏目不允许涂改，缮制时应特别注意。如汇票的付款人、金额等项目。④ 格式设计和缮制应尽可能标准化、规范化。由出口商自行拟制的单据要求栏目布局合理，排列整齐，主次分明。

值得注意的是，根据《UCP600》第 14 条规定：按指定行事的指定银行、保兑行（如果有的话）及开证行须审核交单，并仅基于单据本身确定其是否在表面上构成相符交单。《UCP 600》第 2 条指出，“相符交单”是指“与信用证条款、本惯例的相关适用条款以及国际标准银行实务一致的交单”。

必须强调的是，银行确定是否在表面上构成相符交单，是有一定原则的。根据《UCP 600》的规定，单据中的数据在与信用证、单据本身以及国家标准银行实务参照解读时，无须与该单据本身中的数据、其他要求的单据或信用证的数据等同一致，但不得矛盾。

实训模块三　案例分析

2008 年 4 月 10 日，中国某丝绸进出口公司电告美国某商贸公司，欲以 CIF 条件向美国出口一批丝绸，总价款为 50 万美元，用不可撤销的跟单信用证支付价款。4 月 16 日收到美国商贸公司回电，同意购买，但要求降低到 48 万美元，中国出口公司于 4 月 19 日电告对方同意其要求，同日美国商贸公司收到电告，随后，出口公司将货物运至天津港，交由中国某远洋运输公司承运，整批货物分装在三个集装箱内。5 月 10 日承运船舶在航行途中，由于船员的疏忽，船上发生火灾，出口公司托运的一个集装箱被火焚毁，其余两个则完好无损。5 月 15 日货物运至旧金山港，但美国商贸公司拒绝接受货物，并向中国出口公司提出索赔，双方诉至天津某法院。

请回答：

1. 双方的合同争议是否可以适用《联合国国际货物销售合同公约》解决？
2. 根据有关法律规定，该合同于何时成立？为什么？
3. 该批货物的运输保险应由哪一方当事人办理？保险费由哪一方负担？
4. 根据 CIF 交货条件，货物的风险在何时由卖方转移给买方？
5. 货物在海上受到损毁，美国商贸公司能否要求中国出口公司给予赔偿？
6. 谁是信用证的受益人？

案情分析

1. 可以适用。我国和美国均是《联合国国际货物销售合同公约》的缔约国，本案中没有排除公约的使用，公约自动生效。

2. 合同在 4 月 19 日成立。根据《联合国国际货物销售合同公约》规定：合同于按照本公约规定对发价的接受生效时订立，我方 4 月 19 日表示接受，并于当日送达美商，此时合同成立。

3. 运输保险应由卖方中国出口公司办理，保险费也由卖方支付。根据 CIF 术语，卖方必须办理在运输途中应由买方承担的货物灭失或损坏风险的海运保险。卖方订立保险合同并支付保险费。

4. 根据 CIF 术语，货物灭失或损坏的风险以及货物装船后发生事件所产生的任何额外费用，自货物于装运港越过船舷时起即从卖方转由买方承担。

5. 美国公司无权要求我国出口公司赔偿货物损失。

6. 中国出口公司为受益人。